Birgit Fischer

STARSEEDS-HEALING

BIRGIT FISCHER

Starseeds Healing

Heilsame Energien aus fernen Galaxien für Körper und Seele

Ansata

Die in diesem Buch vorgestellten Informationen und Empfehlungen sind nach bestem Wissen und Gewissen geprüft. Dennoch übernehmen die Autorin und der Verlag keinerlei Haftung für Schäden irgendwelcher Art, die sich direkt oder indirekt aus dem Gebrauch der hier beschriebenen Inhalte ergeben. Bitte nehmen Sie im Zweifelsfall bzw. bei ernsthaften Beschwerden immer professionelle Diagnose und Therapie durch ärztliche oder naturheilkundliche Hilfe in Anspruch.

MIX
Papier | Fördert gute Waldnutzung
FSC® C014496

Penguin Random House Verlagsgruppe FSC® N001967

5. Auflage

in der Penguin Random House Verlagsgruppe GmbH,
Neumarkter Straße 28, 81673 München
produktsicherheit@penguinrandomhouse.de
(Vorstehende Angaben sind zugleich Pflichtinformationen nach GPSR.)

Redaktion: Ralf Lay
Abbildungen: Tina M. Zöchling
Abbildungen Skizze 1 bis 3: Birgit Fischer
Umschlaggestaltung: Guter Punkt, München
unter Verwendung eines Motivs von: Tina M. Zöchling
Satz: Leingärtner, Nabburg
Druck und Bindung: GGP Media GmbH, Pößneck
Printed in Germany
ISBN 978-3-7787-7591-2

www.Integral-Lotos-Ansata.de

Inhalt

Liste der Übungen

Vorab zur Info:

Zu den Prophezeiungen gibt es
zwei Trance-Speakings zum Streamen
unter folgendem Link:
powersoul.at/buch2,
Passwort: starseedshealing

Alle Übungen kannst du auf ein Diktiergerät oder einen anderen Tonträger aufsprechen, wenn du möchtest. Ich empfehle dir, dies selbst zu tun, damit du deine Stimme lieben lernst. Denn sie ist ebenso deine Energie, die für dich wirken soll. Liebe dich selbst, indem du auch deine Stimme liebevoll in den Arm nimmst. Sie gehört zu dir und ist der Ausdruck deiner selbst.

Nach jeder energetischen Übung und Verbindung ist es wichtig, viel Wasser zu trinken und auch den physischen Körper, ebenso wie die Lunge zu reinigen. Ein Bad in der Sonne, an der frischen Luft wie auch ein Salzbad könnten dich dabei unterstützen.

Draconische Übergriffe

Holas

Heilung spezifischer Unstimmigkeiten

Vorwort

Das Jahr 2022 war für mich eins der schmerzhaftesten meines bisherigen menschlichen Erlebens. Ein Jahr, das meine Medialität auf den Prüfstand brachte und meine Zweifel an allem, was ich in meiner Berufung erlebte, auf den Kopf stellte. Wir hochsensitiven und medial begabten Menschen zweifeln sehr oft, da viele Leute in unserem Umkreis sich selbst wie auch uns unsere Sinne, im Speziellen unsere Hellsinne und Gaben, absprechen. Doch ist es nicht unsere Unsicherheit, sondern ihre. Seit Jahren gebe ich Jenseitskontakte, und seit Jahren funktionieren »Healings« auf unterschiedliche Art und Weise. Sie zeigen ihre Effekte! Seit Jahren erzähle ich meinen Schülern, dass Heilung aber manchmal nicht angenommen wird und dass Healings für Verwandte und Freunde die schwierigsten sind, weil das Ego hier besonders im Festhalten und Kontrollieren agiert.

Im Jahr 2022 pochte der Krebs in meines Vaters Körper. So viele Themen erlösten sich, und seine menschliche Hülle hatte Mühe, zu atmen, zu gehen, zu sprechen. Die Physis wollte nicht mehr. Wochen zuvor hatte ich ein Healing ums andere gemacht und über unzählige Angelegenheiten und Themen mit ihm gesprochen. Er war zeit meines Lebens einer meiner größten Kritiker. Er war imstande, mich voranzutreiben. Er war es, der mir die Devisen »›Geht nicht‹ gibt's nicht!« und »Alles ist möglich« vermittelte. Auch wenn er diese Leitsprüche propagierte, so zeigte er mir doch unermüdlich, was er von meiner energetischen Arbeit hielt, und seine Skepsis war natürlich verständlich.

Am 20. April 2022 verließ er die Erde. Kein Healing half, so dachte ich. Mein Ego war stark zu diesem Zeitpunkt. Das Herz gebrochen, wie ich annahm. Rund um seinen irdischen Tod war ich kurz davor aufzugeben, ich gab mir die Schuld für sein bereits beginnendes Weiterziehen ins Jenseits. Einfach alles hinschmeißen, all meine Workshops, Speakings … jegliche Form der energetischen Arbeit ergab keinen Sinn mehr, sie hat nicht geholfen. Doch dann kam der Tag, als er weiterzog …

Ich betrat das Zimmer im Krankenhaus und sah, wie seine Seele den Körper verließ. In jenem Moment hörte und erblickte ich ihn hellsichtig. Er stand neben mir, und ich konnte die anderen im Raum nicht mehr hören. Er war ein wenig orientierungslos, er erkannte seinen Körper und hatte Fragen. Ich vermittelte ihm, dass es Zeit sei weiterzuziehen.

Am nächsten Tag ging die bunte Fahrt weiter. Er zeigte sich in meinen Träumen; und als ich die Augen öffnete, sah ich ihn surfen. Er stand auf einer bunten Welle, mit so etwas wie einem Surfbrett. Er sagte: »Sieh, wie frei und groß ich bin!« Diese Freiheit, dieses Glück zu sehen, verwirrte mein Ego zunehmend.

In den darauffolgenden Tagen löste sich auch der Schmerz aus meiner Physis, und jeder Schmerz war begleitet von einem emotionalen Loslassen. Ein Loslassen in Dankbarkeit. Doch mein Ego war nach wie vor groß. Ich überlegte, meine Arbeit niederzulegen. Hatte kaum noch Kraft für die Teilnehmenden an meinen Veranstaltungen und wollte keine Fragen mehr beantworten.

Aber ich hörte meinen Vater immer wieder sagen: »Die Healings haben doch geholfen, sie helfen jetzt. Sie sind nicht immer nur für den physischen Menschen. Sie wirken energetisch. So wie du es mir gesagt hattest. Sieh hin. Ich ziehe schnell weiter.«

Eins seiner letzten Worte an mich war: »Haltet zusammen!« Und das werde ich versuchen. Menschlich und auch mit den Sternenvölkern. Mit-Eins-Anders.

Ich beobachtete, wie er mit Omyron zu den Plejaden zog und von dort Orion-Energie annahm. Er entwickelte sich offenbar sehr schnell und in einer friedvollen Energie, die mich sehr berührte.

Doch mein Ego, mein menschliches Herz, meine Psyche bluteten nach wie vor.

Eine Woche nach seinem Ableben war ich Teil einer internationalen Demonstrationsgruppe. In diesen Gruppen treffen sich Menschen, um von einem Medium Botschaften von ihren Jenseitigen zu erhalten. Das Medium beschreibt dabei einen Jenseitigen so genau, dass ein Mensch im Publikum ihn eindeutig erkennt, und man erhält Botschaften, begleitet von einem Gefühl der Liebe.

An diesem Abend kam es, wie es kommen musste. Die liebe Kerryl aus den USA stellte sich als Medium zur Verfügung. Ich kenne sie nun schon ein paar Jahre, doch was jetzt geschah, war einmalig. Der Jenseitige rannte regelrecht in sie hinein und sagte energisch durch sie: »Ich möchte mit meiner Tochter sprechen.« In diesem Moment wusste ich, das konnte nur mein Vater sein. Auch meine Hellsinne sagten es mir, und meine Tränendrüse explodierte. »Hör ja nicht auf! Die Healings wirken. Sie wirkten bei mir nur anders! Zweifle nicht. Geh weiter!« Also exakt jene Worte, die er mir bereits selbst aus dem Jenseits mitgeteilt hatte.

Kerryl wusste weder, dass mein Vater weitergezogen war, noch wusste sie irgendetwas anderes über ihn. Um seine Aussagen zu untermauern, gab er ihr durch, dass er Zahntechniker war, und auch seinen Charakter und seine Lebensumstände beschrieb sie sehr exakt. Eben so genau, dass ich kaum noch zweifeln konnte.

Am nächsten Morgen erwachte ich in friedlicher Stille. Die Zweifel waren weg. Heilung geschieht immer.

Ich erzähle dir diese Geschichte mit meinem Vater, da die Medialität, wie auch die energetische Heilung, sehr oft anders fließt, als es unser Ego erwartet. Sie fließt. Energie fließt immer, das können wir nicht beeinflussen. Liebe ist die stärkste Energie und kann genau deshalb nicht kontrolliert werden. Mein Vater merzte aus dem Jenseits mit Schwung all meine Zweifel aus. Er konnte es nicht als Mensch, doch vermochte er es als energetisches Wesen. Wir ziehen alle weiter. Wir zweifeln aber auch alle in Momenten des Schmerzes und fragen uns: »Warum …?«

Bitte denk an meine Geschichte, wenn du zweifelst oder trauerst. Bitte geh liebevoll mit dir um, wenn du jemanden oder dir helfen wolltest und es nicht so schnell funktioniert hat oder ganz anders kam als erwartet. Wir sind Menschen, Menschen lernen und entwickeln sich auf diesem Planeten. Einem Planeten, der die Meisterschaft des Liebens und der Emotionalität gleichermaßen bringt.

In diesem Sinne widme ich dieses Buch der Heilung, der energetischen Begleitung meines Vaters: Friedrich Johann Fischer, genannt »Pauli«, der mir immer vorlebte, niemals aufzugeben, und mich motivierte, an das Unmögliche zu glauben sowie für sich einzustehen – und der mir die größten Wunder auf dieser Welt nahebrachte.

Und ich widme dieses Buch auch deinen Jenseitigen, die versuchen werden, dir zu helfen, wenn die Zweifel überhandnehmen, und dir sodann den tröstenden Blick der unendlichen Liebe schenken, wann auch immer du ihn benötigst.

Alles Liebe
Birgit

1.

Begegnungen mit Starseeds und heilende Übungen

Bist du ein *Missing Child of the Universe*?

Ich danke dir dafür, dass du dir die Zeit nimmst, diese Zeilen zu lesen. Selbst wenn dieses Buch mit dem geläufigen Wort »Heilung« betitelt wurde, so gab es in den letzten Jahren doch eine Veränderung: Die Intensität der Worte und ihrer Energie, die sich nunmehr in diesem neuen Jahrtausend ins Vielfache potenziert, war ausschlaggebend für die Veränderung der energetischen Modifizierung des Worts »Heilung«. Die Begriffe »Healing« beziehungsweise »Heilung« integrieren sich mehr und mehr in die Menschheit und führen ins neue Bewusstsein als energetische Begleitung.

Das Wort »Heilung« impliziert, wir seien nicht gesund. Dennoch sind wir grundsätzlich gesund; wir sind als prachtvolles Farbspektrum irgendwann im Universum entstanden. Wie ein Feuerwerk der Liebe haben wir uns entfaltet und entschieden, auf diesem Planeten zu inkarnieren. Vollkommen gesund. Alles, was wir vereinbart hatten, vollbringt sich auf Erden. Manches haben wir noch ohne »Ausgang« offengelassen, andere Meilensteine wurden festgelegt. Manche reisten und inkarnierten auf anderen Planeten vor dem irdischen Erleben, und so zeigte sich in den vergangenen Jahren eine ganz besondere »Geschichte«, die wohl einige von uns interessieren wird, die sich sehr oft »lost«, »heimatlos«, »sehnsüchtig«, »unverstanden« und »nicht gesehen« fühlen.

Zudem zeigte das Jahr 2023 zu Beginn, dass die Begriffe »Ufo« und »Aliens« salonfähig werden. Während der Großteil der Menschheit diesbezüglich nach wie vor ein Hollywood-Klischee assoziiert, zeigt meine Forschung, die in meinem ersten Buch *Starseeds* dokumentiert wurde, dass es die verschiedensten Sternenvölker gibt und auch bei ihnen eine individuelle Ausprägung und Erscheinung möglich ist. Starseeds (engl. wörtlich »Sternensaat«) sind geistige Energien aus den Weiten des Weltalls, die von den entlegensten Planeten aus das Geschick der Menschheit mitgestalten. Den Mythos, dass alle Sternenrassen böse sind und uns Energie rauben, kann ich nicht bestätigen. Wie bei der Menschheit gibt es allerdings auch unter jedem Sternenvolk ein paar »böse Onkels«, die nicht ganz so lichtvoll sind oder, besser gesagt, die noch ein wenig Zeit für ihre Entwicklung benötigen.

Der menschliche Verstand wurde seit jeher konditioniert, in Gut und Böse zu kategorisieren; doch ist es nicht auch so, dass jedes »negative« Ereignis uns in eine Lern- und Entwicklungsphase schickt? Wenn wir zu verstehen lernen, dass es unsere Schubladen beziehungsweise Kategorisierungen sind, die unsere Ängste, negativen Emotionen und Krankheiten auslösen, verstehen wir auch die Akzeptanz und das liebevolle Mit-Eins-Anders. (Dieser bereits genannte Begriff wird dir noch öfter begegnen und schließt vieles ein: Ich werde eins mit mir selbst, indem ich mich als Individuum akzeptiere – auch und gerade in meiner Andersartigkeit. Und indem wir alle dies tun, können wir eins werden mit allem, was ist. So entsteht das Miteinander.) Doch dieses Verstehen ist ein Verstehen aus dem Herzen. Du kannst es auch »Wahrnehmung« nennen.

Auch das Hier und Jetzt betitele ich gern als »Wahrnehmen der Energien«. Es beginnt bei deiner Wahrnehmung durch die Sinne und sodann mit deinen Hellsinnen. Kannst du deine Energie wahrnehmen? Was ist deine Energie, was die Energie eines anderen? Wenn du dies trainierst, übst und deine Erfahrungen sammelst, wirst du einen großen Schritt in Richtung Gesundung tun. Denn du wirst mehr und mehr erkennen, in wie viele Schubladen du gesteckt wurdest. Du wirst mehr und mehr sehen, dass Schubladen dich in einer Art Matrix feststecken lassen und dich durch dieses energetische Gefängnis unter Druck setzen. Druck wie auch Widerstand sind energetische Zustände, die deiner Natürlichkeit und deinem natürlichen Energiefluss in die Quere kommen. Sie lassen deine Energie förmlich stocken. Wenn Energie stockt, ist es wie ein Ersticken der Seele, die nicht frei und umfänglich strahlen kann.

Für mich hat sich in den letzten Jahren gezeigt, dass Trance ein Tool ist, um das Gedankenkonstrukt hinter sich zu lassen, und dass sich in seiner tatsächlichen Energie wahrzunehmen ein ultimatives Werkzeug ist, das die Menschen erwachen und wachsen lässt. Je öfter meine Schüler und Teilnehmer übten, in Trance zu gehen, desto mehr verinnerlichten und erkannten sie auch im Alltag, dass bedrückende Ängste und Emotionen nicht von ihnen stammten. Was in diesem Trancezustand geschieht, ist ganz einfach erklärt: Du steigst aus dem Gedankenkonstrukt aus, deine Gehirnwellen gehen im ersten Schritt von den Beta- zu den Alpha-Wellen, dann weiter in Theta- oder Delta-Wellen, und Heilung geschieht. Dies ist eine wissenschaftliche Erklärung.

Die energetische Erklärung ist eine ergänzende, denn dein Energiesystem lernt in diesen Zuständen, die Beobachterrolle einzunehmen und das eigene Energiesystem wie auch die Hellsinne zu aktivieren. Das Energiesystem lernt gänzlich anders als unser Denker. Denn Liebe ist ja die stärkste und mächtigste Energie; deshalb kann sie nicht kontrolliert werden.

Menschen, die gern die Kontrolle behalten, haben es anfangs schwer, in die Trance einzutauchen. So kam es, dass mir die Starseeds auch Übungen für den Alltag durchgaben, die in einer leichten Trance durchführbar sind. Leichte Trance ist wie ein meditativer Zustand der Gelassenheit, den du mit nur ein paar Achtsamkeitsübungen und durch die Beobachtung deines Atems sehr einfach zu dir holen kannst. Jeder sollte sich morgens und abends diese Zeit geben, um die eigene Energie zu spüren.

Die eigene Energie zu fühlen ist deshalb so wichtig, da es einfach sehr viele Energien gibt und Manipulation wie auch das unbeabsichtigte Annehmen von Fremdenergien sehr oft geschieht. Ob nun durch

Frequenzen und Energie, versandt durch Menschen oder »Aliens«, sei dahingestellt. Wir Menschen sind keine Opfer, wir sind kraftvoll; und die Gesundung aus dieser Manipulation heraus ist einfacher, als viele denken.

Das Wort »Besetzung« kommt im energetisch-spirituellen Bereich immer wieder einmal vor. Ja, so etwas in der Art gibt es. Aber niemand ist verloren oder dem ausgeliefert. Ein großes Thema in diesem Buch ist somit auch, dir zu zeigen, was energetische Manipulation beziehungsweise wer die nicht hellen Energien sind und wie du sie loswirst. Wesentlich ist ebenso, dass du dir vornimmst, dir täglich ein paar Minuten für dich allein zu reservieren. Welche Übung du dann wählst, kannst du frei entscheiden. Ob du dich in Trance übst oder nicht, sollte dir auch deine innere Stimme sagen. Doch achte darauf, dass es nicht vom Ego bestimmt wird. Das Ego ist ein Gedankenkonstrukt. Jegliches Ego-Gehabe oder auch Gedankenkonstrukt fühlt sich schwer an. Probier dies aus, indem du zuerst »ins Herz« atmest und dann »in den Kopf«. Fühle den Unterschied in der Schwere.

Als ich mich im Laufe der Jahre mit Manipulation und energetischen Übergriffen beschäftigte, zeigte sich immer wieder eine Geschichte. Eine Geschichte der *Missing Children of the Universe*, der verlorenen Kinder des Universums, die gewisse Namen mit einschloss und das Verhalten der Menschen sowie ihre Herkunft und galaktischen wunden Punkte aufzeigte. Es ist keine fiktive Geschichte, dieses Geschehen, das Heilung bringt, ist Realität, und es wurde mir wie später beschrieben durchgegeben.

Die Erzählungen der Starseed-Intelligenz Ashtar Sheran und die Begründung, warum sich viele unterbewusst an diese Entführungen der Sternenvölker gefühlt erinnern, erklärt wohl auch die Sehnsucht vieler Menschen, die stets Heimweh oder eine immer wiederkehrende Sehnsucht verspüren.

Seiner Geschichte zufolge entstand zwischen den Universen ein großes Karma, selbst unter jenen Sternenvölkern, die keinen direkten Bezug zueinander haben oder hatten. In jeder Geschichte liegt allerdings ein liebevoller Kern, selbst wenn wir ihn in einer Schrecksekunde nicht fühlen können, ja ihn ausblenden. Doch Heilung fließt stets, sobald wir imstande sind, die Geschichte unseres Seins und die liebevolle Akzeptanz dessen, was geschah, anzunehmen. Denn diese Akzeptanz ist eine Umarmung unserer selbst, die sich ins gesamte Universum ausweitet.

Mehr und mehr Sternenvölker zeigen sich. Nicht nur mir, nein, der gesamten Menschheit, und wir werden im Laufe der Jahre lernen, damit umzugehen. Wir werden erkennen, dass wir miteinander fruchtbare Ergebnisse erzielen werden. Wir werden auch lernen, Stopp und Nein zu sagen, wenn uns ein Sternenvolk nicht zuträglich ist. Der Lernplanet Erde ist eine Entwicklungsstation. Eine Entwicklungsstation für viele Sternenvölker.

Unser Ursprung als Menschheit faszinierte seit jeher Wissenschaft, Forschung und auch spirituelle Kreise. Während wir als spirituellenergetische Forschende natürlich vollkommen andere Zugänge und Methoden haben als die etablierten Wissenschaftler, zeigen die Ergebnisse allerdings oft ähnliche Resultate, im Energetischen sogar in einer unglaublich schnellen Entwicklung, da die Dokumentation anders als in der Wissenschaft erfolgt.

In den ersten Kapiteln dieses Buches werde ich dir auch bisher noch nicht dokumentierte »neue« Starseeds, also Sternenvölker, und ihre Gaben vorstellen.

Die Sternenvölker kamen zu Wort. Sie zeigten mir heilende Übungen für dich und erläuterten Krankheit energetisch. Lies die Worte und fühle, wie sich Energien bei diesen Übungen lösen dürfen; denn die energetische Befreiung von Denkmustern nimmt wirklich all deine Ebenen mit.

Zieh dieses Buch gern immer wieder als Arbeits- und Übungsbuch heran. Probier dich aus. Fühle deine Entwicklung und sei auch mal stolz auf dich. Beobachte derweil, wie du dich in den letzten Jahren entwickelt hast, aus welchen Schubladen du dich herausholen durftest. Du wirst mit deiner Energiearbeit immer wieder feststellen, wie kraftvoll und wie liebevoll dein Energiesystem ist und dass das Universum niemals Nein sagt. Es reagiert auf deine Energie. Wenn du in einer liebevollen Energie bist, für dich da bist, und dies bereits morgens, da du dich gereinigt und geklärt hast, wirst du auch Situationen, Gespräche und Menschen in dieser Energie empfangen.

Bitte forsche, forsche mit deiner Energie, erforsche dich und dein Leben, denn der Mensch in seiner Kraft vermag unfassbar vieles.

So wünsche ich dir eine energetisch-freudig-liebevolle Lektüre der kommenden Seiten.

The Missing Children of the Universe

Manchmal ist es einfach heilsam, eine Geschichte zu hören, um etwas Wesentliches zu erkennen; denn das energetische Fühlen bewirkt eine Erweiterung in deinem Energiesystem, das schwingt und in der menschlichen Realität und auch physischen Welt Wirkung zeigt. Die Geschichte der verlorenen Kinder des Universums trägt ein unermessliches Heilpotenzial für viele Menschen in sich. Insbesondere wenn du oft »Heimweh« hast, Sehnsucht verspürst, dich fühlst, als würdest du niemals ankommen oder als wärest du »nicht von dieser Welt«, wird dir die Geschichte die Augen öffnen. Sehnsucht und Heimweh sind ein menschliches Konstrukt. Doch der Blick in die Sterne und das energetische Wissen, das sich nicht zeigen wollte, könnten mit dem Ereignis der *Missing Children of the Universe* nun wahrhaftig zu dir gelangen.

Es begann alles mit einem Traum, den ich wiederholt hatte und der sich im Laufe der Jahrzehnte ausweitete. In meiner Kindheit träumte ich bereits von Kindern, die entführt wurden. Ich hörte sie immer wieder schreien und flehen. Als Jugendliche getraute ich mich nicht einmal, die schlimmen Träume auszusprechen, und wollte die Erinnerungen im Alkoholrausch ertränken. Anfang dreißig kamen die Träume dann wieder. Zuerst sah ich Kinder von unserem Planeten, die entführt werden.

Zudem kam noch meine Polizeiarbeit hinzu, bei der ich als Medium vermisste Menschen ausfindig machte, auch Kinder. Das Thema selbst nahm mich immer mehr mit, und ich versuchte, mich abzugrenzen, um von diesen Träumen nicht mehr heimgesucht zu werden.

Die Träume wiederholten sich aber immer öfter und zeigten unterschiedliche Kinder, die im Laufe der Zeit immer weniger uns Menschen glichen. Doch die Kinder kannten sich bereits. Manche sagten: »Hilf uns!« Wir wissen um die schrecklichen Ereignisse, die Kindern hier auf Erden widerfahren, wenn sie entführt werden. Doch mein Bewusstsein hatte wohl verdrängt, dass dies ebenso in den Galaxien geschehen kann und immer noch geschieht.

Im Laufe der Zeit erzählte sich mir die Geschichte dieser *Missing Children of the Universe:* Ich sah immer wieder so etwas wie ein energetisches Haus. Sie wurden darin behandelt wie Sklaven, mussten in Reih und Glied stehen und Übungen durchführen, die einer Militärausbildung glichen. In Summe spürte ich allerdings diese Hoffnung der Kinder. Sie konnten sich untereinander fühlen und hatten Freude im Miteinander, selbst wenn die äußeren Umstände der Sklaverei und Ausbeutung grausam waren. Diese beiden Extreme verwirrten mein menschliches Gehirn zunehmend, und ich begann, energetisch im Traum zu forschen.

Immer wieder wurde mir diese Geschichte gezeigt, und stets ging ich erneut tiefer hinein. Aber die Entführung von Kindern ist auch für andere als die Betroffenen eine unglaublich grausame emotionale Belastung, die geflissentlich verdrängt wird. Diese Verdrängung ist ein kollektives Phänomen der gesamten Menschheit wie auch der Sternenvölker.

Während es auf der Erde Kinder gibt, trifft das nicht für alle Starseeds zu. Bei manchen von ihnen werden weitere Individualwesen erschaffen, die dann einfach ein geliebter Teil des gesamten Sternenvolkes sind.

Mit Sicherheit sind die Sternenvölker in gewisser Hinsicht und auf ihre Art und Weise weiter entwickelt als wir. Sie haben allerdings auch so manches erlebt, was sie zu dem machte, was sie sind.

Bei der Ergründung dessen, warum manche Menschen ein gewisses Krieger- und Helferpotenzial in sich tragen und manche nicht oder warum so viele Menschen Suchende sind und niemals ankommen, warum so viele Heimweh verspüren und selbst nach jahrelanger Therapie nicht aus dieser energetischen Falle heraustreten, wurde ich auf eine weitere Spur dieser Geschichte geschubst.

Bei fast jedem Sternenvolk, das ich kennenlernen durfte und das einen Planeten hat oder hatte, wurde immer wieder von »Entführungen« und »Diebstahl« gesprochen. Da die Kommunikation nicht in einer menschlichen Sprache erfolgt, wartete ich immer wieder zu, bis ich erkennen durfte, dass es diese »Entführungen« tatsächlich gab.

So zeigten mir unter anderem Marsianer, Casumfathia, Sirius, Orion, Akturianer, Venusier, Karsunay und viele andere, dass es eine Zeit gab, in der ihre Kinder oder »Volks-Neuankömmlinge« (so genannt, da es ja nicht in jedem Volk Kinder in unserem Sinne gibt) von Wesen entführt wurden.

Ich folgte also diesen Puzzleteilen, die allesamt zu jenen *Missing Children of the Universe* führten, und wurde immer wieder zu den Draconiern als Ursprung dieser Geschichte geführt. Die Draconier sind ein Sternenvolk, das aus menschlicher Sicht durch kriegerische Härte gekennzeichnet ist und auch wegen der Emotionen (wie die Reptiloiden) ähnlich den Menschen agiert, wenn Machtgelüste überhandnehmen. Aus menschlicher Sicht würde man sie als »psychisch krank« oder »aggressiv-manipulative Diktatoren« bezeichnen.

Die Marsianer erzählten immer wieder vom Diebstahl ihres Sternenstaubs und gaben ebenso den Hinweis, dass zur gleichen Zeit ausgewählte Kinder entführt wurden. Sie erhielten ein Brandmal und wurden sodann von den Draconiern in ihre Schiffe gebracht.

Auch Casumfathia erzählten, dass die Draconier bei ihnen ankamen und drohten, ihren Weltenbaum zu zerstören, woraufhin sie sich Kinder der Casumfathia aussuchten und sie mitnahmen. Da so etwas wie Mindcontrol zu den »Stärken« der Draconier zählt, die Erwachsenen der Casumfathia ihren Kindern diese Gewalt allerdings nicht zumuten wollten und gleichermaßen um die Stärke der Kinder wussten, ließen sie geschehen, was geschah.

Bei der Beobachtung dieses »Kidnappings« führte es mich zu den Schiffen der Draconier, und es führte mich auf diverse Planeten, teilweise auch auf einen unserer Monde – offensichtlich haben wir mehr als einen. Als hätten sie Kolonien angesiedelt, um dort die *Missing Children* zu trainieren. Ich sah so etwas wie Trainingscamps, in denen die Kinder mit all ihren Gaben und Fähigkeiten als negativ manipulierende Soldaten ausgebildet wurden. Doch was ich noch sah, war, dass ihre liebliche Energie zumeist nicht gebrochen wurde. Viele von ihnen können und konnten das Zeitgefüge der Draconier durchblicken, sahen somit die Zukunft, fühlten die Liebe dennoch; und das zeigte ihnen, dass sie befreit werden würden.

In diesen Camps lernten sie zu töten, sie lernten zu manipulieren, sie lernten, die Emotionen von Sternenvölkern zu lenken, sie lernten Mindcontrol. Aus menschlicher Perspektive gesehen, war all dies grausam. Intergalaktisch gesehen, wurde die friedliche Kriegerflotte geboren. Eine Kriegerflotte, die unter Ashtar Sheran ihren Ursprung fand. Denn auch die Kinder der Karsunay wurden entführt, und Ashtar Sheran war eins von ihnen.

Doch auch die Marsianer reaktivierten ihre Flotte und machten sich auf die Suche, gleichermaßen wie so manche Engelwesen. Auf dieser Suche wurden viele Verbündete gefunden, und man erkundete die Universen. Man eignete sich neues Wissen an und trug Liebe sozusagen in alle Ecken der Universen.

Die Draconier hatten bei ihren Kolonien Radar-Schutzschilde aufgebaut, erst nach einiger Zeit wurde dies von den suchenden »Eltern« durchblickt. Die jeweiligen Kolonien wurden zuerst ausfindig gemacht, lokalisiert, und die Suchenden fanden zusammen. Manche Rückholaktion ging still und leise von sich, doch manche nicht. So zeigte sich auch, dass es zuweilen friedliche Krieger braucht, damit wieder Frieden einkehrt. Insbesondere waren hier Karsunay-, Casumfathia-, Sirius- und Orion-Krieger im Vormarsch, die ihre friedensbewahrende innere Stimme niemals verloren hatten. Sie waren jene, die an vorderster Front die Kinder befreiten. Wobei ich nicht ausschließen möchte, dass es noch viele Völker mehr waren. Denn die Kolonien waren riesig.

Die Kinder selbst wurden nicht nur als Soldaten, sondern auch als Sklaven gehalten und dort eingesetzt, wo es die Draconier für sinnvoll hielten. Ähnlichkeiten mit gewissen Situationen hier auf Erden lassen sich meiner Meinung nach nicht leugnen, wenn wir an bestimmte Kriege oder auch an die Ausbeutung von Kindern auf unserem Planeten denken. So zeigt sich abermals und ist intensiv fühlbar, dass die Sternenvölker mit ebensolchen oder ähnlichen Zuständen zu tun haben, wie sie sich auf der Erde zeigen.

Die *Missing Children of the Universe* tragen einen Schimmer an sich. Dieser Schimmer könnte ein Teil von dir sein, wenn du folgende typische Anzeichen eines *Missing Child of the Universe* aufweist, also wenn

- du dich als friedliche Kriegerin fühlst,
- du Ungerechtigkeiten in keiner Weise ertragen kannst,
- du dich aus dem Gefühl heraus als Schutzbefohlene für Kinder fühlst,
- dich Ashtar Sheran des Nachts manchmal besucht oder dir mit seinen blauen Augen in einer Trancereise direkt in die Augen sieht,
- du fühlst, dass es wesentlich ist, das innere Kind zu heilen,
- du das Bedürfnis verspürst, andere in ihrer Strahlkraft zu unterstützen, und
- du selbst in friedvollen Stunden ein Gefühl von »Heimweh« hast und nicht weißt, woher das stammt.

Meinem Empfinden nach sind derzeit viele Menschen inkarniert, die sich an diese galaktischen Entführungen erinnern sollen oder zumindest dieses unsägliche Heimweh verspüren, wenn sie zum Sternenhimmel blicken, um auch diese Karmaschleife energetisch zu befreien. Viele von ihnen haben selbst Kinder oder als Kind Missbrauch erfahren und setzen sich deshalb für Kinderrechte ein, um das Herzlich-Menschliche auf Erden für alle Völker zu bewahren. Denn dies ist der Kern: das Bewahren des herzlichen Mit-Eins-Anders, das Bewahren des Friedens und des Miteinanders in allen Universen zwischen allen Sternenvölkern.

Die jeweiligen Sternenvölker, die an diesen Entführungen unfreiwillig beteiligt waren, tragen allesamt ein Heilpotenzial in sich, deshalb waren sie auch für die Draconier und deren Helfer das Objekt der Begierde. Sie schufen damit ein großes Karma, das sich jetzt im Wassermannzeitalter erlösen wird. Denn das Mit-Eins-Anders wird auch auf dieser Ebene sichtbar, wenn die betreffenden Sternenvölker auch die *Missing Children* der Erde wiederfinden und uns unsere Strahlkraft und Selbstheilungskräfte zeigen und in Erinnerung rufen, die uns als Menschen abgesprochen wurden.

Jedes dieser Sternenvölker ist Teil des großen Ganzen, so wie auch wir es als Erdlinge sind. Heilend, liebend und fließend erleben wir dieses neue Miteinander und heilen einen Teil der Geschichte, der bereit ist, sich ins Positive zu verkehren. Denn die *Missing Children of the Universe*, die von den Draconiern ausgebildet wurden, zeigten sich auch auf der Erde nicht von ihrer guten Seite, bis sie sich befreiten. Dies ist ebenso der Grund dafür, dass viele Sternenvölker, Aliens, als absolut negativ angesehen werden. So auch die menschlichen Entführungen, so auch die Experimente. Sie waren anfangs gezwungen, sodann manipuliert, und nach ihrer Befreiung erinnerten sie sich wieder an ihren liebevollen Ursprung. Nicht alle, aber dennoch ein Großteil von ihnen.

In dieser Entwicklungsphase des gesamten Universums zeigten sich mir immer mehr Wesen und Sternenvölker und ihre segensreiche Wirkung. Friedvoll und heilsam wirken wir gemeinsam, und all ihre Durchgaben und Übungen flossen in dieses Buch. Gemeinsam für unsere Kinder, gemeinsam für unser inneres Kind, gemeinsam für die Liebe im Universum, die aus dem Zentrum des Universums in all ihren Farben entspringt und in allem, was ist, erkenn- und erfühlbar ist. Liebend leben, liebend sein.

Ashtar Sheran – Befreier der Sternenvölker

Ashtar Sheran ist bereits vielen Menschen bekannt. Er taucht immer wieder namentlich oder als blaue Augen in Trancezuständen auf, trägt einerseits eine väterlich-beschützende Energie in sich, andererseits die Energie der Befreiung der Menschheit beziehungsweise aller Sternenvölker. Seine Rolle in meinem Leben begann zögerlich und sehr behutsam, da durchaus auch gewisse Horrorgeschichten über ihn kursierten, die ich hiermit erlösend auf die Erde bringen möchte.

Immer wieder sah ich in Trancereisen diese blauen Augen, die mich anleuchteten, und ich hörte das Wort »Shanti« oder »Shakti«. Da ich allerdings weder einen Bezug zum Hinduismus noch zu irgendeiner anderen Religion habe, hatte ich dies zunächst ignoriert. Shakti in seiner hinduistischen Bedeutung steht für die weibliche Urkraft des Universums. Sohin zeigte sich Ashtar Sheran ebenso bei Trance Healings, bei denen es insbesondere um die Vereinigung von männlicher und weiblicher Energie ging, wie auch dann, wenn die Zeitqualität diese Themen aufwies.

Unsere ersten Gespräche führten dazu, dass er mich in sein Schiff einlud:

Ich: »Wer bist du?«

»Ashtar Sheran.«

Da er mich lediglich liebevoll ansah und mich in dieser energetischen Form »sein« ließ, nahm ich diese Einladung zunächst einmal an und fragte erst später nach.

Ich: »Du siehst aus, als stammtest du von den Karsunay.«

Ashtar Sheran: »Ja.«

Ich: »Zwar bin ich nicht ungeduldig, könntest du trotzdem ein wenig ausführlicher antworten?«

Ashtar Sheran: »Ich war als Heranwachsender Teil der Karsunay. Ich war einer der ersten Entführten von den Reptiloiden und Draconiern.«

Ich: »Und nun bist du jener, der die Kinder befreit? Wie kam es dazu?«

Ashtar Sheran: »Ich war stark in meinem Ursprung und jener, der diese Reise gehen sollte, um auch andere zu befreien, wenn sie den intensiven Weg des Lernens gehen. Zu Anfang nahmen sie mich mit. Sie benötigten viele Krieger, um mich kleinzuhalten; doch sie schafften es, da sie drohten, mein gesamtes Volk auszulöschen. Sie kommen, sobald Völker unachtsam sind und abgelenkt werden. Deshalb sind sie Teil dieser Ablenkung, sie initiieren sie mit.«

Ich: »Die Erde wird derzeit auch intensiv mit einem Thema nach dem anderen abgelenkt. Ist dies vergleichbar?«

Ashtar Sheran: »Ja. Deshalb überbringen wir euch ja dieses Wissen unserer Geschichte.«

Ich: »Worin bestand diese Ablenkung denn damals bei deinem Sternenvolk?«

Ashtar Sheran: »Der Planet wurde zu heiß; im Nachhinein wissen wir nun, dass diese Hitze sich nicht ganz natürlich vollzogen hatte. Die Draconier und die Reptiloiden erhitzten die Atmosphäre. Dieser unnatürliche Umschwung brachte den gesamten Planeten in einen unnatürlichen Zustand, was dazu führte, dass unsere Ernten sich verringerten, und auch bakterieller Befall vernichtete die Ernte. Wir hatten kaum noch etwas zu essen. Kontaminierte Nahrung konnte nicht mehr gerettet werden. Wir mussten reisen, um Lebensmittel zu bekommen und um uns zu schützen. Denn Hitze ist nicht unser Element. Aber wir tragen die Wärme des Universums in uns und bringen die Wärme jenen, die sie kaum noch fühlen. Auf diesen Reisen geschah es. Sie entrissen mich meinem Volk. Jahre der Züchtigung, der Mindcontrol, des Kampfes und Todes folgten. Doch ich fand einen Ausweg. Ich flüchtete mithilfe eines Dracos, der sich ins Gefühl des liebevollen Mit-Eins-Anders entwickelt hatte. Wir schufen in all den Jahren eine Verbindung zueinander.«

Ich: »Also gibt es unter den Dracos auch ›Gute‹?«

Ashtar Sheran: »Unter allen gibt es jene, die so fühlen, wie du fühlst.«

Ich: »Verstehe. Wie ging's weiter?«

Ashtar Sheran: »Nach meiner Befreiung enterte ich mit seiner Hilfe ein Schiff, dieses Schiff war klein und gehörte zu einem Hauptschiff der Draconier, deren Heimat in ihrem Ausmaß auch Planeten wie der Erde und größeren glich. Doch in ihrem technischen Fortschritt entwickelten sie ein Eigenleben. In diesem Eigenleben, in dieser Intelligenz der Technologie, steckt ebenso Liebe. Diese Liebe zu fühlen, zu finden bedarf eines intensiven Blicks auf den Punkt, der uns alle verbindet: die Zentrumsenergie. Ich dehnte diese aus und konnte so mit einem der Mutterschiffe kommunizieren und es in liebevoller Freundschaft entern. Dieses Schiff entwickelt sich ebenso stets weiter und ist imstande, sich zu erneuern. Die Technologie der Draconier, die sie auf ihren Roboter-Planeten vollbringen, ist weit fortgeschritten, doch wenn man diese Technologie mit liebender Intelligenz versehrt oder diese erweckt, vollbringt sie Wunder. So verbanden wir uns, und nach einiger Zeit vollbrachte das Schiff, das seine Passagiere verlassen wollten, ebenfalls Wunder. Sie dachten, es wäre nicht mehr benutzbar. Seither sind das Schiff und ich eins. Wir reisen und befreien die Missing Children of the Universe. *So nehmen wir auch jene mit, deren Planeten geentert wurden und die sich auszulöschen drohen.«*

Ich: »Die Karsunay sind ja ebenso Teil des Council of 5. Gehörst du nicht dazu?«

Ashtar Sheran: »Meine universelle Aufgabe liegt in der Befreiung der unterdrückten Liebe. Im Laufe der Jahrhunderte bildete sich eine Flotte, viele Entführte von unterschiedlichen Sternenvölkern folgten mir auf der Reise und folgten gemeinsam unserer Mission. Wir sind im Austausch mit den Councils, Räten und in friedvoller Mission für alle Universen. Wir sind Teil von allem und erleben die Freiheit des Seins, ohne uns zu verpflichten.«

Ich: »Bist du deshalb oftmals anwesend, wenn es um die Beziehungen der neuen Zeit geht? Da auch dort das Vereinnahmen oder Verpflichten nicht mehr sinnvoll erscheint? Viele, die spirituelle Beziehungen leben, berichten, dass sie eine intensive Verbindung zu dir fühlen.«

Ashtar Sheran: »Wir leben die Freiheit der Liebe, denn Liebe ist frei. Ihr Menschen sucht nach der Liebe wie nach einer schönen Blume, doch jede Blume verwelkt und findet irgendwo wieder ihren Neuanfang. Im fröhlichen Sein der Akzeptanz findet ihr die Liebe. Unsere Lehren sind eine Summe aus vielen Sternenvölkern, die Liebe aus unterschiedlichen Blickwinkeln verstehen lernten. Manche der Sternenvölker haben Familien wie die Menschen, manche leben im Verbund zu vielen und haben keine Kinder wie die eurigen. Die Karsunay leben die Familie und auch die Partnerschaften. Doch unsere Partnerschaften sind frei. Der Blick in die Augen offenbart die Liebe und deren Freiheit. Inwieweit seid ihr imstande, die Liebe frei fließen zu lassen in dem puren Vertrauen, dass sie nicht euch, sondern das gesamte Universum nährt?«

Ich: »Menschen fühlen sich oftmals einsam. Viele sehnen sich nach einer erfüllten Beziehung. In diesem Gefühlschaos die Liebe frei fließen zu lassen, wenn sie kaum vorhanden ist, scheint doch eine Hürde zu sein.«

Ashtar Sheran: »Wenn ihr euch öffnet und die Liebe zwischen euch freilasst, wenn ihr fühlt, dass wir alle verbunden sind, werdet ihr fühlend verstehen lernen.«

Ich: »Hast du eine Beziehung?«

Ashtar Sheran: »Ich lebte in einer Partnerschaft auf unserem Schiff. Einer Partnerschaft der friedvollen Verbundenheit. Sie war Kriegerin des Lichts in vollkommener weiblicher Liebesenergie. Entsprungen aus der Quelle und durch die Seraphim entflammt, war sie Teil meiner Flotte.«

Ich: »War? Starb sie?«

Ashtar Sheran: »Sie entschied sich, als Mensch zu inkarnieren, so wie viele der Karsunay. Wir alle, auch ihr, ziehen weiter. Wir entscheiden uns, welche Etappe, welcher Weg als Nächstes gegangen wird. Es ist unser aller freies Sein. So war es auch ihr freies Sein, der Erde zu dienen und ihre Liebe mit offenem Herzen und liebevollen Schwingen auf euren Planeten zu bringen.«

Ich: »Vermisst du sie nicht?«

Ashtar Sheran: »Ich beobachte sie, so wie ich viele fühlend beobachte und begleite. Im freien Fluss der Liebe fühlen wir uns in inniger Liebe und kehren dorthin zurück, wo wir herkamen, aus der Liebe in die Liebe. In ewiger Verbundenheit der Liebe.«

Ich: »Wie kann ein Mensch dies verstehen, insbesondere wenn ein tiefer Schmerz der Trauer uns begleitet, sobald ein geliebter Mensch weiterzieht?«

Ashtar Sheran: »Fühlt! Ihr fühlt eure Jenseitigen, ihre Energie stirbt nicht. Es ist der Leib, der seinen Teil der Vereinbarung beendet. Euer Leib ist lediglich das Portal, das Portal eines weitaus größeren Teils eures Selbst, der mit allem, mit jedem Sternenvolk verbunden und aus der Liebe der Quelle entsprungen ist.«

Ich: »Wenn wir doch alle aus der Quelle entstammen, wenn wir alle Liebe sind, warum gibt es dann diese Entführungen, und warum befreit ihr die ›Kinder‹?«

Ashtar Sheran: »Es ist unsere Aufgabe in den Universen. Gleichgewicht benötigt Tatkraft. In der Tatkraft wurden wir erschaffen, und in der Tatkraft entwickelt sich Liebe, da Energie niemals stillsteht. Die Tatkraft ist die Triebfeder der Liebe, damit wir alle im Fluss des Lebens gleiten. Leben bedeutet Bewegung.«

Seine Ruhe und Anmut waren mir Beweis genug, dass er überzeugt war von seiner Tatkraft und Liebe. Jeglichen intensiven Erstkontakt prüfe ich dennoch nach, da ich bereits viel erleben durfte, was Starseed-Intelligenzen betrifft. Sobald von meinen liebevollen Guides ebenso ein »Go« kommt und sie sich energetisch nicht zwischen mich und die Energie stellen, weiß ich um die Liebe. Denn das Ego des Menschen schläft nicht, es ist da. So gewöhnte ich mir an, dieses gefühlt prüfende Stoppschild aufzustellen, das sich danach auch entfernen darf.

Er zeigte mir sodann sein Schiff. Das lebende Schiff, das selbst als Technologie Liebe lebt und jene rettet und begleitet, welche die Liebe leben. Es zeigte sich eher als bräunliches Metall, das im Rumpf gestaltet ist wie eine Hantel (ja, das Fitnessteil). Und am schmalen Mittelteil wiederum Verzweigungen aufwies. Diese Verzweigungen gab es öfter. Doch das Schiff und seine Verzweigungen drehten und wendeten sich. Es erzeugt selbst eine Art Gravitation und somit auch Energie beziehungsweise offenbar Strom. In seinen Dimensionen ist es riesig und kaum abzuschätzen, wie groß. Die Energie des Schiffs ist erhellend-blühend und facettenreich. Nicht verwunderlich, wenn man bedenkt, welche Vielfalt an Individuen der Sternenvölker darauf wohnt.

Ich: »Erzeugt ihr selbst Energie mit dem Schiff?«

Ashtar Sheran: »Es lebt und erzeugt selbst Energie, es repariert sich ebenso selbst. Es ist kein Schiff, sondern ein intelligentes Wesen. Es lebt in liebevollem Verbund mit uns allen hier. Es fühlt und führt uns zu jenen, die uns benötigen.«

Ich: »Ihr seid doch sicher häufig in Erdnähe.«

Ashtar Sheran: »Nicht ausschließlich. Es gibt Momente, in denen wir öfter bei euch sind. Doch es gibt viele andere universelle Zeiten, in denen wir anderen beistehen.«

Ich: »Finden diese Entführungen nach wie vor statt?«

Ashtar Sheran: »Weniger als jemals zuvor.«

Ich: »Warum weniger?«

Ashtar Sheran: »Das gesamte universelle Bewusstsein verändert sich. Das Bewusstsein der Unterdrückung wird weniger.«

Ich: »Gab es auch Entführungen der Menschen, waren dies dieselben Entführungen?«

Ashtar Sheran: »Die gab und gibt es, aber ebenso weniger als zuvor. Doch dies waren nicht ausschließlich die Draconier oder Reptiloiden. Vielmehr habt ihr auf der Erde eine Gray-Invasion erlebt, die ebenso mit Menschen in Kooperation standen, an diese Entführungen können sich viele erinnern. Doch die Entführten wurden nicht zu den Plantagen der Draconier mitgenommen, sondern sie blieben auf der Erde.«

Ich: »Bleibt ihr uns treu in euren Beobachtungen, damit auch diese weniger werden?«

Ashtar Sheran: »Wir sind hier, in diesen Momenten mehr als in den letzten. Die Entführungen wurden weniger. Wir sichten sie, und so wird auch die Wahrheit dieser Zusammenarbeit im Geheimen ein Ende finden, wenn wir ebenso offen unsere liebevolle Zusammenarbeit des Mit-Eins-Anders mit Tatkraft vollbringen. Dies ist unsere Mission mit vielen von euch, auch euch Menschen.«

Ashtar Sheran zeigte beziehungsweise sagte mir sodann, wie man um die Verbundenheit und Umsicht seiner Flotte bittet beziehungsweise sie ins Erleben einlädt.

Übung: Verbindung mit Ashtar Sheran

Alle Übungen kannst du auf ein Diktiergerät oder einen anderen Tonträger aufsprechen, wenn du möchtest. Ich empfehle dir, dies selbst zu tun, damit du deine Stimme zu lieben lernst. Denn sie ist ebenso deine Energie, die für dich wirken soll. Liebe dich selbst, indem du auch deine Stimme liebevoll in den Arm nimmst. Sie gehört zu dir und ist der Ausdruck deiner selbst.

Die Übungen mit Starseeds wie auch mit Engeln ist in manchen Fällen zu Beginn womöglich nicht gleich so einfach. Es empfehlen sich somit zunächst geführte Trancereisen. Ich selbst fühle Trancereisen eindeutiger und intensiver, da sie hellsichtig gesehen weit über normale Meditationen hinausreichen. Doch Trancereisen sollten von einem energetisch-medial arbeitenden Teacher durchgeführt werden. Ansonsten fühlt die Gruppe lediglich die sensitive Energie des Teachers, der die Gruppe nicht mit dem Kosmos verbindet, sondern einfach die Seins-Energie ins Übungsfeld schießt. Ein Workshop müsste für die Aktivierung vollkommen ausreichen.

Einen medialen Teacher oder medialen Gruppenleiter wirst du schnell erkennen. Denn medial zu arbeiten bedeutet, dass dies auch eindeutig über die Ferne möglich ist. Ein sensitiver Teacher tut sich sehr schwer, über Distanzen hinweg die Gruppenenergie anzuheben oder gar Wesen und Energien durch andere fließen zu lassen. Auch die Gruppengröße ist eine Gewöhnungssache.

Doch kommen wir nun zur ersten Übung dieses Buches.

Atme dich in deine Energie, sei bei dir, ganz friedlich, und sage folgende Worte voller Liebe ins Universum hinein: »Liebe. Liebe. Liebe. Ich bin Teil des Universums, Teil der Liebe, und ich vollbringe meine Liebe durch meine Herzensverbundenheit zu allen Sternenvölkern. So bin ich niemals allein, und in diesem Verbund des Mit-Eins-Anders lebe ich unsere Verbundenheit und bin dankbar für die Begleitung deiner Flotte, Ashtar. Danke. Danke. Danke.«

Danach fließt Dankbarkeit. Fühle diese Sternenvolk-Verbundenheit, und fühle, was sich in deinem Energiesystem freisetzt.

Ashtars Flotte und das Gefühl ihrer Anwesenheit ist pure Dankbarkeit. Die Befreiung der Universen für die Freiheit der Liebe ist spürbar in jeder Zelle unseres Seins. Ob es die Kinder, ob es das innere Kind, ob es die Freiheit der Liebe ist, Freiheit ist ein Gefühl, das eine enorme Öffnung deines Energiesystems bewirkt. Fühle Freiheit im Herzen, atme direkt in dein Herz das Wort »Freiheit« ein, am besten, wenn du dich zuvor mit der Sternenflotte von Ashtar verbunden hast, und erlebe dann deine veränderte Wahrnehmung nach dieser Übung.

Ich sah seine Flotte immer wieder in meinen Träumen und Trancezuständen vorbeirauschen. Doch es gab eine Nacht, in der ich selbst meinen Augen nicht traute. Wieder abends vor dem Einschlafen sah ich einen hellen Lichtstrahl, der nicht durchs Fenster, sondern durch die Wand in mein Schlafzimmer schien. Und ich sah vor mir dieses riesige Schiff, das sich bemerkbar machte, indem es mir Lichtcodes zusendete. Codes, die mir mitteilten: »Wir sind hier.« Dies reichte vollkommen aus, um zu wissen, dass ich beschützt bin. Füreinander *da* zu sein, ist wohl ein Geschenk, das der Freiheit der Liebe und der liebenden Dankbarkeit am nächsten kommt. Füreinander da zu sein: Probier es aus, für uns, für die ganze Menschheitsfamilie, für die Sternenvölker, für das Mit-Eins-Anders.

Marsianer – Das humorvolle Sternenvolk der Teleportation

Auch die Marsianer waren Teil der Entführungen der *Missing Children of the Universe*. Ihnen wird ebenfalls manchmal eine Negativität zugesprochen, die ich allerdings nur wegen einer Verwechslung ausmachen kann. Der Mensch prüft viel zu oft mit dem optischen Auge und hat vergessen, hellsichtig, hellfühlig zu lesen, zu erspüren, und lässt sich aufgrund von Unsicherheiten aus dem Verstand in die Angst locken. Doch Energien gefühlt zu lesen und zu erfühlen ist unsere

Gabe, die von so manchen menschlichen »Diktatoren« in die Schublade »Das gibt es nicht«, »Das bildest du dir nur ein« oder »Du hast eine blühende Fantasie« gesteckt wurde, damit wir auf alle Fälle in einer Opferhaltung bleiben, um auch manipulierbar zu sein. Wir werden sozusagen in einer Matrix der Emotionen »gefangen gehalten«. Manche Menschen verurteilen dies, doch durch die Verurteilung bleibst du noch intensiver in dieser Matrix verhaftet, denn auch die Verurteilung ist die Abwesenheit von Liebe; und wie wir bereits wissen, ist Liebe die stärkste Energie, die nicht kontrollierbar ist. Bist du Liebe, dann bist du befreit aus der Matrix, befreit aus den Denkmustern, den Schubladen, und du nimmst das Reale wahr. Also pure Wahrnehmung der Liebe.

Mit der oben genannten Verwechslung meinte ich Bilder, die teilweise bei Verschwörungstheoretikern – die ja immer auch eine gewisse Wahrheit in sich bergen – veröffentlicht werden. Bilder von Aliens mit großen grauen Köpfen. Die wenigsten davon sind grün. Doch diese Grays – sie werden ebenso in diesem Buch dokumentiert – sind gänzlich andere Wesen als die Marsianer. Lies und spüre ihre Energie, und du wirst den Unterschied gefühlt wissen und erkennen können.

Meine erste Begegnung mit einem Marsianer ist eine vollkommen irdische. Ich bekam diese kleinen grünen Gefährten aus »Star Trek« von meinem Lebensgefährten geschenkt. (Ich möchte hier aber betonen, dass ich mit »Star Trek« *nichts* am Hut habe.) Ich fand das Maskottchen niedlich, doch ich und mein Sohn waren uns einig, dass die dunklen Augen bei diesem grünen Wesen nicht stimmig waren. Ja, mehr noch: Diese dunklen Augen kenne ich von Menschen, deren Seele stark überschattet ist, oder von Wesen, die nicht beseelt sind.

Auf einmal sah ich ein Bild vor meinem hellsichtigen Auge und wusste, dass dieses Maskottchen durchaus einem meiner Guides ähnlich sah. Ich hatte niemals nachgefragt, woher dieser Guide kam. Doch offenbar war die Zeit reif dafür. Und in der Einstimmung auf meinen Guide kam plötzlich die hier wiedergegebene Skizze zustande.

Marsianer: klein, wendig, humorvoll (Originalskizze)

Riesige Augen, grün in allen Facetten, keine Haare und ein physischer Körper, der allerdings auch entmaterialisiert werden kann, klein, wendig und humorvoll – das beschreibt die Marsianer.

Meinen heiteren kleinen Begleiter Charly kannte ich ja nun doch schon sehr lange; und ich schämte mich ein wenig, dass ich ihn niemals nach seiner Geschichte gefragt hatte. Er steht mir seit Jahren zur Seite. So gingen wir gemeinsam auf Reisen, und er zeigte mir seine Herkunft.

Als er sich mit mir verband, war ich zuerst skeptisch. Grinsend blickte er mir in die Augen und sagte, ich solle eine Art Energieball aus Staub nach vorn werfen. Im gleichen Moment, da ich es als komisch empfand, waren wir auch schon im Orbit, im All und auf seinem Planeten. Wäre meine Physis mitgekommen, hätte ich eine Sturmfrisur gehabt. Es dauerte keine Sekunde. Teleportation war offenbar das, was die Marsianer bis zur Perfektion ausgereift hatten. Ich war vollkommen perplex, als wir dort ankamen. Denn ich kannte doch Bilder der NASA vom Mars. Doch dieser Ort, den ich erblickte, sah vollkommen anders aus. Mein Kontaktmann kam auf mich zu und erklärte mir, dass sie »Schutzkuppeln« benutzen, die nach außen aussehen wie eine karge Landschaft. Diese Kuppeln garantieren im Inneren eine für sie sehr ausgewogene Lebensvielfalt.

Ich schaute mich um und sah eine üppige Vegetation. Nicht wie auf Erden, sondern eher, als würden alle »Pflanzen« tatsächlich intensiv kommunizieren, geben und nehmen. Die Farbe Grün ist die präsenteste auf diesem Planeten. Grün in allen Facetten. Was mich aufgrund der NASA-Sonde noch mehr verblüffte. Doch hier konnte ich hauptsächlich nur besagte Marsianer als Sternenvolk ausfindig machen. Ihre Kommunikation funktioniert über eine Art Vibration. Wie ein Sound, aber nicht wie ein Tinnitus, sondern höher. So ergeben auch ihre riesigen Ohren, die am Ende spitz zulaufen, einen Sinn.

Während andere Sternenvölker zwar nicht anwesend waren, zeigte sich dennoch, dass es bei ihnen viele Kreuzungen mit anderen Sternenvölkern gab. Wie Hybride. Unter anderem mit Casumfathia. Da sie sich im Laufe ihrer Entwicklung aufgrund der Teleportation leichttaten zu reisen, waren sie überall präsent. Ihre Neugierde und aufgeschlossene Art zeigen eine Energie wie von »Weltraum-Touristen«. Sie sehen sich alles voller Neugierde an und sind einfach begeistert. Beim Betrachten ihrer Geschichte erlebte ich pure Freude und musste sehr oft lachen. Denn jedes Sternenvolk zeigte ihnen, dass wir alle einzigartig sind. Fremdartiges mit offenem Wesen zu erkunden eröffnet eine intensive schnelle Entwicklung.

Während Charly mich also über den Mars führte, spürte ich diese familiäre Atmosphäre. Alles durfte dort sein. Durch ihre zahlreichen Reisen hatten die Marsianer eine sehr offene Einstellung. Sie aßen gemeinsam. In der Mitte stand so etwas wie ein Kessel. In diesem Kessel wurde immer wieder Sternenstaub produziert. Sternenstaub, der von unterschiedlichen Dimensionen und Planeten mitgebracht wurde. Diesen aßen sie einerseits, doch dieser Staub konnte auch jene Bällchen formen, die der Teleportation dienten. Die Marsianer versehen die Bällchen sodann mit ihrer Frequenz und können sich daraufhin teleportieren – als würden sie ein Stardust-Portal eröffnen.

Charly meinte, der Fokus bilde sodann die Destination der Landung. Er meinte allerdings auch, dass Menschen erst lernen würden, dies zu tun. Dass sich gerade der Mensch bei dieser schnellen Art zu reisen in einem kurzen Schock befände und der Schock vermutlich dazu führen würde, dass man nur wieder zu Hause ankommt, möglicherweise auf der Toilette, da man sich einen Zufluchtsort wünsche.

Also cool bleiben beim Teleportieren, das müssen wir tatsächlich noch lernen.

Die Marsianer vollbringen auf ihren Reisen allerdings so etwas wie Wunder. Denn durch ihre Aufgeschlossenheit und die Neugierde hinterlassen sie die Energie der Freude und des Humors. Lachen und Humor vollbringen in unserem energetischen System wahre Wunder, wir schwingen hoch und ziehen diese hohe Schwingung an. So können wir uns freuen, wenn hier und da ein Marsianer einen Schnappschuss von eigenartigen Dingen der Menschheitsfamilie macht.

Ein besonderes Anliegen haben die Marsianer nicht, dennoch wollte ich wissen, warum sie sich mit diesen Kuppeln schützen müssen, wenn sie doch Freude leben.

Auch meine Gespräche mit Charly waren zumeist nicht nur erhellend, sondern amüsant.

Ich: »Hey, Charly, sag mal, wozu benötigt ihr denn diese Kuppeln, wenn ihr doch friedlicher Natur seid und es das Gesetz der Resonanz gibt?«

Charly: »Natürlich gibt es dies, doch es gibt auch Diebe. Manche nähren sich von dem, was dich nährt. Wir erlebten vor langer Zeit Übergriffe von Dracos, die den Stardust stahlen. Teleportation war für sie notwendig, da ihre Schiffe nicht sehr schnell waren und sie nur wenige davon hatten. Sie trugen diese energetische Schwere mit sich, was sie nach wie vor tun. Sie beobachteten uns schon länger und überfielen den Mars. Sie stahlen den Stardust, verwüsteten unseren Planeten und fügten uns Leid zu. Wir bauten alles wieder auf, ohne Rache zu üben; und dennoch installierten wir diese Kuppeln, die eine optische Täuschung sind. Allerdings sind sie auch sehr dünnhäutig, also kein Gefängnis, sondern transparent, damit Energie fließen kann.«

Ich: »Ihr wurdet also beraubt. Und wie habt ihr den Sternenstaub wieder zusammenbekommen?«

Charly: »Anfangs nutzten wir auch wieder Schiffe. Die alten Dinger waren noch sehr gut in Schuss, und so sammelten wir den Sternenstaub wieder. Wir sind die Bienen der Universen, weißt du? Den Frieden zu fühlen bedeutet, die Freudenkraft des Universums zu erleben. Alle Sternenvölker haben ihre energetische Farbenpracht in allem, was sie erleben, tun, vollbringen. Das Sein der Universen in ihrer Strahlkraft des Seins ist ein Gefühl, wie ihr es benennen würdet. Den Tanz der Farben in jeglicher Freude zu erkunden und zu erblicken bereitet Freude. Nicht nur uns. Wir vollbringen diese Freude, damit die Sternenvölker dies erleben. Wir – wie ihr.«

Ich: »Wunderschön. Magst du uns erzählen, welche Freude ihr bei der Besichtigung auf Erden erlebt habt?«

Charly: »Ihr seid ein witziges Völkchen. Ein besonderer Moment war wohl jener, als wir erkannten, dass eure Erlebnisse in eure Toiletten gespült werden. Zuerst waren wir fasziniert von den Toiletten, wo sie wohl hinführten? Einer unserer Reisenden nahm seine Erkundungen doch sehr ernst und folgte dem Pfad der Toiletten, bis er erkannte, was sich darin verbirgt.«

Ich war verblüfft von dem Bild, das er mir zeigte, als sie den Grund für unsere Toiletten erfuhren. Ich konnte nach meinem Lachkrampf dann doch wieder in die Kommunikation einsteigen und fragte nach.

Ich: »Habt ihr denn keine Ausscheidungen?«

Charly: »In anderer Form. Doch diese sind wiederverwendbar. Eure Ausscheidungen sind die Vergangenheit. Unsere bilden auch Sternenstaub und werden zum Teil ebenso für die Teleportationsportale verwendet. Eure können wir leider nicht verwenden. Doch wenn ihr liebt, vollbringt ihr einen lichtvollen Sternenstaub, ein wenig davon verwenden wir, um weiterzuziehen. Unsere Dankbarkeit ist euch sicher.«

Ich: »Haben viele Sternenvölker solche Eigenheiten wie wir?«

Charly: »Jedes Sternenvolk ist eigenartig. Wundervoll in seiner Einzigartigkeit. Jedes trägt seinen Teil dazu bei, die Wunder des Universums zu kreieren.«

Ich: »Auch jene, die nicht so lichtvoll sind.«

Charly: »Alles, was nicht lichtvoll erscheint, kann gewendet werden. Alles, was aus der Dunkelheit entstand, lässt Licht sichtbar werden. Wir schufen unsere Kuppeln aus einer dunklen Stunde heraus, und im Laufe unserer Entwicklung schlossen wir auch mit lichtvollen Dracos Kontakte. Jedes Volk hat so etwas wie Störenfriede, und dennoch haben auch sie den Auftrag, die Entwicklung voranzutreiben. Die einen wüster, die anderen langsamer. Es ist stets der Blickwinkel und die Ausgangsposition einer Sichtweise, eines Gefühls.«

Ich: »Unternehmt ihr auch Reisen zu den Dracos?«

Charly: »Die Draconier sind ein Kriegervolk, sie sind hungrig und begierig nach Veränderung und Macht. Hungrig nach Vereinnahmung. Feurig und spitz ihre Zungen. Doch es gibt unter ihnen welche, die hungrig sind nach Liebe. Auch dies zeigte ihre Evolution. Die Universen verändern sich und so auch diese Welt. Wenn Dracos erwachen, verbrennen sie sich oft ihre spitze Zunge. Und mitunter kann dieses Bild durchaus liebevoll betrachtet werden, wenn ein mächtiges Wesen wie ein Draco dann hüpfend und rufend versucht, seine Zunge zu löschen, und danach in der Stille sein innerstes Wesen ergründet.«

Die Weisheit der Marsianer ist stets von einer humorvollen Brise gekennzeichnet, die den Blick auf die Welten in einem neuen Licht erscheinen lässt. Ein Blickwinkel, der auch Menschen aus der Dunkelheit heraus sehen lässt, dass jeder Moment kostbar ist und Humor der Schlüssel, um aus dem Loch der Finsternis herauszufinden.

In den letzten Jahren kam es immer wieder zu Raumschiffsichtungen. Einige stammen meinem Empfinden nach von den Marsianern.

Insbesondere jene, die auf die Erde herniedergegangen sind. Denn auf unserem Planeten geschieht mehr, als wir uns dies mit unserem »normalen« Verstand überhaupt vorstellen können. Marsianer und die Verbundenheit zu uns beziehungsweise ihre Präsenz auf der Erde sind seit Jahrzehnten keine Seltenheit. Es gibt Videos aus US-Regierungskreisen, die immer wieder als Verschwörungstheorien abgetan wurden. Auch gab es Insider, die früher in führenden US-Institutionen arbeiteten und meinten: »Ja, es gibt sie.«

Doch ich persönlich hielt diese Videos ebenfalls nicht für echt. Denn es wurde schnell spürbar und ersichtlich, dass diese »Augenzeugen« verstört waren. Meinem Empfinden nach sind sie manipuliert worden. Es gibt Technologien und Methoden, die intensiv auf das Gehirn des Menschen einwirken können.

Erst kürzlich sah ich hellsichtig, wie sich die Geräuschunterdrückung bei den modernen Kopfhörern auf das Gehirn auswirkt. Diese Unterdrückungsfrequenzen wirken auf das, was wir »Unterbewusstsein« nennen. Das Unterbewusstsein kann mit vielem »bespielt« werden. Die Kopfhörerfrequenzen und auch andere Schwingungen, die aus der Technik stammen, sind »neutrale« Frequenzen, die allerdings sehr deutlich einen größeren Platz in unserem Gehirn einnehmen. Somit haben wir die Wahl, ob wir diese Frequenzen mit Lichtvollem bespielen oder diesen Platz ignorieren und von außen bespielen lassen.

Dieses »Bespielen« wie bei einer CD oder einem Mikrochip sah ich also ebenso bei diesen »Zeitzeugen der Aliens«. Sie wurden in gewisser Hinsicht mit negativer Information von gewissen Kreisen »bespielt«. Denn es gibt bei jedem Volk unterschiedliche Ausprägungen des »Charakters«. Auch wenn manche Völker hoch entwickelt erscheinen, an irgendeinem Punkt sind sie doch Suchende, die sich in einem Thema weiterentwickeln möchten. Diese Entwicklung sah man ebenso bei den Marsianern. Sie suchten natürlich nach ihren »*Children*«, aber sie suchten auch neue Informationen und nach Sternenstaub, und hierfür reisten sie mit ihren Schiffen.

So kam es also auch zu den vielen »Entführungen« von Menschen. Doch diese Entführungen waren im Verbund mit diesen durchgeführt worden. Denn die Marsianer können ohne Sternenstaub nicht reisen. So wurden ein paar von ihnen auch auf Erden gefangen gehalten, und Menschen machten mit ihnen Experimente. Diese Experimente ergaben, dass sie von den Entführern gezwungen wurden, andere Menschen zu teleportieren. Hierfür wurde Sternenstaub von den Liebenden gesammelt. Dieses Sammeln erfolgte durch Filme, die Liebesenergie beziehungsweise Sehnsucht bei den Zusehern freisetzte. Hollywood lässt grüßen! Ein Trick also, um Menschen fühlend in die Liebe zu führen.

Wir können uns auch Filme von damals aus dem Archiv ansehen und eine Zeitqualität erkennen, welche die kitschige Romantik einführt. Beispielsweise das »Heimkehren der Soldaten«. So sammelten sie den Sternenstaub und konnten ihn aber nicht für sich nutzen, um fortzugelangen, sondern teleportierten Menschen, während sie schliefen. Viele Erdenbürger berichten ebenso, dass sie in ihren Träumen und Entführungen auch Menschen sahen, was nochmals verwirrender für sie war.

Dies ist meine Erklärung dafür, und mein lieber Charly nickt gerade, während ich das hier schreibe. Es ist den Sternenvölkern nämlich ebenso ein Bedürfnis, diese negative Karmaschleife zu befreien.

Ich: »Solche Entführungen geschahen also nicht freiwillig, aber ihr konntet somit dennoch auch viel über uns lernen, nicht wahr? Doch wie kamt ihr frei?«

Charly: »Wir waren in einem kalten Untergrund eingeschlossen. Ein Sichtschutz des Grüns wurde gebildet. So konnten Menschen wie auch andere Sternenvölker uns nicht sehen.«

Ich: »Meinst du hellsichtig sehen oder auch per Remote Viewing? Könnte das in der Arktis gewesen sein?«

Charly: »Ja. Wir wurden allerdings immer schwächer. In unserem schwachen Zustand konnten wir auch keine Signale zu unserem Sternenvolk senden. Doch wir erkannten, dass ein weiteres Sternenvolk im Untergrund gefangen gehalten wird. Ice-Seed. Die Riesen sind stille Begleiter und Hüter des Wissens. Ihnen geht es nicht um Gerechtigkeit. Sie ignorieren ebenso Hilfeschreie. Doch wenn Druck aufgebaut wird, dann fühlen auch sie sich schwach. So verbündeten sich unsere gefangenen Brüder mit den Riesen. Telepathie ist eine Kunst, die ihr auch auszuüben vermögt und dennoch, selbst wenn ihr sie kennt, einfach ignoriert. Wir kommunizierten und analysierten. Diese Zusammenarbeit gab uns Kraft, und wir konnten uns befreien. Denn die Riesen können sich durch schwere Gesteins- und Eisschichten hindurchtragen. Sie öffnen Tore und Portale. Durch diese gingen wir gemeinsam.«

Ich: »Haben die Experimente in der Arktis aufgehört?«

Charly: »Ihr Menschen seid sehr schnell in der technologischen Entwicklung und schützt viele Untergrundbasen, die für eure Experimente dienen. Wir gingen, erholten uns, und dennoch wussten wir bereits, dass andere Sternenvölker auch dort landen werden. Der Mensch erzeugt in diesen Untergrundbasen ein Karma. Der Mensch kreiert in diesen Untergrundbasen eine negative Blase und publiziert ebenso auf der Erde, dass Sternenvölker keine liebevollen Wesen sind.«

Ich: »Manipulation durch die Medien und Filme?«

Charly: »Fühlt die Energie, und ihr wisst. Seht die Liebe, und ihr versteht. Ihr fühlt andere Menschen, so fühlt auch andere Sternenvölker. Wir sind hier, und wir sind zu Hause. Wir alle reisen. Auch ihr reist in der Nacht, wenn ihr glaubt, ihr schlaft. Ihr reist energetisch und lernt uns bereits kennen. Ihr seid kraftvoll und nicht dieser kleine Funke an Hoffnung, der ihr zu sein glaubt. Dies ist ebenso ein Konstrukt und Manipulation, die euch energetisch in euer Unterbewusstsein eingesetzt wurden.«

Ich: »Hast du eine Übung für uns, wie wir diese Manipulation des Unterbewusstseins ins Lichtvolle wenden können?«

So zeigte mir Charly, dass dies möglich ist. In seinem hurtigen Gewirbel war er hell erfreut darüber, dass die Angst schwindet, eine Veränderung herbeizuführen sowie Entwicklung und Veränderung in Anspruch zu nehmen, und dass der Mensch voller echter Vorfreude in seine herzliche Zukunft geht.

Übung: Sich von der Manipulation des Unterbewusstseins befreien

Sammle deine Energie, indem du bewusst durch die Nase ein- und ausatmest.

Du sammelst deine sensitiven Energien zuerst, ohne dich medial mit dem Universum zu verbinden (auch wenn wir stets verbunden sind).

Während du atmest, öffnest du mit dem Daumen zwei feinenergetische Zentren, nämlich dein sogenanntes Drittes Auge und dein Kronen-Chakra, indem du über die Stirn nach oben und über die gesamte Scheitellinie bis zu deinem Nacken streichst. Du machst das dreimal auf folgende Art und Weise:

- einmal von der Mitte der Stirn aus rechts am (gedachten) Mittelscheitel entlang,
- einmal von der Mitte der Stirn aus links am (gedachten) Mittelscheitel entlang,
- einmal von der Mitte der Stirn aus über den (gedachten) Mittelscheitel.

Nun fühle die Öffnung.

Du hast jetzt das Gefühl, dein Drittes Auge und die Zirbeldrüse seien weit geöffnet. Diese Öffnung führt dich energetisch in dein Unterbewusstsein, das etwas verschleiert wirkt.

Fühle oder sieh hellsichtig Nervenbahnen und Zellen, die insbesondere ein wenig verklebt und verschlossen wirken, als wären sie einsam und verkümmert. Zu diesen Zellen gehst du jetzt hin.

Es öffnet sich deine Herzenergie und verbindet sich mit aller liebevoller Energie des Universums. Was auch immer diese Gehirnwindungen, Zellen oder Bespielungen beziehungsweise Programmierungen vereinsamen ließ, du fühlst nun, dass sich energetische Wesen des Universums mit deiner Herzenergie verbinden.

Eine negative Energie hält eine wunderschöne Herzenergie nicht aus; sie hat eine regelrechte Abneigung gegen die Liebesenergie.

Und nun fühlst du, dass die Liebesenergie, gepaart mit der Herzenergie, über deinen Scheitel in diese vereinsamten Zellen fließt.

Beobachte oder fühle die Veränderung der Struktur oder der Farbe, ohne zu bewerten, einfach beobachten.

Als würde ein kleines Ich von dir in deinen Kopf gehen, von dort siehst du dich selbst, dass diese unterstützende Energie, die du auch selbst bist, durch dich über deinen Scheitel zu deinem Herzen und aus deinem Herzen und deinen Händen zu dieser vereinsamten Zelle fließt.

Ich rate dir, nach dieser Übung nicht zu viel darüber nachzudenken, was erlöst wurde, sonst holst du dir die Energie wieder. Fühle einfach dieses Feuerwerk an neuen Synapsen und energetisch-lichtvollen Wendungen.

Mit Rafimojah werden wir weiter in die Untiefen des Unterbewussten eintauchen, da hier noch viele Programmierungen von Frequenzen vorliegen, die entdeckt und umarmt werden möchten.

Karschinahah – Erbauer der Weltenbäume

Braune Augen mit goldenem Schimmer darin und durchzogen von einem Strahlen wie eigene Galaxien. Fesselnd und befreiend im Gefühl, so präsentieren sich die Karschinahah.

Die Erbauer der Weltenbäume zeigten sich in einer enormen Größe. Bei meiner Reise durchs All spürte ich, dass mich ein Schiff begleitete, ein Raumschiff – riesengroß wie ein Planet. Doch dieser Planet konnte sich bewegen. Ich spürte, dass ein Lichtstrahl vom Schiff zu mir führte, sie nahmen Kontakt mit mir auf, und ich akzeptierte die Einladung, da die Energie dieser Wesen so ruhig war wie Großvaters Sonntagsrede.

Als ich auf ihrem Schiff ankam, war da aber alles andere als Opa zu sehen. Denn Karschinahah sind einfach enorm riesige Tierwesen, die eher Dinosauriern ähneln. Ihre Haut schimmert in vielen Erdfarben, und sie wechseln die Koloration. Die Grundfarbe ihrer Haut ist zwar eher dunkel, doch beruhigend. Diese Riesen-Dinos brauchten tatsächlich viel Platz auf ihren Reisen, deshalb war ihr Schiff dementsprechend groß. Mein Kontaktmann kam nach meiner Ankunft auf dem Schiff ruhig auf mich zu, und ich vernahm sogar ein Lächeln. Welcher Dino lächelt?

Als er bei mir war, spürte ich eine unfassbare Ruhe und Kraft. Eine heilsame Welle des Ankommens und des Reisens gleichermaßen. Als könnte mich nichts und niemand im Universum aus der Fassung bringen. Er stand also bei mir, und plötzlich baute er mit einem Lichtstrahl aus seinen Augen einen Stuhl für mich wie aus einem 3D-Drucker. Ich setzte mich, und unser Gespräch begann.

Ich: »Welche Ehre, dass ihr mich ein Stück mitnehmt. Wer seid ihr?«

Karschinahah: »Wir sind Karschinahah, die Erbauer der Weltenbäume, die Verbinder der Universen, die Ruhe in dir und im Universum. Wir bauen Brücken und verbinden, was zusammengehört, durch innere Kraft und Ruhe.«

Ich: »Wie hast du das gerade eben gemacht?«

Karschinahah: »Der Lichtstrahl der Liebe fließt durch unsere Augen, sammelt liebevoll die Energie des Universums und erschafft das Manifeste. So erbauen wir und können das Erbaute auch wieder zurückversetzen in die universelle Liebe der Universen.«

Ich: »Okay. Seid ihr so etwas wie die ›3D-Drucker des Universums‹? Was erbaut ihr denn beispielsweise?«

Karschinahah: »Wir erbauen die Weltenbäume. Jene Bäume, die als Portale in andere Welten dienen. Portale und auch Lebensbereiche sind sie. Doch wir schaffen auch das liebende Leben, wenn die Energie des jeweiligen Sternenvolks dafür bereit ist.«

Ich: »Was sind Weltenbäume?«

Karschinahah: »Die Bäume nähren, sie geben dir alles, was dich nährt. Doch es herrschte eine Zeit, da wollte die Humanity immer mehr und mehr, und deshalb wurden sie wieder abgebaut. So vieles wird sich verändern, und dann werdet ihr Menschen wieder bereit sein für die Weltenbäume. Wenn ihr selbst diese Weltenbäume seid und werdet. Für die Freiheit in euch selbst. Befreiung auf allen Ebenen. Sodann entstehen Lichtsäulen überall auf dem Planeten, und die Weltenbäume werden wieder aufgebaut. Durch euch und in Verbund mit uns. Wir unterstützen beim Erbauen, was ihr energetisch ins Feld der Liebe eingespeist habt.«

Ich: »Heißt das, es gab solche Weltenbäume auf der Erde? Wo? Wie viele?«

Karschinahah: »Auf der Erde gab es acht Weltenbäume, sie wurden wieder abgetragen.«

Ich: »Wo und warum wurden sie dekonstruiert?«

Karschinahah: »Eure Berge zeigen die Stümpfe dieser Bäume. Doch auch in euren Gewässern standen welche. Sie wurden abgebaut in Zeiten von Atlantis. Die Humanity und auch andere Sternenvölker pflegten nicht, sie raubten und nahmen nur von den Bäumen. Die Bäume sind nährend in jeglicher Hinsicht; doch was die Bäume nährt, ist Liebe, Dankbarkeit und Achtsamkeit. Respektlosigkeit lässt sie wanken. Dieses

Wanken der Bäume führte zur veränderten Schwingung auf der Erde, was die Räte veranlasste, uns zu rufen, um sie abzubauen.«

Ich: »Wann wird die Menschheit so weit sein, diese Bäume wieder als Mitglieder begrüßen zu dürfen?«

Karschinahah: »Ihr seid bereits auf einem guten Weg. Dem Weg der Selbstankunft, in der die Akzeptanz und Achtung vor jedem Lebewesen gegeben ist. Sobald ihr so weit seid, indem ihr keine Raubzüge mehr durchführt, werden sie wieder wachsen. Unermüdlich. Friedlich. Gebend, nährend. Vollbringend. Hundertfünfzig Jahre voller Zuversicht werden vollbracht.«

Ich: »Ich für meinen Teil werde es mir dann ohne menschlichen Körper ansehen. Gibt es Weltenbäume auf anderen Planeten?«

Karschinahah: »Sie stehen überall in den Universen. Insbesondere auf jenen Planeten, deren Einwohner einen manifesten Körper haben. Manchmal geht das Volk sehr liebevoll mit den Bäumen um, und dennoch werden die Planeten zerstört, wie jener von Casumfathia. Die Energie der Bäume wird wieder in die Universen aufgenommen und kommt dann auf einem anderen Planeten zur Entfaltung.«

Ich: »Werdet ihr gerufen, oder wie erhaltet ihr eure Aufträge?«

Karschinahah: »Das jeweilige Volk erzeugt eine Energie – oder der jeweilige Planet, während das Volk energetisch bereits auf dem Weg ist. Danach entsendet ein dazugehöriger Rat, Council, an uns eine Botschaft, dass sie so weit sind, und wir erbauen die Bäume.«

Ich: »Erbaut ihr auch noch etwas anderes? Denn für physische Heilungen wäre dies doch besonders wertvoll, euer Blick, oder nicht?«

Karschinahah: »Wenn das Wesen mit physischem Körper in diesem Urvertrauen des Universums ist, wird dies möglich werden. Auch das

Urvertrauen, dass wir Sternenvölker uns verbinden und miteinander sind, ist ein wesentlicher Baustein, um das Erbauen zu ermöglichen. Doch ja, das ist machbar.«

Das Gespräch mit dem Karschinahah führte dazu, dass mir gezeigt wurde, wie physische Heilung geschehen kann. Karschinahah finden sich seit einiger Zeit auch bei energetischen Heilungen beziehungsweise beim Starseed-Coaching und -Healing ein, und dennoch möchte ich hier nochmals betonen, dass Heilung in jeglicher Form niemals versprochen werden sollte. Jeder Klient sollte seine eigene Erfahrung dazu äußern. Dies steht mir nicht zu.

Das Heilpotenzial der Karschinahah ist ein Potenzial der Zukunft. Während auf der Erde Organe bereits künstlich im 3D-Drucker erzeugt werden und auch die Zukunft diese Bilder aufweist, zeigt sich ebenso die Option, dass der Mensch selbst es vermag, gewisse Reparaturarbeiten an der Physis vorzunehmen. Die jeweiligen Starseed-Intelligenzen können – müssen aber nicht – das Erwecken dieses Potenzials sein. Bei energetischen Sitzungen traten Karschinahah insbesondere in Erscheinung, wenn Klienten Energie im Bereich der Nervenbahnen, Zellen, Haut und Knochen benötigten.

Ihr innerstes Wesen zeigt, dass sie einfach die »Macher« sind. Sie denken nicht darüber nach, sondern fühlen, was es zu tun gibt, auch wenn sie gerufen werden. So mancher mag womöglich glauben, dass sie ein zerstörerisches Element in sich tragen, da sie »Brücken« abtragen können. Doch dieser Abbau vollzieht sich in der Regel lediglich dann, wenn keine liebevolle Verbindung mit dem Universum besteht.

Auf der Erde selbst werden immer häufiger gewisse Lichtsäulen erblickt. Die Wissenschaft nennt sie »Light Pillars«. Sie entstehen bei minus 40 °C in der Atmosphäre und zeigen diese Lichteffekte mittels hexagonaler Eisplättchen, die das Licht auf spezifische Art und Weise brechen. Es muss dabei absolut windstill sein, zumindest der Wissenschaft zufolge. Diese besagt ebenso, dass derlei Phänomene eher eine

Ausnahmeerscheinung sind. Im Jahr 2022 aber zeigte sich, dass das Phänomen allein im Oktober fünfmal bildlich in Russland, in den USA, in Venezuela und in Japan festgehalten wurde. Hellsichtig betrachtet, sind diese »Light Pillars« allerdings die beginnenden Wandlungsaktivitäten der Menschen, die sich bewusst werden, dass sie Licht sind, und so die Energie sammeln. In dieser Ansammlung von Energie beziehungsweise ihrer Erweiterung verändert sich das energetische Umfeld der Erde, daher können sich die Weltenbäume wieder formieren und erwecken. Für diese innere Erweckung und das Erfühlen dieser Weltenbäume wurde mir die folgende erhebende Übung durchgegeben.

Übung: Weltenbäume

Vorbereitung

Während du ein- und ausatmest, erlebst du dich klar und ruhig wie der Ozean, erfüllst dich mit deinem Atem und erfährst nun die Verbindung deiner linken und rechten Seite, Männlich und Weiblich beleben dich. Du bist dein Ozean, dein Weltmeer. Du erstrahlst in dieser Weite deiner selbst. Tiefgründig und weit. Als könntest du schweben, erlebst du nun die Weite des Meers. Du fühlst diese Energie in dir sowie um dich herum. Frieden. Frieden in dir, um dich herum, Frieden erfüllt dich. Weil du Frieden bist. Es belebt dich ins Unermessliche, und der Himmel öffnet sich.

Fühle die Weite dieser Öffnung, die Weite dieses Friedens. Fühle, wie du Schritt für Schritt den Kosmos der Liebe betrittst, Schritt für Schritt diese Treppen nach oben aufsteigst. Mehr und mehr dein wahres Selbst fühlst. Du schwebst diese Stufen empor.

Am Ende ist ein wunderschönes Tor, das dich empfängt. Das Tor der Vergänglichkeit zeigt sich eindeutig. Du lässt das irdische Gedankenkarussell hinter dir, fühlst, wie du leichter wirst, ein frischer Wind dich erfüllt und sich behutsam das Tor öffnet. Du schreitest hindurch und findest dich in einem galaktischen Land der Weltenbäume wieder. Inhaliere, fühle diese Freiheit der Liebe an diesem galaktischen Ort.

Die Weltenbäume in ihrer Dimension empfangen dich. Fühle diese Freiheit.

Hauptteil
Fühle während des Ein- und Ausatmens, dass dir Wurzeln wachsen. In allen Farben und Formen, die du bist, die dich nähren. All deine Liebe erwächst.

Warten.

Deine Mitte trägt die meiste Energie. Zwischen Stamm und Krone. Nun fließt diese Energie und bildet deine wundervolle Krone. Lass sie nach oben fließen. Fühle und beobachte dein *Erwachen* mit deiner Krone.

Warten.

Deine Göttlichkeit erwacht, deine Krone erwächst und erstrahlt bis in andere Dimensionen. So genieße die Reise, erblicke und fühle all das, was dich kräftigt und in verbundener Liebe in deinen Dimensionen weiter wachsen lässt.

Du strahlender Baum der Welten, erwache in dir, du wunderschönes Wesen der Welten und Galaxien. Du göttliches Geschöpf der Reinheit und Liebe. Du bist das göttliche Lächeln, du bist der Gesang der Engel, du bist die Sanftmut des Windes und die Farbenpracht des Universums.

So danke dir, dass du für dich einstehst, während du ins Hier und Jetzt zurückkehrst.

Übung: Den Solarplexus-Overload heilen

Wenn es Tage gibt, an denen dein feinenergetisches Zentrum beim Nervengeflecht Solarplexus zu viel Energie anstaut, du einen Feuerball in dir spürst oder Blähungen hast, solltest du diese Stauung unbedingt energetisch betrachten. Gerade hellfühlige Menschen neigen dazu, im Solarplexus-Chakra Energie anzustauen. Eine gute Übung hierfür wäre, dieses Energiezentrum bewusst zu spüren und dir beim Atmen bildlich vorzustellen, dass sich das liebevolle Feuer deiner inneren Sonne ausdehnt.

Du wirst ebenso beobachten können, dass ein Gutteil dieser Energie bei einem anderen Chakra fehlt und dieses sodann genährt wird. Du wirst auch erkennen, welche Energie nicht die deine ist, und verstehen lernen, wie du sie ziehen lässt. Denn hochsensitive Menschen sind zudem Empathen, die oftmals in Versuchung stehen, anderen Menschen ihre Themen abnehmen zu wollen. Bei aller Liebe ist dies nicht fair. Gewähre doch anderen Menschen ihre Entwicklung, gewähre ihnen die Stärke, dass sie dies selbst schaffen. Dies wird dir helfen, leichter loszulassen und auch angestaute Energien, die sich als Blähungen äußern können, ziehen zu lassen.

Übung: Das Heilen der Zellstruktur

Vorbereitung

Diese Übung ist eher für Fortgeschrittene, die bereits energetisch-mediale Heilungen durchführen. Das bedeutet, dass sie ihre Guides kennen, schon spirituelle Heilungen durchführen und nicht aus dem begrenzten eigenen Energiesystem heraus arbeiten, sondern im Verbund mit aller Energie. Erst dann wird eine Heilung mit Starseeds überhaupt funktionieren. Denn mediales Heilen ist eine vollkommen andere Nummer als sensitives Heilen.

Einer der Gründe ist, dass, wenn du lediglich aus deiner menschlichen Energie anderen Menschen Energie von dir gibst, dies zwar wirkt, aber dir Energie nimmt. Diese Energie wird sodann immer weniger, du wirst müde und im schlimmsten Falle krank.

Ich erlebte das bei Kollegen im Laufe der Jahre immer wieder und weise meine Teilnehmer und Schülerinnen stets auf diesen sehr bedeutenden Unterschied hin. Es braucht eine Ausbildung, um tatsächlich zu spüren, was der Unterschied ist. Denn nach einer medialen Heilsitzung ist der Heiler selbst nicht müde, sondern, da er als Kanal dient, ebenso erfüllt und durchflutet von heilsamer Energie. Erst wenn du gelernt hast, medial zu arbeiten, solltest du diese Übung versuchen.

Medial arbeiten zu lernen folgt in gewisser Hinsicht einem klaren Ablauf:

- *Lerne all deine Gefühle, Energien und Emotionen kennen.* Was ist meine Energie, was ist die Energie anderer Menschen, Wesen, technischer Geräte oder Strahlungen?
- *Lerne, als Kanal Energien durch dich fließen zu lassen (womöglich bei Trance Healings).* Allerdings sollte es etwas sein, wobei du nicht nach einem festgelegten Ablauf arbeiten musst und keinen geführten Denkprozess benötigst, denn sonst arbeitest du wieder aus dem Kopf heraus. Du arbeitest also sensitiv.
- *Lerne, Jenseitskontakte zu geben.* Denn erst wenn du dir sicher bist, dass es diese Wesen gibt, wirst du medial arbeiten. Jenseitige zu spüren oder sie zu sehen ist das eine. Einen Jenseitskontakt für andere, fremde Menschen zu geben jedoch eine ganz andere Nummer. Denn du weißt nichts über den Verstorbenen und bringst Fakten auf den Tisch, die du nicht kanntest und die von deinem Klienten bestätigt werden müssten.

Bei dieser Art von medialer Arbeit fließt Heilung für alle Beteiligten. Für die Welt der Energien, für deine Klienten, für dich. Ein Jenseitskontakt ist ein sehr intensives Tool, um das Erwachen herbeizuführen. Meine Beobachtungen in den letzten Jahren zeigten, dass so bei allen Beteiligten eine unfassbar intensive energetische Entwicklung angestoßen wird. Die Menschen entwickeln sich nun sehr intensiv in Richtung ihrer wahren Gefühle und ihres Herzensweges, und das in einer wunderbaren Leichtigkeit. Denn sie *fühlen* die Präsenz, auch wenn sie die Fakten bewusst hören:

- Ein medialer Kontakt mit Jenseitigen öffnet das Energiesystem.
- Daraufhin entzündet sich ein Feuerwerk an neuen Synapsen im Gehirn,
- was wiederum die Denkweise verändert.
- Das große Bild des Lebens verändert sich.
- Die Angst vor dem Tod verringert sich, und
- die Öffnung für das Schöne im Leben wird immens erhöht.

Wesentlich ist, dass du bei der Übung sitzt. Trink davor und danach genügend Wasser und dusche nach der Sitzung.

Hauptteil
Aktiviere zu Beginn sämtliche deiner Kanäle, indem du nacheinander deine Fingerkuppen mit jener des Daumens verbindest:

- beginnend beim Zeigefinger bis zum kleinen Finger und
- dann vom kleinen Finger wieder bis zum Daumen.

Wiederhole dies dreimal.

Spüre sodann, dass sich die Chakras unter deinen Beinen und an deinen Händen aktivieren.

Bitte nun Karschinahah, dass sie herantreten und sich mit jenen Teilen von dir verbinden, die eine Zellerneuerung benötigen.

Es wird nun eine gewisse Vibration zu dir gelangen, die deine Selbstheilung in der Zellerneuerung vorantreibt. Diese Vibration könnte sich als Wärme, Kälte oder auch einfach als Schwingung oder Kribbeln bemerkbar machen.

Falls du das Gefühl hast, dass es nicht funktioniert, bitte ausgebildete Starseed-Coaches um Unterstützung, da die Verbindung mit den Starseed-Energien und ein gemeinsames Wirken erlernt werden kann (suche im Internet beispielsweise nach Starseed-Coach/-Heiler nach Birgit Fischer). Doch es ist kein Erlernen aus dem Kopf, sondern es geschieht auf absolut energetischem Wege.

Karsununayy – Freundliche Wächter aus der neunzehnten Dimension

Das Verweilen bei den Weltenbäumen ist eine wunderschöne Möglichkeit, sich energetisch auszuruhen und Kräfte zu sammeln. Liebevoll, dankend zu geben im harmonischen Zusammensein.

Während meiner Aufenthalte bei den Weltenbäumen zeigte sich nach und nach, dass es dort ebenfalls so etwas wie Wächter gab. Die Karsununayy – nicht zu verwechseln mit den Karsunay – blickten mir an einem Tag auf einmal direkt in die Augen. Welch schöne Augen sie haben! Braun mit goldenen Bändern darin, was nicht nur eine Ähnlichkeit zu den Karschinahah aufwies, sondern auch eine gefühlte Verbindung herstellte. Freundlich, liebevoll.

Ihre sehr dunkle braune Haut wirkt wärmend, ihre gedrehten, braunen und steil nach oben gerichteten Haarbüschel auf dem Kopf wirken wie Dreadlocks, sind aber energetische Antennen. Während ihre Energie sehr ruhig, anmutig und bedacht fühlbar ist, spürt man in ihrer Gegenwart, welch einen Energiesturm sie auslösen könnten. Wie ein universeller Hurrikan beleben sie die Gegend rund um die Weltenbäume, die in den Universen verstreut sind, sobald die Weltenbäume bedroht werden. In ihrem Wirken reinigen sie dort die Luft, also die Energie.

Während wir gemeinsam bei einem dieser Bäume verweilten und ich selbst zu einem Baum wurde, zeigte sich, dass sie keine Nase und keine Ohren haben. Sie »pulsieren« das Wissen der menschlichen Seele und auch der Seele dieser Weltenbäume, die das universelle Wissen bewusst in sich tragen. Das Pulsieren erfolgt über die Frequenz der Liebesenergie, sie atmet und lebt und ist fühlbar. Dieses Wissen ist ein gefühlt-energetisches Wissen, das mit Worten nicht beschreibbar ist.

Das Gespräch mit ihnen verlief ganz anders, als ich mir dies hatte vorstellen können.

Ich: »Lebt ihr nur rund um die Weltenbäume oder habt ihr eine Heimat?«

Karsununayy: »Wir haben so etwas wie eine Heimat, doch beheimatet sind wir ebenso dort, wo die Weltenbäume erblühen und gedeihen. Im Gefühl der Liebe schwingend, erblüht alles um sie im Universum. Wir haben einen Planeten in der neunzehnten Dimension.«

Ich: »Kannst du mir diesen Planeten zeigen?«

Kaum hatte ich die Frage ausgesprochen, als wir gemeinsam in Lichtgeschwindigkeit auf Reisen gingen. Sterne wurden zu Strichen, Planeten zeigten sich, Wesen, Intelligenzen und so manch anderes durfte ich auf jener Reise in diesem energetischen Hurrikan erleben. Als wir ankamen, fühlte ich mich gereinigt. Mit jedem Schritt auf diesem Planeten zeigte sich, wie viele Wesen sich dort aufhalten. Nicht nur das Volk der Karsununayy, sondern zahlreiche andere Völker.

Ich: »Was ist hier los? Sieht fast so aus wie auf dem Mond, nur die Energie ist sehr hell und lichtvoll.«

Karsununayy: »Wir empfangen jeden. Jedes Sternenvolk, darf und soll sein Lichtvollstes zeigen und auch seine Schattenseiten exakt wissen und fühlen. Danach beantragen sie die Weltenbäume beziehungsweise deren Schutz.«

Ich: »Und warum ziehen sie dann nicht sofort weiter, sobald sie den Antrag gestellt haben?«

Karsununayy: »Wir sind ebenso eine Entwicklungswelt, in der die Meisterschaft des Seins sukzessive erworben wird. Jeder Entwicklungsschritt birgt einen Meisterschaftsschritt in sich. So sind wir bei Meisterschaftsschritten behilflich.«

Ich: »Für das gesamte Sternenvolk?«

Karsununayy: »Ja, es entwickelt sich stets die Gesamtheit. Der Mensch beispielsweise denkt sehr oft, dass er sich allein entwickelt und dies nichts mit der übrigen Bevölkerung zu tun hat. Doch jeder Einzelne hat einen großen Effekt auf das gesamte Sternenvolk. So ist es auch hier. Jeder große Meisterschaftsschritt wird durch den goldenen Blick von uns betrachtet. Der liebevolle Blick, der wärmendes Verständnis und Vergebung wie auch Dankbarkeit mit sich bringt. Das Wissen des Universums, die Akzeptanz von allem, was ist, weder Gut noch Böse. Alles ist, und dies in Liebe.«

Ich: »Was geschieht, wenn die Lehrstunden vorüber sind?«

Karsununayy: »Die Gesandten reisen über die Weltenbäume in ihre Dimension, um im ersten Schritt zu erleben, wie sich die Bäume anfühlen. Dass die Bäume ebenso mit Dankbarkeit genährt werden und sind. Was es bedeutet, diese Liebe in ihr Sternenvolk zu bringen, und welche Aufgabe dahintersteckt.«

Ich: »Doch wenn es keine Weltenbäume gibt, wie beispielsweise auf der Erde, wie zeigt ihr euch, wie zeigt sich dieser Beginn?«

Karsununayy: »Eure Lichtsäulen beleben sich bereits. Ihr seht diese schon. Du und viele andere sehen die Weltenbäume sehr intensiv. Wissen um die Liebe des Universums. Die Lichtsäulen waren der erste Schritt. Auch zeigt sich dieses veränderte Bewusstsein in eurer energetischen Signatur der Gesamtheit der Erde. Die Erde ermöglicht bereits die Öffnung von Portalen, die sich als Lichtbögen zeigen. Doch es sind keine Bögen, sondern Kreise.«

Ich: »Meinst du unsere Regenbögen?«

Karsununayy: »Diese gehören ebenso hinzu. Die großen energetischen Öffnungen finden bereits auf Erden statt, um euer Bewusstsein anzuheben. Zu wissen, ihr seid nicht allein. Zu wissen, ihr lebt ohne Körper weiter. Zu wissen, dass ihr Liebe und wundervolle Sternenwesen seid.«

Ich: »Warum ähnelt euer Name eigentlich dem der Karsunay, obwohl ihr vollkommen anders ausseht?«

Karsununayy: »Das Aussehen, die Optik ist nichts Wesentliches. Das Aussehen zeigt lediglich die Funktion des energetischen Seins. Die Weltenbäume benötigen viel Licht und Wärme. Unsere Haut gewöhnte sich daran. Die Karsunay sind ein Sternenvolk, das mit uns verwandt ist. Auch sie sind Wächter und Beschützer und Teil des Rats der Fünf. Sie lernten, sich auf ihrem heißen Planeten zu kühlen. Sie lernten, sich zu schützen und liebevoll beschützend für andere da zu sein. Ihr fühlt, wir sind uns ähnlich, auch wenn wir anders aussehen. Ein großes Lernfeld für die Menschheit. Zudem sind die Karsunay die Botschafter unserer Welten zwischen den Welten.«

Ich: »Ja. Fürwahr. Das heißt, ihr seid so etwas wie Cousins?«

Während ich mit ihnen kommunizierte, kam ständig ein sehr hoher Ton zu mir, der eine Intensität hatte, die ich bis dahin nicht kannte. Ich fragte nach.

Ich: »Was ist das für ein Ton?«

Karsununayy: »Wir kommunizieren auf einer speziellen Frequenz untereinander. Über Schall. Eure Wale auf Erden können diese Frequenz vernehmen. Manche Menschen hören diesen hohen Ton ebenso.«

Ich: »Wann kommuniziert ihr miteinander, wenn es brenzlig wird?«

Karsununayy: »In unterschiedlichen Situationen. Auch wir haben Familie, wir sind als Volk beisammen, wir tauschen Plätze für unsere Entwicklung. Wir sind im Austausch von Erlebnissen und geben einander Auskunft, falls es Veränderungen an den Bäumen gibt. Denn alles ist Entwicklung. Unsere Aufgabe wie auch die Aufgabe der Bäume.«

Sich mit den Bäumen zu verbinden ist das eine, etwas anderes ist, die Energie dieser Intelligenz zu fühlen. Sie ist unermesslich kraftvoll. Der Blick in ihre Augen reicht, um sich geerdet und gleichermaßen stark zu fühlen.

Übung: Sich mit den Karsununayy verbinden

Stell oder setz dich neben einen Baum in der Natur. Fühle die gemeinsame Schwingung der Erde, des Baumes und deine. Verbunden in alle Ewigkeit. Fühlbar bis in die tiefe Liebe deiner Zellen.

Halte dieses Gefühl der Verbundenheit. Spüre, dass die Karsununayy auch hier in dieser Verbindung anwesend sind, da du die universelle Liebe fühlst.

Doch sie werden nicht kommunizieren. Es geht darum, dass du lernst, in der Stille zu sein, und die Zuversicht erhältst, dass alles so ist, wie es sein soll. Dass alles einen Sinn ergibt und tiefer Frieden in diese Verbundenheit einzieht. In dich und in alles, was ist.

Lafimoha – Im Garten der Ley-Lines

Türkis, saftig und strahlend, gepaart mit Blau, zeigten sie sich. Anmutig und dennoch liebevoll. Die Lafimoha sind ein Sternenvolk, das mich eines Vormittags auf eine Reise zu seinem Planeten mitnahm. Wir reisten durch unser Sonnensystem, hinter den Mond, wo sich wie gesagt offenbar noch weitere Monde verstecken.

Diese Reise durchs All war eine der bemerkenswertesten. Denn wir reisten, nein, wir surften auf einer Linie. Es war, als führen wir auf einer Autobahn. Konkret hieß es: »Jetzt nach links, geradeaus und dann rechts«, als gäbe es einen exakten Fahrplan, eine Straßenkarte, auf der alle Planeten skizziert wären.

Bevor ich diese Anordnung der Erd-»Monde« beobachten durfte, sah ich ebenso die Erde vom All aus, und die folgende »Skizze« entstand: Die Erde hat ebenso eine Aura wie wir Menschen, ist energetisch offenbar aber anders aufgebaut als gedacht. Faszinierend zu beobachten war, dass unser Planet beziehungsweise seine Aura ebenso Risse bekommen kann, wenn die Menschheitsfamilie in Angst lebt. So zeigte sich im September 2022, dass die Aura der Erde rund um die USA solche Einschnitte aufwies, gleichwohl auch im Raum um den Irak und den Iran. Ansonsten konnte man den wundervollen Farbschwung der Aura sehen: fließend und anmutig – einfach wunderschön.

Doch ich sah ebenso, dass die Erde im Norden und Süden flacher war, als sie gewöhnlich dargestellt wird. Im Hinblick auf die Aura sah sie nicht so aus, wie man dies von »normalen« Bildern kennt. Sie war links und rechts »bauchiger« und hatte einen bunten Nebelring um diesen Bauch, als würde in der Mitte eine flache Scheibe die Erde trennen. Doch es ist keine Trennung, sondern wie ein Element der Zusammenführung.

Wunderschön zu erkennen waren die Ley-Lines, die energetischen Linien, die über die Erde gespannt sind. Die Bezeichnung »Ley« für diese Linien geht auf Suffixe historischer Ortsnamen zurück, die oft auf »-leigh« oder »-ley« enden (abgeleitet von altengl. *lēah* [Rodung, Lichtung]).

Ich hatte bereits von einem Geomanten erfahren, dass es Ley-Lines gibt. Dort, wo sie sich überkreuzen, seien angeblich hochenergetische Orte auf der Erde, beispielsweise heilige Stätten. Die Existenz der Ley-Lines wird, wie so vieles, von der Wissenschaft bestritten. In meinem Fall ist es so: Was ich hellsichtig sehe und fühle, ist für mich Fakt. Die Linien sind eindeutig auf der Erde erkennbar und schwingen in bunten Farben. Mir bot sich auch kurz das Bild dar, dass man auf diesen Ley-Lines von einem Portal zum nächsten reisen könnte. Ein wenig später sollte sich herausstellen, dass mein Gefühl der Wahrheit entsprach.

Denn die Lafimoha waren mit mir auf einer solchen Ley-Line unterwegs, doch nicht auf der Erde. Sie holten mich dort ab, aber wir reisten eben durchs All. Es war wie eine kurze Sightseeingtour, die äußerst interessant war, insbesondere wegen der irdischen Monde. Der uns bekannte Mond wirkte energetisch und hellsichtig gesehen eher wie ein Bahnhof, auf dem sich Sternenvölker treffen und auch Councils und Räte, wie ich sie in meinem ersten Buch *Starseeds* beschrieben habe, ihre Treffen abhalten. Solche Treffen kannte ich bereits, allerdings in einer anderen Umgebung, etwa auf Transportmitteln oder in anderen Galaxien.

So brachten mich die Lafimoha auf ihren Planeten. Bereits bei der Anreise sah ich, dass seine prägenden Farben Türkis und Blau sind. Bei der Anreise öffnete sich auf einmal ein Tor, und wir wurden ins Innere des Planeten geführt. Der Anblick war atemberaubend. Denn während der Planet von außen betrachtet recht klein wirkte, sah man in seinem Inneren eine unfassbar helle Weite.

Als ich mich an das helle Licht gewöhnt hatte, sah ich sie: das Volk der Lafimoha. Sie arbeiteten, als wären sie Gärtner, die ihre Felder bestellten, doch in vollkommener Ruhe, und keiner hatte die Aufsicht. Sie pflanzten Samen, die hell leuchteten. Dann sah ich, dass aus diesen Samen helle Linien entstanden, und diese Linien erwuchsen ins Universum – bis zur Erde.

Mir wurde schnell klar, dass auf diesem Planeten die Ley-Lines geboren werden, aber solche, die sich ins gesamte All erstrecken. Ich sah in diesem Moment, dass sie einfach alles verbinden. So fühlte ich auch die Liebe, als sie wuchsen. Die Liebe, während sie gesät wurden.

Die Lafimoha wissen das Universum zu schätzen. Voller Liebe und Hingabe pflanzen sie die Linien. Sie hegen und pflegen sie.

Sodann sah ich, dass sie manchmal die Oberflächenkrusten ihres Planeten verschieben, um Neues entstehen zu lassen. Solche Eingriffe haben umgehend Auswirkungen auf das gesamte Universum, auch auf die Erde. Sie gehen zwar behutsam vor und sehen immer im weisen Vorausblick, welche Konsequenzen es zeitigt, insbesondere den heilsamen Effekt danach. Denn eine Verschiebung der Oberfläche auf ihrem Planeten bewirkt auf Erden viele Erdbeben. Aber nicht nur auf der Erde.

Nach einer kurzen Orientierungsübersicht machte ich eine wunderschöne Bekanntschaft mit einem der Wesen. Das Interessante bei diesem Gespräch war die Übermittlung der Botschaften. Denn die Kommunikation vollzog sich direkt übers Herz, als würden sie sich mittels Herzenergie austauschen. Etwas zögerlich und sehr berührt begann ich zu fragen.

Ich: »Wer seid ihr?«

Lafimoha: »Wir sind der Anbeginn des Zusammenhalts, der Ursprung der Verbindung und das Wachstum von allem, was ihr ›Herzenergie‹ nennt.«

Ich: »Heißt das, nicht alle Sternenvölker haben eine Herzenergie?«

Lafimoha: »Euer Herz ist bei anderen Sternenvölkern oftmals etwas anderes, doch das Gefühl ist dasselbe. Ihr Menschen fühlt euch zu jenen hingezogen, die eine Verbindung zu eurem Herzen haben. Es sind energetische Linien, die sich aufbauen, allerdings auch wieder abgebaut werden können. Euer Wille geschieht, ihr experimentiert damit.«

Ich: »Meinst du damit, dass diese Ley-Lines, die ihr hier baut und gebärt, die Planeten und das Universum verbinden, und im gleichen Ausmaß erbauen und gebären wir Menschen solche Herzenslinien auf menschliche Art und Weise?«

Lafimoha: »Ja. Wir sind jene, welche die energetischen Transportationswege, du nennst sie ›Ley-Lines‹, säen, lieben und gebären. Aus dem universellem Wissen werden Samen der Liebe geboren, die wir hier pflanzen, und sie verbinden alles miteinander. Sie sind ebenso auch Transportwege.«

Ich: »Meinst du damit, dass alle Sternenvölker diese Linien nutzen, um zu reisen?«

Lafimoha: »Manche Völker benötigen sie nicht. Die Marsianer erbauen selbst Portale für ihre Teleportation. Doch viele Völker nehmen sie als Landkarte für ihre Reisen in Schiffen. Manche reisen auch in den Linien.«

Ich: »Meinst du wie bei einem Lastenaufzug? Oder wie in einer Röhren-Rutsche.«

Mir kam bei dieser Frage ständig eine Comic-Serie in den Sinn, in der sich die Menschen innerhalb einer Stadt durch solche Röhren transportieren konnten.

Lafimoha: »Ja. Innerhalb der Transportationswege geschieht eine Beschleunigung der Lichtkörper, diese Lichtkörper zerfließen in einem Sog der Transportation. Der Fokus auf das Ziel erkennt den Weg.«

Ich: »Das heißt, ich denke an das Ziel, und die Energie meiner Gedanken bringt mich dorthin?«

Lafimoha: »Ja. Doch der physische Körper des Menschen ist noch nicht gänzlich bereit für solche Reisen. Es benötigt ein DNA-Upgrade, das ihr Menschen bis ins Jahr 2050 erfahren werdet. Viele Sternenvölker durchliefen diesen Prozess, denn sie haben ebenso eine Physis. Eine Physis, die allerdings vollkommen eurem menschlichen Verstand zuwiderlaufend geboren wurde.«

Ich: »Das heißt, andere Wesen mit physischem Körper sind weiter entwickelt als der Mensch? Uns auf Erden wird durch die Wissenschaft gesagt, dass sie noch keinen Planeten fanden, der physisches Leben zulässt.«

Lafimoha: »Physisches Leben ist gleichbedeutend mit liebender Energie in ihrer universellen Ausprägung. Sternenvölker leben und beleben sich in unterschiedlichen Facetten. Was auf der Erde für die Physis lebensbedrohlich erscheint, ist für andere Sternenvölker wesentlich nährend. Die Öffnung für diese Tatsache in eurer Forschung wird sich entfalten, diese Heilung des Geistes vollzieht sich unaufhörlich.«

Ich: »Sterben die Ley-Lines auch?«

Lafimoha: »Sterben im physischen Sinne gibt es nicht. Nichts stirbt, alles zieht weiter und kehrt wieder. So gibt es Linien, die ihre Aufgabe erfüllten, sich verflüssigen und selbst wieder ins Universum einspeisen. Sie werden danach neu und dennoch anders geboren. Aber nicht jede Linie kehrt zu uns zurück. Die Energie zieht weiter, sie nimmt ihren Weg und zeigt sich auf unterschiedliche Art und Weise wieder im Universum. In ständiger Bewegung und im Austausch des liebenden Miteinanders geschieht dieses Weiterziehen der Energie. Ihr Menschen kennt dies aufgrund des Weiterziehens eurer Seelen.«

Ich: »Heilt ihr die Linien manchmal, wenn sie brüchig sind? Werden sie überhaupt brüchig?«

Lafimoha: »Ja, sie bekommen auch Risse, und wir beobachten und senden Liebe. Doch nur als Impuls, die Linien sind eigenständige Intelligenzen.«

So stellte sich mir die Frage: Wenn die Ley-Lines eigenständige Intelligenzen sind und sie ebenso auf der Erde wirken – wie wirken sie, wenn wir blindlings auf sie zugehen? Ich wurde sodann auf einem Spaziergang in der Natur zu einer dieser Linien geführt. Ich dachte: »Die ist neu hier.« Und das war sie auch, da sich die Erde tatsächlich verschoben hat. Klingt verquer, allerdings kann man dies hellsichtig beobachten.

Diese neuen Linien sind also einfach Ley-Lines, die sich verschoben haben. Wenn sie sich kreuzen, entstehen neue Kraftplätze, die früher woanders waren. Diese Erkenntnis wird wohl so einige Kultstätten in der Zukunft obsolet werden lassen sowie den Zustrom der Pilger reduzieren, und der Mensch beginnt, seine eigenen gefühlten Kraftplätze aufzuspüren.

Diese Ley-Line-Kreuzung lag direkt neben einem Waldweg, und sie war neu. Mir wurde allerdings etwas unbehaglich zumute, und ich dachte: »Ich kann doch nicht einfach in eine Intelligenz hineinsteigen, ohne zu fragen.« Doch so skurril es mir auch schien, versuchte ich, mit dieser Ley-Line in Kontakt zu treten und mit ihr zu kommunizieren. Zuerst sprach sie nicht, aber sie dehnte ihre energetische Aufmerksamkeit in meine Richtung aus. Ich hatte das Gefühl, ich war eingeladen. Schritt für Schritt, zugegeben zögerlich, ging ich also auf diese Ley-Line-Kreuzung zu und fühlte, es waren ihrer drei, die miteinander kommunizierten.

Ich kenne Menschen, die sich auf Kraftplätze stellen, die Augen schließen und die Arme ausbreiten. Dies war für mich in diesem Moment nicht möglich; denn die Energie war dermaßen intensiv, dass ich Mühe hatte, mich auf den Beinen zu halten.

Nach einer kurzen Gewöhnungsphase ging es wieder, und ich stellte mich genau in die Mitte der drei Linien. Die eine rosa, die andere blau und die nächste neongelb. Die Kommunikation geschah über drei Stimmen, die ineinanderflossen, und verlief wie ein

Windhauch, der plötzlich erklingende Wortfetzen vorbeifließen ließ. Bis ich verstand, dass es nicht ihre Worte waren, sondern die Energie von Menschen, die durchaus ebenso in diesen Ley-Lines floss. Aber auch die Kommunikation und Energien von Sternensaaten waren in diesen Linien erkennbar.

Es kam der Punkt, an dem ich das Gefühl hatte, ich tauche tiefer in ihre Energie ein, als wäre ich mit der Struktur der Ley-Lines verbunden. Ich stand mit der Struktur der blauen Ley-Line in Kontakt und ließ meine Frage als Gefühl zu allen dreien fließen.

Ich: »Was oder wer fließt durch euch, und wie geht ihr damit um?«

Ley-Lines: »Wir haben unterschiedliche Kompetenzen in unserer Signatur, und so fließen die passenden Energien zu uns.«

Ich: »Das heißt, wir müssten nur ein passendes Thema finden, und dann können wir mit euch reisen?«

Ley-Lines: »Um zu reisen, benötigt ihr eine Überlappung wie die unsrige hier. Wir haben hier die Energien von Kommunikation, Kreativität, Mütterlichkeit und Heilung. So hörst du Sorgen, Ängste und heilende Wirkungen unseres Wirkens. Manche gehen durch uns hindurch und werden geheilt. Manche gehen durch uns hindurch, und ein Denk- sowie ein energetischer Prozess kommen ins Fließen.«

Ich: »Das heißt, ein Spaziergang ergibt somit doppelt einen Sinn in Bezug auf heilende Wirkung. Insbesondere wenn man euch nicht sieht. Allerdings fühlt man euch. Heißt das, alle Ley-Lines haben ein eigenes Thema?«

Ley-Lines: »Ja. Die Menschen betiteln unsere Kreuzungen als ›Kraftplätze‹, doch jeder Kraftplatz hat seine individuelle Bedeutung.«

Ich: »Wenn durch euch auch Ängste und Sorgen fließen, besteht dann nicht die Gefahr, dass andere dies negativ integrieren?«

Ley-Lines: »Nun, das ist möglich. Doch es ist keine Integration, sondern ein Anstoß zur Heilung. Denn durch uns werden Prozesse in Gang gesetzt. Die Erfahrung von anderen Menschen oder Sternenwesen ist hier inbegriffen. Erfahrungen speisen sich im energetischen Feld. Wenn wir uns präsentieren, fließen sie eindeutiger und auch intensiver.«

Ich: »Und wie kann man nun durch euch reisen, ist dies Teleportation?«

Ley-Lines: »Dies ist möglich, sobald ihr das Thema der jeweils kreuzenden Ley-Line integriert habt. Außerdem benötigt das Manifeste eurer Energie, also eure Physis, ebenso ein Update, um die massive Welle an Energie, die wir bereitstellen, in euch aufzunehmen und euch davon tragen zu lassen.«

Ich: »Meinem Empfinden nach benötigt ein Mensch zudem auch Vertrauen und Mut, um dies überhaupt durchzuführen, denn wer weiß, wo ich da rauskomme? Gibt es ein Ziel?«

Ley-Lines: »Die Marsianer haben euch bereits berichtet, was Teleportation ist. Unsere Art des Transports fließt anders. Die Kreuzungen sind ebenso etwas wie ein Portal, doch es benötigt eine gewisse Energie vorab. Eine Energie, die ihr Menschen tatsächlich mit dem Wort ›Arbeit‹ verbindet.«

Ich: »Ach so, du meinst, wir Menschen seien lediglich zu faul, deshalb nutzen wir eure Transportfähigkeit nicht?«

Ley-Lines: »Es ist eher euer manipuliertes Unterbewusstsein, das euch einbläut, nicht zu vertrauen.«

Ich: »Das heißt, wenn wir uns an exakt diese Themen heranwagen, welche die jeweiligen Ley-Lines aufbieten, sodann das Portal in Vertrauen betreten und ums Reisen bitten, wird es geschehen? Wohin geht's dann?«

Ley-Lines: »In erster Hinsicht werdet ihr an einen anderen Ort auf der Erde katapultiert werden. Schnell und energetisch geladen angelangen.«

Ich: »Und wenn ich mich im Sommer hier in Sankt Pölten in Shorts und T-Shirt reinstelle und in der Arktis wiederauftauche? Das wäre ein wenig frisch, nicht wahr? Wie kann man das Ziel festlegen?«

Ley-Lines: »Wenn du den Mut hast, mit uns zu reisen, wirst du die Weisheit haben, den Ort festzulegen. Denn deine Weisheit wird dich wissen lassen, wohin du gehen sollst, um den nächsten Schritt zu wagen. Deine Weisheit wird dich in deinen inneren Bildern zu einem Ort führen, der für dich gefühlt sichtbar wird, und dorthin wirst du mit uns reisen.«

Ich: »Das heißt, mit unserem Gehirn können wir quasi nichts festlegen. Es kommt aus dem Gefühl heraus, was wir erleben sollen und möchten, und dorthin werden wir geführt?«

Ley-Lines: »Ja. Womöglich auch zu einer weiteren Kreuzung auf der Erde für das Erleben der nächsten erlösenden Themen des Menschen.«

Ich: »Na, dann kann man ja nur hoffen, dass die nächste Kreuzung nicht Hunderte Kilometer von zu Hause entfernt ist, denn dann wird's kompliziert mit der Orientierung und Heimreise.«

Humor haben die Ley-Lines offenbar nicht. Denn auf den letzten Satz hin folgte mein Ausstieg aus der Struktur.

Humor ist auch Katharsis, Reinigung. Gereinigt wird die Unsicherheit, Ängste. Das Betreten solcher Kraftplätze wie auch das Kommunizieren mit den Ley-Lines bedeutet also, ebenso einen gewissen Mut und auch Vertrauen zu haben, gleichermaßen wie seine Themen ins Visier der Entwicklung zu bringen. Ich für meinen Teil wollte nicht reisen, da ich keine Lust hatte, in Sibirien irgendwo in der Pampa zu landen … Ich weiß, dass es funktioniert, aber meine Angst war stärker. Ihre Erklärungen ergaben somit einen Sinn.

Übung: Kraftplätze ausfindig machen

Achte darauf, dass sich keine Stolperfallen um dich herum befinden. Falls du das Gefühl hast, dass dir schwindelig wird, lehne dich an einen Baum, während du diese Übung durchführst.

Schließe nun deine Augen. Atme dich in einen veränderten Bewusstseinszustand und fühle, dass du dich aus dem Gitternetz herausatmest, das die Welt ein wenig starr erscheinen lässt. Als könntest du nur mehr die Verbundenheit in der Liebesenergie spüren.

Spüre nun einen Lichtstrahl aus dem Zentrum des Universums. Atme dieses Licht ein. Und verweile in dieser Energie.

Deinem Körper wird nun gezeigt, wo sich die innere Wünschelrute befindet.

Bewegt sich ein Finger? Zuckt ein Nerv? Juckt es dich? Fühlst du ein physisches Zeichen? Spürst du Wärme auf der linken oder rechten Schulter oder im Schulterblatt? Oder spürst du etwas in einem Knie?

Lass dir zeigen, was »links« bedeutet, was »rechts« bedeutet. Beobachte alles ganz genau, dein Körper wird dein Kompass bei diesem Finden.

Es liegen sehr viele Ley-Lines auf der Erde, und es gibt auch viele Kraftplätze.

Lass deinen Verstand ganz beiseite.

Beweg dich mit deinem neuen Navigationsgerät (deinem Körper) durch die Natur, bis du an eine Kreuzung gelangst. Du fühlst diese Kreuzung sehr wahrscheinlich emotional, energetisch und physisch. Womöglich mit einem kalten oder warmen Schauer.

Nimm alles wahr.

Es ist sehr empfehlenswert, dass du solch ein »Suchen« oder viel eher »Finden« allein durchführst. Gerade wenn man nicht sehr geübt ist, könnte ein anderer dich energetisch durcheinanderbringen. Ich erlebte bereits sehr oft, dass Menschen, die gemeinsam oder vielmehr nebeneinandersitzend in Trance gingen und nicht sehr geübt waren, die Energien der Sitznachbarn mit ihren verwechselten und teilweise auch annahmen, was natürlich enttäuschend wirkt, und das möchte ich vermeiden. Denn selbst wenn wir alle verbunden sind, ist es unsere Meisterschaft als Mensch, Energien zu entdecken, und das beginnt bei unserer eigenen Energie, die wir erschaffen und die uns auch führt. Beides.

Übung: Lebenslernthemen auflösen mit Kraftplätzen

Wenn du bei einer Ley-Line-Kreuzung oder auch einem Kraftplatz angelangt bist, da du einen kalten Schauer oder Ähnliches erlebt hast, fühle dich erst mal ein. Anfangs könnte es sogar sein, dass dieser Platz in seiner Energie auf Dauer zu intensiv für dich ist. Denn die Kreuzungen halten besondere Aktivierungen in deiner Transformation bereit. Anfangs werden dir diese enorme Kraft für deinen nächsten Schwung im Leben geben. Wie du durch diese Transformation gehst, ist deine Entscheidung, was wählst du? Womöglich solltest du energetisch festlegen, wie du durch die Erlösung der Lebenslernthemen durchgehst, bevor du dich auf die Suche nach einer Ley-Line-Kreuzung begibst. Leichtigkeit ist immer ein guter Tipp.

Finde dich bei der Kreuzung ein, die du intuitiv gefunden hast. Steh breitbeinig sicher auf dem Boden und halt die Hände.

Lass deine Handflächen deine Antennen sein. Dreh die Handflächen in unterschiedliche Richtungen: eine nach vorn und eine nach hinten. Dann eine zur Seite, eine nach vorn gewendet.

Drehe und wende sie und bei jeder neuen Kombination, spüre und fühle.

Du wirst wissen, um wie viele Ley-Lines es sich handelt.

Fühle die Farben der unterschiedlichen Ley-Lines.

Oder das Gefühl.

Um wie viele Themen handelt es sich?

Kommen sie dir bekannt vor?

Hast du eines davon womöglich bereits gelöst?

Welche zeigt eine neue Sicht auf einen Menschen oder ein Thema?

Die Vermischung der Ley-Lines ist wesentlich.

Wenn du also im Zentrum der Überlappung stehst, mag es sein, dass dir unwohl wird. Du kannst also immer ein wenig zur Seite treten, um genau in die jeweilige Ley-Line hinzufühlen.

Lass dir Zeit, um zu fühlen und die Themen aufzuspüren. Um welche handelt es sich? Definiere die jeweiligen Themen für dich und lass dich mit der Kraft und Energie der Ley-Lines erfüllen. Viel länger als zehn Minuten wird dies nicht dauern.

Sobald du dir der Themen bewusst bist, stell dich genau ins Zentrum der Ley-Line-Kreuzung. Exakt an dieser Stelle werden sich die Farben wie auch die Themen und Gefühle vermischen.

Wenn du es schaffst, schließe die Augen und öffne bewusst noch mal mit deinem Daumen dein »Drittes Auge« auf der Stirn zwischen den Augenbrauen, damit du klar mit deinen Hellsinnen wahrnimmst.

Die Kraft und das Bewusstsein, die Weisheit des Universums erfüllt dich an dieser Kreuzung, und du sammelst Energien für deine nächsten energetischen wie auch physischen Schritte.

Meinem Empfinden nach sollte man solche Kraftplätze nicht zu oft aufsuchen. »Schritt für Schritt ins Glück« wäre hier eine super Devise. Achte dich selbst und geh so auch bewusst mit deiner Entwicklung um. Es geschieht gar nicht so selten, dass Menschen sich energetisch überfordern. Die Ungeduld spielt hierbei eine große Rolle. Sie meinen, dass sie gewisse Themen bereits gelöst hätten, machen eine energetische Ausbildung nach der anderen und überfordern so ihr Energiesystem, bis sie in der dunklen Nach der Seele inklusive physischer Beschwerden landen.

Es gilt immer, dass du dich auch als Mensch erleben sollst. Also ganz bodenständig, irdisch-menschlich das erlebst, was du energetisch gelernt hast. Dich mit Menschen austauschen, die nicht energetisch arbeiten – geht das bereits? Kannst du sie fühlen? Lebst du die Akzeptanz? Bist du verbunden mit allem?

Sintschuae – Der Beginn der Akzeptanz

Weiße Portale, durchzogen von Gold und Silber, erlebst du mit Sintschuae. Angezogen von der neuen Aura der Erde, die sich in den letzten Jahrzehnten bildete, zeigt sich dieses Sternenvolk der Sintschuae. Sie sind intensiv mit Ashtara wie auch mit Caysade in Verbindung.

In der neunzehnten Dimension finden sie sich in ihrer Heimat ein, dort, wo Liebe und Positivität greifbar präsent sind wie bei uns das Wasser im Meer. Diese Wesen vollziehen eine Art Heilung, indem sie zuerst in unserem Körper, dann in unserem Geist das Annehmen unserer selbst anstoßen, was sichtbar im menschlichen Erleben wird. Diese Akzeptanz zeigt sich, indem wir fühlend das Glitzern in den Augen bei anderen Menschen sehen, wenn unser Umfeld ebenso in dieser Akzeptanz die Liebe des Lebens durch uns fühlt.

Die liebende Akzeptanz unserer selbst belebt sich durch dieses Sternenvolk in einer unfassbaren Leichtigkeit. Wie Elfen, dachte ich, sehen sie aus. Doch sie haben keine Beine oder Arme. Lediglich leuchtende Schwingen und einen Kopf. Der Kopf hat riesige Ohren, da sie immens gute Zuhörer oder besser gesagt *Hin*hörer sind. Gemäß dem Motto: »Das Universum sagt immer Ja, da es gut hinhört.« Sie »hören« hin, um zu erfahren, was du energetisch durch Gedanken, Emotionen und Gefühle aussendest, und erfüllen deine energetischen Bedürfnisse in der Realität. Doch sie haben nur ein einziges Auge, das eher verdeckt ist.

Als ich mit ihnen arbeitete, fiel mir die Verbindung zu den Caysade auf, die ebenfalls in diesem Buch beschrieben sind. Optisch strahlen sie, und auch das Gefühl der Akzeptanz ist ihnen beiden eigen. Doch Caysade wirken anders als Sintschuae. Caysade frieren eher den wütenden Kopf ein, und Sintschuae beflügeln uns mit einem kindlichen Gefühl. Doch dieses kind*liche* Beflügeltsein ist nicht zu verwechseln mit einem kind*ischen* Verhalten. Es ist die kindlich-herzliche Sicht der Akzeptanz, die uns in unserem Alltag zuteilwird, damit wir nicht mehr in unserem Konstrukt verhaftet bleiben, uns selbst beschränken und andere von uns stoßen.

Wenn Sintschuae uns besuchen, dann erstrahlt unser Innerstes beziehungsweise werden wir intensiv an unser Strahlen in Liebe erinnert. Sie sind Gäste auf Erden, die immer wiederkehren, doch hier nicht heimisch sind, da die Erde ein Lernplanet ist. Caysade kann man offenbar als Helfer heranrufen. Sie kreieren Portale, die eine enorme Positivität auf unseren Planeten respektive überall dorthin bringen, wo sie ihre energetischen Zelte aufschlagen. Diesen Anstoß durch ihre Energie würden wir Menschen wohl als »Wahrheitsfindung« und »Selbstermächtigung« bezeichnen.

In der Akzeptanz gemeinsam zu wachsen, also mit allen Sternenvölkern, ist für sie wesentlich. Deshalb sind sie auch bei allen neu gebildeten Föderationen und Councils mit an Bord. Bei »Streithähnen« – wenn diese denn im universellen Bewusstsein auftreten sollten – säen sie den Samen der Akzeptanz. Sie wirken wie ein Kleber, um die Liebe zusammenzuhalten. Ihrer unfassbaren Gabe gewahr zu werden vollbringt wahrhafte Heilung. Sie bewirken somit Heilung in der menschlichen Frequenz.

Sie sind nicht oft zu Hause, da sie es vorziehen, zu reisen und diese Samen zu säen. Wenn sie unterwegs sind, kann man ihren »Sound of Silence« hören. Er erklingt wie eine sanfte Vibration, die eine Streicheleinheit ausführt. Diesen Sound kann man nach menschlichem Verständnis nur schwer in Worte fassen, und dennoch fühlt er sich so an, als würde jemand mit einem Seidentuch über deine Haut streicheln.

Sie sind sehr interessiert an der Erde, da hier der »Kleber der Liebe« in der Entwicklung immer wieder benötigt wird. Sie bringen zusammen, was zusammengehört, was in einer Einheit vibriert, schwingt und heilt. Denn dies nährt das Universum. Insbesondere da der Mensch so oft vergisst, dass die Denkprozesse weniger förderlich sind als das Herzensbewusstsein beziehungsweise dessen Schwingung, die ebenso ins Universum eingespeist wird wie die Vibration von Gedanken.

Wir Menschen neigen dazu, alles und jeden zu verurteilen, und zwar so lange, bis wir fallen. Wir tendieren dazu, uns zu vergleichen, bis wir durch Krankheit und Trauer in die Knie gezwungen werden, um zu verstehen, dass wir liebende Wesen sind. Akzeptanz und das Erblicken der lieblichen Energie in jedem Wesen katapultiert dich in eine Schwingung, die pure Liebe, die Freiheit bedeutet. In dieser Schwingung wirst du mehr denn je sehen, erkennen und vor Freude weinen, denn sich von Verurteilungen zu befreien ist die Befreiung aus der Dualität des Menschen. Dies dauert so lange, bis wir wieder in die Transformationsphase einsteigen und die nächste Etappe unserer Entwicklung in Angriff nehmen.

Sintschuae gaben mir eine Übung für uns, die sehr einfach ist. Ich sehe mich sowie andere Menschen und Wesen in Farben. Eine Farbe ist aus meiner Sicht bei einem Menschen zu einem gewissen Zeitpunkt immer besonders präsent. Manchmal wechselt die Hauptfarbe, und das ist auch okay. Ich spreche bei meinen Workshops oft davon, dass die Teilnehmer, sobald sie ihre Hauptfarbe fühlen können, sich in diese regelrecht hineinstellen sollen, falls sie nervös sind oder sich nicht wohlfühlen. Als wäre man ein wunderschöner »Barbapapa« mit Kulleraugen. Denn so sehe ich die Menschen, und da bleibt kaum ein Blick für die vordergründige Optik.

Aber nun zur Übung.

Übung für galaktische Akzeptanz

Atme tief ein und aus und bitte während des Atmens Sintschuae heran. Sag ihren Namen gern laut oder im Inneren, so wie es sich für dich stimmig anfühlt.

Du atmest dich in die Ruhe hinein.

Sintschuae treten heran und werden dir über deine Ohren Bescheid geben, ob sie da sind: Entweder fühlst du bei deinen Ohren eine Berührung, oder du vernimmst einen leisen Hauch.

Massiere den oberen Rand deiner Ohren, fühle die Wärme – und dass sich deine Ohren »spitzen«.

Lass nun die Energie der Sintschuae fließen.

Sie flüstern dir zu, was es für dich zu akzeptieren gilt.

Fühle diese Akzeptanz.

Während du dies fühlst, öffnen sich oberhalb deiner Ohren deine Ohr-Chakras. Schließe nun deine Augen und fühle diese Öffnung.

Sintschuae helfen dir, das Chakra, das dabei ins Zentrum rücken wird, sanft zu öffnen. Und du spürst, dass sich eine Farbe zeigt. Fühle diese Farbe und fühle, ob sie sich mit deinem Solarplexus-Chakra verbindet.

In der Verbindung mit deiner Selbstliebe im Solarplexus-Chakra dehnt sich nun diese Farbe in alles aus. In deinen gesamten Körper. Dein Atem dehnt diese Farbe in all deine physischen Körperbereiche aus.

Und nun geht sie über deinen Körper hinaus. Du bist jetzt in dieser wundervollen Farbe deiner selbst, in deiner lieblichen Akzeptanz.

Fühle dich in deiner Selbstermächtigung.

Fühle dich in deiner Selbstbetrachtung.

Fühle dich in deinem Selbstgefühl.

Fühle dich in deiner Selbstbeobachtung.

Beachte und höre zu; denn nun kommen womöglich noch Botschaften zu dir, damit du dich weiterentwickelst.

Sobald du fühlst, dass alles in liebevoller Akzeptanz fließt, kehre zurück und genieße deine Energie.

Nach jeder energetischen Arbeit gilt es, diese auch konkret als »physischer Mensch« zu leben. Wir sind multidimensionale Wesen, ja, doch wir sind hier auf der Erde inkarniert, um eine Meisterschaft zu leben, und diese Meisterschaft heißt, »*Mensch zu sein* und zu lieben«. So viele Starseeds zeigten mir, dass es im Anschluss an unsere Inkarnation auf der Erde sehr einfach sein wird, zwischen den Sternenvölkern zu reisen. Dafür lohnt es sich doch, unser aktuelles Menschsein zu genießen, oder?

Wir inkarnieren, um zu erkennen, dass wir diese verbundenen Wesen sind, die in dem wundervollen Mit-Eins-Anders leben.

TrueSit – Silber-Surfer der Wahrheit

Ich reiste in den Weiten der Universen, um mich auf einer Trancereise zu erholen. In der Stille des Seins zeigten sich unendlich viele Planeten oder vielmehr andere Welten, auch diejenigen, die zu unserem Sonnensystem gezählt werden. Wie klein es schien! Und während der Reise durch dieses System fühlte ich: Was uns als unser Sonnensystem beigebracht wurde, ist nur der Beginn, nur eine kleine beschränkte Auswahl dessen, was uns weit darüber hinaus umgibt.

Dann begegnete mir ein unfassbar grelles Licht, als wäre ich bei der Zentralsonne angelangt. Die Eindeutigkeit der Helligkeit ließ mich nichts sehen. Doch in dieser unsichtbaren Helligkeit lag keine Stille, sondern ein munteres Treiben. Als ich mich an das Licht gewöhnt hatte, begann ich zu sehen. Welch Sinnbild für die Entwicklung des Menschen! Wir streben nach dem Licht in uns, um Frieden zu fühlen, und erkennen oftmals nicht, dass wir Licht *sind*, um erst dann alles Lichtvolle im Außen zu fühlen.

In diesem Lichtvollen begegneten mir die TrueSit. Sie sprachen in einer Sprache, die für mich nicht verständlich war, die Laute und Silben aneinanderreihte, welche keiner irdischen Sprache ähnlich war. Diese Intelligenzen blickten mir direkt in die Augen und eröffneten mir somit den Blick in die ihrigen. Glänzendes Hellblau und kristallfarbene, silberne Elemente glitzerten mir entgegen. Anmutig und beruhigend. Wir fühlten einander, ohne allzu offensichtlich zu kommunizieren, und doch fand ein Austausch statt. Eine Übereinkunft mit jeglichem Wissen, das sie mir in liebevoller Hingabe vermittelten, um es weiterzugeben, das Manifest ihres Seins zu Papier zu bringen. Liebevolle Hingabe für das gesamte Universum, nicht nur für die Menschheitsfamilie.

Ihr gesamtes Erscheinungsbild wirkte zwar »kantig«, doch die Weichheit des Blicks und ihre Energie waren durchzogen von einer wärmenden Vertrautheit. Ihr Kopf war, von der Seite betrachtet, schräg nach hinten gezogen, als trügen sie eine kantige hellblaue

Pharaonenkrone. Knochig war ihr Leib, dennoch waren sie sanft und zuvorkommend in ihrem Handeln und im Umgang mit mir.

Wenn sie sich bewegten, lösten sie sich in einzelne Partikel auf, so schnell sind sie in ihrer Geschwindigkeit, und dennoch bereiteten sie mir keinen Stress, sondern vermittelten innere Ruhe und Wahrhaftigkeit. Obwohl es ihnen eigen ist, schnell und gezielt durch die Universen zu reisen, begleitet sie dennoch ein Schiff, das mit den herkömmlichen Sinnen auch für die Menschen erkennbar ist und bereits vielerorts dokumentiert wurde. Eine vollkommen flache Scheibe im silbernen Schein, die sich »zackig« und in Lichtgeschwindigkeit fortbewegen kann.

An der Unterseite gibt es viereckige Öffnungen. Sobald sie sich auftun, fließt lichtvolle Wahrheit, egal, auf welchem Planeten sie gerade sind. »The Truth«, die Wahrheit, ist die Energie, die bei ihnen intensiv spürbar wird. Die Begleitschiffe transportieren wohl gewisse Codes, die zu verschiedenen Planeten gebracht werden. Codes, die manifest gemacht wurden, damit sie bei jenen, die einen manifesten Körper haben, intensiver aufgenommen werden können.

In ihrer Gegenwart empfand ich diese intensive Kälte, als würden Gedanken eingefroren und das wärmende Herz erwachen. In dieser Herzlichkeit wurde ich auch auf ihrem Schiff willkommen geheißen. Als ich eintrat, sah ich aber keine Wände oder Gänge. Keine Technik oder ähnlichen Schnickschnack, den uns Filme wie »Star Trek« zeigen.

Ein vollkommen wundervolles Kristalllicht schien. Und in diesem Licht bewegten sich alle TrueSit. Kein anderes Sternenvolk war zu sehen.

Ich sah, dass sie so etwas wie Geschenke vor sich hertrugen. Jeder von ihnen war vollkommen fokussiert und friedlich bei der Sache. Herzlich und strahlend. Als würden sie diese Geschenke zur Auslieferung vorbereiten. Als ich ein paar Schritte ging, kam mir ein Wesen entgegen, sah mir direkt in die Augen und streckte seine Hand nach mir aus. Und ich sah ihre Geschichte, als hätte mir dieses Wesen telepathisch das Geschenk einer Bildauswahl ihrer Historie übermittelt.

Und dies ist die Geschichte der TrueSit: Als Gegenpol zur Zentralsonne, die Lebensenergie und strahlende Schönheit ausstrahlt, waren sie ein Volk des Kampfes. Sie waren kühle, ja eiskalte Krieger, die von anderen Sternenvölkern gedungen wurden. Ihre Entwicklung zeigte, dass sie auch die Zentralsonne angreifen wollten, um sich in den Universen manifestiert als Herrschervolk zu etablieren. Doch im Laufe ihrer Evolution und im Drang dieses Herrscherwahns erkaltete ihr Herz, was dazu führte, dass sie sich nicht mehr vermehren konnten. Eine große Zeit der Trauer setzte ein, und ihr Volk schrumpfte zahlenmäßig. Es entfaltete sich aber ihr Wesenszug, dass sie trotz ihrer Kälte nun einen weichen Kern haben.

Während sie immer weniger wurden, fand ein Angriff auf ihren Heimatplaneten statt. Er wurde zerstört, und sie reisen seither als gesamtes Sternenvolk auf ihrem Schiff, das aber ebenso einem Planeten gleicht und dessen Begleitschiffe so etwas wie Koffertransporter für die Codes sind. Das Lichtvolle in ihnen erwachte, da sie bemerkten, dass ihre Reproduktion wieder in der inneren Weichheit und Herzlichkeit einsetzte. Seit Jahrtausenden entfachen sie nunmehr diese Weisheit der inneren Herzenswahrheit in den Universen. Sie tauchen sehr plötzlich mit ihren Schiffen auf.

Als ich diese Geschichte vernahm, ging mir selbst ein Licht auf. Denn ich hatte zweimal eine Ufo-Beobachtung mit einem silbern glitzernden Schiff. Im Sommer lag ich auf der Luftmatratze in unserem Minipool. Darin zu ertrinken ist eigentlich unmöglich, da das Wasser nur bis zur Hüfte reicht, doch als ich das Ufo sah, erschrak ich dermaßen, dass mein Fuß auf der Luftmatratze war und der Oberkörper untertauchte. Als ich auftauchte, war das Ufo weg.

Das plötzliche Erscheinen dieser Schiffe bringt ebenso das Erscheinen von Lichtsäulen mit sich. Doch nach meinem Empfinden geschehen diese Phänomene nicht gleichzeitig. Die Begleitschiffe bringen die Codes der inneren Wahrheit, und durch die herzliche Wahrheit erwachen und lieben die Menschen sich mehr und mehr, was ihr Licht erstrahlen lässt und die Weltenbäume beziehungsweise ihren Aufbau wieder ermöglicht.

Im Jahr 2023 gab es zahlreiche Ufo-Meldungen, und viele von diesen Meldungen waren begleitet von Lichtsäulen-Phänomenen. Manche Lichtsäulen deuten auf den Wiederaufbau der Weltenbäume hin, manche auf TrueSit – und wie erwähnt auch beides vereint. Hier ist dein Gefühl gefragt. Doch TrueSit bringen auf Erden oder in dir stets eine gewisse herzliche Wahrheit über die Natürlichkeit und die Wahrhaftigkeit mit sich. So war die Ufo-Sichtung und der angebliche Abschuss des Ufos über Alaska begleitet von der Nordstream-Zerstörung und der Offenbarung von so manchen Fehlentscheidungen in der Corona-Zeit. Diese Synchronizitäten zu beobachten – also sinnvoll zeitgleich zusammenfallende Ereignisse (Koinzidenzen), die gemeinhin immer noch als »Zufälle« bezeichnet werden – ist durchaus bemerkenswert, und ich fühle in jenen Momenten eine unglaubliche Verbundenheit, die mir die Heimat schenkt, vollkommen egal, wo ich mich gerade befinde.

Eines Vormittags kam es dann zu einem Gespräch mit einem TrueSit, zu dem ich eingeladen wurde. Ich sah auch meine Kontaktwesen von den ersten Treffen wieder vor mir, und es hieß: »Let's talk.« Natürlich war ich sofort bei der Sache, die Fragen sendete ich telepathisch in ihre Signatur, da wir anfangs doch so manche Sprachbarriere hatten.

Ich: »Wer seid ihr?«

TrueSit: »Falls du nach unserem Namen fragst, wirst du diesen nicht auf herkömmliche Art und Weise sehen, hören oder verstehen. Wir sind jene, die erhellen, was in Dunkelheit verborgen liegt. Jene, die die Wärme in Erkaltetes bringen. Jene, die aussehen wie Eis und gefühlte Wärme sind. Jene, die ihre Ecken und Kanten offen präsentieren und gefühlt ihre Sanftmut und Weichheit offenbaren. Wir sind die Vermittler der Wahrheit und Wahrhaftigkeit in kalten Zeiten.«

Ich: »Okay. Also harte Schale, weicher Kern. Seid ihr schon lange in Erdnähe unterwegs?«

TrueSit: »Wir sind überall und nirgends. Heimatlos und dennoch überall beheimatet. Immer wieder führte der Weg auch in euer Sonnensystem. Eure Monde sind sehr gut geeignet, um Informationen und Energien für Entwicklung einzuspeisen.«

Ich: »Warum wird sie über den Mond beziehungsweise die Monde eingespeist und nicht gleich direkt in die Atmosphäre der Erde?«

TrueSit: »Dies geschieht ebenso, wenn wir direkt mit unseren Schiffen erscheinen, die Begleitschiffe mit Codierungen sind, doch über den Mond wird Energie in die Umlaufbahnen eures gesamten Sonnensystems gebracht. Ihr seid nicht allein, auch nicht in eurem Sonnensystem.«

Ich: »Machen dies andere Sternenvölker auch?«

TrueSit: »Ja. Gerade zu euren Monden öffnen sich Portale und Felder, die eine intensive Übermittlung ermöglichen. Entwicklung und das Fließen von Energien sind wesentlich für alle Universen. So interagieren die Sternenvölker.«

Ich: »Mischt ihr euch damit nicht in unsere Angelegenheiten?«

TrueSit: »Der Mensch und die Erde sind nicht allein im Universum. Dies ist eure große Lernaufgabe. Auch ihr speist Energie in die Energiebahnen des Universums ein. Unbewusst, und dennoch fließt Energie unermüdlich. Ihr seid die Meister der Emotionen in den Universen, und viele von euch erwachen in ihrer Lieblichkeit. Für diese Energie sind wir sehr dankbar. Dankbarkeit ist eine Kraft der Unendlichkeit in den Universen. Sie verbindet die Sternenvölker. Manche von euch danken bereits den Sternenvölkern für das Miteinander, und diese Dankbarkeit verbindet alle. Ihr Menschen seid ein sehr junges Sternenvolk. Ihr übt euch noch in dieser Zusammenkunft. Wie Menschenkinder, die vorsichtig oder auch in Abwehr gegenüber Fremden sind.«

Ich: »Das heißt, wir Menschen ›fremdeln‹, wenn es um Sternenvölker geht? Wie Kinder, die nach ihrer Mama schreien, wenn eine Tante das Kind im Arm halten möchte?«

TrueSit: »Ja. Je offener das Kind, je offener das Vertrauen für Entwicklung, desto intensiver sind die Zusammenkünfte und das neue Miteinander.«

Ich: »Nach menschlichen Kriterien betrachtet, würden nun sicher einige die Frage stellen, was uns denn diese Zusammenarbeit im bewussten Wissen der Sternenvölker bringt?«

TrueSit: »Frieden. Inneren Frieden und Frieden in eurem Umfeld.«

Ich: »Das ergibt Sinn. Aber ihr wart doch auch nicht gerade lichtvoll vor ein paar tausend Jährchen. Wie steht's mit der Vergangenheitsbewältigung?«

TrueSit: »Während der Reise durch die Universen erkannten wir, dass es viele Völker gab, die sich durch die Abneigung des eigenen Volkes, durch die Abneigung von fremden Völkern, durch den inneren wie äußeren Kampf wandelten. Wir sahen den inneren Schmerz und die Krankheit während dieser Phasen. Wir sahen das Leid und die Vernichtung. Wir erkannten uns so oft selbst in anderen, dass wir uns als Sternenvolkfamilie heilten und anderen die Wahrheit über sie brachten. Wir brachten die Wahrheit der inneren Herzensweisheit zu verschiedenen Sternenvölkern, die sich dadurch schnell entwickelten.«

Ich: »Nun ja, was die Erde betrifft: Könntet ihr euch etwas beeilen?«

TrueSit: »Wir bringen die Geschenke der Wahrheit. Ob ihr diese annehmt, obliegt euch. Niemand, kein Wesen, kein Volk wird überrannt mit unserem Geschenk. Viele Menschen nahmen es bereits an. Manche waren auch bei uns auf dem Schiff.«

Ich: »Ach, ihr wart das mit den Entführungen in der Nacht?«

TrueSit: »Nicht nur. Und entführt haben wir niemanden. Der Mensch reist in der Nacht. Und manchmal bemerkt ihr uns, da eure Hellsinne in der Nacht vollkommen aktiv sind. Wenn ihr eintreten möchtet, lassen wir dies geschehen. Manche von euch erbitten dann ein weiteres Geschenk. Heilung, Offenbarung. Klarheit. Und wir installieren diesen lichtvollen Strahl auf eure Bitten hin.«

Ich: »Das heißt, es gab niemals Entführungen, sondern nur freiwilligen Besuch mit ›kostenloser OP‹ bei euch?«

TrueSit: »Nicht alles könnt ihr auf unser Volk beziehen. Doch ja. Beides war der Fall, ein Niemals kann nicht bestätigt werden.«

Ich: »Welche Art von Heilung bringt ihr uns mit?«

TrueSit: »Die größte Heilung, die wir euch mitbringen, ist das Bewusstsein, die Wahrheit, dass ihr heil seid. Ihr seid gut so, wie ihr seid. Ein Erwachen in dieser Wahrheit und eurer Kräfte bringt die Strahlkraft in euren Augen wieder zurück. Die Strahlkraft, wenn ihr die Liebe in und um euch herum sehen könnt. Als würdet ihr einem geliebten Menschen in die Augen schauen. Manche von euch haben diese Strahlkraft verloren, da sie fremdgesteuert von Gepflogenheiten sind, die künstlich installiert wurden.«

Ich: »Ich bitte euch, gebt uns ein paar Übungen an die Hand, um euch zu fühlen, um uns zu fühlen und diese Strahlkraft wiederzuentdecken.«

TrueSit: »Lausche und beobachte.«

Nach diesem Gespräch teilten die TrueSit mir Übungen mit, die einfach anmuten – und dennoch liegt in dieser Einfachheit exakt der Schlüssel. Alles, was zu kompliziert, zu sehr verkopft ist, versperrt die Herzenergie. Aber ich möchte nochmals erwähnen, dass man dazu bereit sein sollte, mit Starseed-Energien zu arbeiten. Es benötigt den offenen Blick für die Gesamtheit.

Die TrueSit arbeiten gern mit der Farbe Silber. Silbernes bei den Übungen bei sich zu haben ist ein guter Rat. Doch wenn du in Trance gehst, vergiss nicht, dass dein Körper dabei sehr sensitiv wird. So kann es sein, dass jegliches Metall ebenso heiß wird, wenn sich dein Körper und auch deine Energie energetisch erhitzen. Du könntest dich also verbrennen. Ich persönlich trage überhaupt keinen Schmuck mehr, da ich täglich in direkter aktiver oder passiver Trance bin, und dies bedeutet ebenso, dass der Körper immer wieder an- und abschwillt. Ein Trancemedium kennt diese Phänomene. So ist es auch ratsam, vor Tieftrancezuständen deine Brille abzunehmen, bequeme Kleidung zu tragen und einen leeren Magen zu haben.

Übung: Klar sehen

Reibe deine Hände aneinander und spüre die energetische Wärme, die dabei entsteht.

Bitte die TrueSit telepathisch heran, benutze gern die Farbe Silber oder verwende Silber, um sie heranzubitten.

Spüre ihre Anwesenheit durch ein Zeichen an deiner Stirn oder an deinen Augenbrauen. Sie werden dich dort berühren, wenn sie da sind.

Nun leg diese Wärme auf dein Herz und dein Solarplexus-Chakra, während die Augen noch geschlossen bleiben.

Beobachte, dass deine Hände immer wärmer werden. Beobachte, welche Themen sich erlösen.

Danach legst du diese mit Liebe aufgeladenen Hände auf deine Augen und verweilst hier, bis du deine innere Stimme vernimmst, dass es genug ist. In den Stunden und Tagen danach wirst du fühlend Klarheit und Wahrhaftigkeit der Liebe im Innen und Außen sehen. Insbesondere, was deine Kindheitsthemen anbelangt. Und vor allem auch, was solche Themen betrifft, die dich nicht klar sehen lassen.

Übung: Die Wahrheit deiner Herkunft

Diese Übung wird dir dabei helfen, die Verbundenheit im Allgemeinen zu erfühlen. Verbundenheit zum Menschen, zu Wesen und zum Planeten, welches Gestirn du auch immer wählst.

Bevor du diese Übung beginnst, sende ein Gefühl aus, dass du bereit bist für die Wahrheit deiner Herkunft.

Steh mit beiden Beinen auf der Erde und fühle dein gesamtes Energiesystem. Wichtig ist, dass deine Fußsohlen den Erdboden gut spüren.

Du atmest dich in deine Energie. Du lässt dir und deiner Energie Zeit, sich zu sammeln. Vollkommene Stille herrscht.

Mit geschlossenen Augen wandert deine Aufmerksamkeit zu deinen Füßen. Energetisch atmest du unter deine Fußsohlen.

Ein TrueSit ist fühlbar anwesend und verbindet sich mit dir.

Zwischen deinen Fußsohlen und deinen Füßen ist eine Energie, die nun mit der Energie der Wahrheit erfüllt und strahlend fühlbar ist. Du fühlst jetzt die Energie des Planeten, mit dem du dich energetisch verbindest.

Womöglich erhältst du bildliche Eindrücke davon, wo du dich aufhältst. Wenn es die Erde sein sollte, ist dies natürlich auch in Ordnung und wundervoll. Lass dir Zeit dabei, denn alles ist möglich. Deine Wahrheit zählt.

Intensiviere dieses Gefühl, indem du bewusst ein- und ausatmest. Du beobachtest deinen Atem und erfährst den inneren Frieden in dir. Spürbar öffnet dein Planet sein Herz-Chakra für dich, so fließt die Liebe dieses Planeten zu dir, und du fühlst, dass die Verbindung zu deinem Herz-Chakra aufgenommen wird. Ihr nährt euch gegenseitig, und du wirst am Ende dieser Übung Dankbarkeit fühlen.

Lass diese Dankbarkeit sich in allem, was du bist, entfalten.

Erstrahle, du wundervolles Wesen des Lichts, in deiner derzeitigen Wahrheit.

Denn auch deine Wahrheit darf sich erweitern. Beschränke dich also nicht.

Farajohe – Erleuchter des Untergrunds und der Dunkelheit

Auf der Reise mit Ashtar Sheran lernte ich auch ein Mitglied des Sternenvolks Farajohe kennen. Sie zeigen sich in der Dunkelheit. Dann sieht man in ihrer Mitte ein helles grünlich weißes Licht, kreisrund und strahlend. Nach kurzer Gewöhnungszeit an dieses grelle Licht erkennt man ihre grün leuchtenden Augen.

Im Gespräch mit ihnen sah ich ihre braunen Haare; sie haben keine Füße, sie schweben, besitzen allerdings so etwas wie einen Körper und auch eine Art nach hinten auslaufenden Schwanz wie bei einem Skorpion. Doch am Ende ist kein Stachel, sondern ebenso ein leuchtender Punkt. Ihre Nähe ist beruhigend, sie offenbaren eine innere Wahrheit gleichermaßen, wie das Licht in dunklen Zeiten zu sehen. Sie sind im Universum im Einsatz für Planeten und Sternenvölker, deren Planeten-»Oberfläche« von Zerstörung bedroht ist.

Sie erkennen sich ebenfalls in dieser Geschichte der Zerstörung und auch der *Missing Children of the Universe* wieder. Ihr Planet wurde an der Oberfläche dermaßen erhitzt, dass sie gezwungen waren, in den Untergrund zu flüchten. Zuvor waren sie Mitglieder eines stolzen Volks, die durch ihren Leuchtstrahl in der Mitte des Körpers alles durchleuchten konnten, wie ein Scanner. So war es unmöglich, sie zu belügen. Ein Planet der Wahrheit und Eindeutigkeit ermöglichte ein friedvolles Zusammenleben durch Akzeptanz. Sie pflegten ebenso Ackerbau und ein familiäres Leben.

Sie haben Kinder, und auch diese fanden sich unter den *Missing Children of the Universe*. Ihre kleinen »Leuchtkäfer« wurden nach der künstlichen Erhitzung durch die Draconier zahlreich entführt. Denn die Stärken der Farajohe sind ihre Strahlkraft und das Durchleuchten. Ein Durchleuchten, das es unmöglich macht, etwas zu verbergen.

Die Farajohe würden diese Kraft niemals für schädigendes Verhalten einsetzen, die Draconier allerdings durchaus – was sie mit den Kindern der Farajohe denn auch taten. Sie wurden herangezogen, um die »Schwachstellen« so mancher Sternenvölker zu durchleuchten und in weiterer Folge ihre Angriffe gezielt zu planen.

Die Farajohe selbst sind allerdings so etwas wie »Familienvölker«. Auch wenn sie Delegationen zu anderen Planeten entsenden, kehren diese immer wieder nach Hause zurück, um ihr eigenes Volk durch ihre Anwesenheit zu nähren – und auch um sich selbst zu nähren. Wenn sie dies nicht tun, verliert der Strahl im Zentrum ihres Körpers an Kraft und erlischt irgendwann. Während ihr Körper nicht durch äußere Einflüsse zerstörbar ist, da sie stets einen Schritt voraus sind, kann die Entfernung von ihrem eigenen Volk durchaus das Ende für sie bedeuten. Deshalb kamen viele ihrer Kinder ums Leben, und die Draconier holten sich immer wieder Nachkommen von diesem Planeten, bis am Ende die Befreiung glückte.

Farajohe sind ruhig, gelassen, und sie beobachten: Sie sind die geborenen Zu- und Hinhörer. Sie zeigten sich immer wieder auch auf der Erde, in diesen Jahren des Umbruchs auf unserem Planeten öfter denn je, durchaus auch im Verbund mit Ashtar Sheran, wobei einmal auch unser folgendes Gespräch zustande kam.

Ich: »Wer seid ihr?«

Farajohe: »Wir sind Farajohe, wir erleuchten das Innerste, wir sehen das Ungesehene. Nichts bleibt verborgen in der Liebe des Universums. Alle Farben, alles im Inneren darf gesehen werden. Alles erlebt sich in seiner inneren Gesamtheit und offenbart sich in der Sichtbarkeit.«

Ich: »Wie macht ihr das?«

Farajohe: »Unser Strahl ist der Strahl, der aus der Dunkelheit entsteht und euer Solarplexus-Chakra in eine Vibration der Verbundenheit zu euch selbst erhebt, wenn ihr dies möchtet. Doch nicht nur für die Erdlinge. In allen Völkern des Universums wandelt sich die Sichtbarkeit. Manches Erlebte wurde in der Stille verborgen, wurde in den Untergrund verlagert und erlebt in der Wandlung der Universen eine neue Helligkeit.«

Ich: »Wie bemerken wir, dass ihr anwesend seid?«

Farajohe: »Wir tauchen in dunklen Stunden gleichermaßen wie auch in euren Nächten auf. Wir vollbringen ebenso im Untergrund eine lichtvolle Vibration. Die Farben Weiß und Grün im Verbund erleben sich mit und durch uns. Euer Solarplexus beginnt in unserer Nähe zu vibrieren, woraufhin ihr erhellende Erinnerungen erlebt, die euch in die Akzeptanz katapultieren. Manchmal rasend schnell. Der Mensch geht schneller denn je in eine Entwicklung, um zu erkennen, dass es keine Geheimnisse gibt. Alles, was ihr zu verbergen versucht, zeigt sich dennoch in eurem Energiesystem, und euer Außen ist der Spiegel, auch der Spiegel eurer Geheimnisse.«

Ich: »Gibt es Menschen, die sich an eine Existenz auf eurem Planeten erinnern oder inkarniert waren?«

Farajohe: »Ja, die gibt es. Obwohl äußerlich unauffällig, sind es jene, die andere sehen, wie sie sind, klar und deutlich erkennen und dennoch bei erschütternden Offenbarungen Ruhe bewahren. Es sind die Hinhörer unter euch. Jene, die wie Leuchttürme das Licht in stürmischen Zeiten halten und die Wahrheit in ihrer Klarheit sehen und durch ihre Leuchtkraft offenbaren. Es sind wenige Menschen, und dennoch sind sie hier.«

Ich: »Woher wissen diese Menschen, dass sie einen Seelenanteil der Farajohe in sich tragen?«

Farajohe: »Es ist die Angst, vertrieben zu werden, die Angst vor Feuer und Hitze, die Angst, im Dunkeln zu sein. Diese Erinnerung, die Teil unserer Geschichte ist, taucht in euren menschlichen Träumen wie auch in unerklärlichen Ängsten auf. Ängsten, die auf Erden niemals einen Auslöser fanden und dennoch da sind.«

Ich: »Warum sind es so oft Ängste, die uns in die Erinnerung unseres galaktischen Seins rufen?«

Farajohe: »Da ihr Menschen noch dazu neigt, erst hinzusehen, wenn es wehtut. Wenn alles einfach ist, ignoriert ihr oftmals, dass der nächste Schritt gegangen werden soll. Der nächste Schritt in eurer Entwicklung. Denn das Leben bedeutet Energie, und Energie ist fließend. In jeder Sekunde des Seins fließt ihr, da auch ihr Energie seid. Jegliche Geschichte ist Geschichte und kann in liebender Akzeptanz noch mehr Liebe erzeugen. Versteckt ihr die Vergangenheit, versteckt ihr euch selbst. Versteckt ihr euer Selbst, erstickt ihr die Liebe.«

Ich: »Was geschah damals, als ihr in den Untergrund gezwungen wurdet?«

Farajohe: »Die Draconier wussten, dass wir mit unserem Strahl alles erleuchten und scannen können. Sie beobachteten uns schon lange und lernten, damit umzugehen. Wir haben keine Krieger in dieser Art, wie sie es sind. Sie kamen plötzlich, sie vernichteten unsere Ernte, sie verbrannten alles und verdunkelten den Planeten, sodass wir gezwungen wurden, im Untergrund zu leben. In der Schnelligkeit dieses Übergriffs nahmen sie viele unserer Kinder mit. Die Familienbande dieser Kinder erstickten in diesem Schmerz, und unser Volk wurde kleiner. Ashtar Sheran kam zu uns in der Not, und einige unserer Familien kamen mit, um nach unseren Kindern zu suchen. Wir lernten, über unseren Strahl durch alle Universen hinweg zu kommunizieren. Man sieht ihn durch viele Universen, wenn wir dies möchten. Wir zeigen unserer Heimat damit, wo wir uns jeweils befinden und was wir erleben. Wir tauschen uns aus.«

Ich: »Wie ist oder war euer Leben im Untergrund?«

Farajohe: »Hell. Denn wir erhellten auch diese Zellen. Die Zellen des Planeten sind pure Reinheit. In dieser Reinheit war es ein Leichtes, das Licht zu erzeugen. Wir kreierten aus elektromagnetischen Feldern einen Schein, der auch wieder unsere Ernte ermöglichte.«

Ich: »Wäre dies auch im Inneren der Erde denkbar?«

Farajohe: »Bei eurer Erde ist es anders. Ihr habt Lebewesen und Sternenvölker in und auf der Erde sowie in ihrem Umfeld. Doch wir sind ebenso präsent. Der Untergrund bedeutet für die Erde nicht immer der Untergrund der Erde, sondern auch das Dunkle in und um euch herum. Denn auch hier bringen wir ein Erleuchten, damit ihr klar und deutlich erkennt, was der Wahrhaftigkeit entspricht. Für manche ist die Wahrhaftigkeit im ersten Moment ein emotionaler Schock, doch euer Energiesystem gewöhnt sich schnell an die liebevolle Schwingung der Wahrheit. Sie schwingt weit lieblicher und höher als das Versteckte im Untergrund.«

Ich: »Wurden damals alle Kinder gefunden?«

Farajohe: »Noch immer nicht alle. Manche sind weitergezogen ins Zentrum des Universums und besuchen uns als anderes Sternenvolk wieder.«

Ich: »Das heißt, sie starben, sind reinkarniert und können sich später wieder an ihr früheres Leben erinnern?«

Farajohe: »Wenn sie dies möchten, ja. Als Menschen könnt ihr euch noch nicht gut an die unterschiedlichen Inkarnationen erinnern. Ihr seid ein Lernplanet der Liebe, der lernt, mit dem Ego und dessen Emotionen im Einklang zu leben. Dies ist ein enormer Kraftaufwand und benötigt Energie. Erst wenn ihr gelernt habt, damit zu leben, erinnert ihr euch nach und nach an eure Kräfte, anschließend an eure Bande, dann an eure Schöpferkraft.«

Ich: »Das heißt, dieser Prozess ist bei jedem gleich?«

Farajohe: »Nein, diese Prozesse sind bei jedem Menschen anders. Manche Stufen sind ähnlich und dennoch stets mit anderen Erlebnissen gekoppelt. Doch viele von euch beginnen erst zu erwachen, wenn sie die Dunkelheit erlebt haben. So wie auch wir für die Gesamtheit des Universums ausströmten, nachdem wir gezwungen worden waren, im Untergrund zu leben. Das Lichtvolle in uns erwachte, um uns und andere sehend zu machen. In der Dunkelheit zu strahlen ist eine Kunst, die nicht unmöglich ist, sondern einfach. Denn die Liebe in jedem Teil des Universums ist stets präsent. Niemals abkömmlich.«

Die wundervollen Worte der Farajohe schwingen sich in jede Zelle des Seins, da sie bewusst machen, dass das Dunkle lediglich dazu dient, um darin das Lichtvolle zu sehen. Deshalb gaben sie mir eine wunderschöne Übung für dich durch.

Aus einer depressiven Verstimmung auszusteigen ist mit Sicherheit einfacher, als aus einer tatsächlichen Depression herauszufinden. Ich selbst kann ein Lied davon singen, denn ich war bis zu meinem 33. Lebensjahr immer wieder in Depressionen gefangen und durchlebte einen Burn-out inklusive eines Suizidversuchs.

Solche Übungen sind dennoch eine sehr gute Selbsterfahrung. Ich möchte dich ermutigen, dich selbst gerade bei depressiven Verstimmungen immer wieder als liebevolles Forschungssubjekt heranzuziehen. Denn du bist es allemal wert, erkundet zu werden. Ich weiß, wie es sich anfühlt, wenn rundherum alles schwarz ist. Wenn man nur Traurigkeit fühlt. Ich fühle dich in deinem Schmerz, ich fühle dich in deiner Trauer. Ich fühle dich in deiner Verzweiflung, wie du da wohl herauskommen kannst.

Doch du schaffst das! Gib nicht auf. Du bist einfach ein wunderschöner Mensch! Immer, innen wie außen. Bitte fühle dies. Keine Äußerlichkeiten sollten dir einreden, dass dem nicht so wäre. Lebe erneut deine Herzlichkeit, und womöglich hilft dir folgende Übung, wieder einen Schritt zu dir selbst zu gelangen:

Übung: Aus der Depression aussteigen

Schließe deine Augen und erlebe deinen Atem, der in dein Solarplexus-Chakra fließt. Während deine Augen geschlossen sind, siehst du nur Dunkelheit.

Du genießt diese Stille und fühlst, dass dein Atem das Licht deines Solarplexus immer mehr zum Erstrahlen bringt, als würdest du selbst die unendliche Flamme der Liebe in dir entzünden.

Ein Farajohe verbindet sich mit dir, als käme aus der Ferne ein Glühwürmchen auf dich zu.

Du fühlst, dass seine Nähe in dir eine Nähe zu dir selbst bewirkt. Du strahlst immer mehr. Als ginge in deiner Körpermitte ein Stern auf, der unermesslich in einer herzlichen Energie erstrahlt. Als würde dich dieser Stern innerlich kitzeln.

Womöglich musst du lächeln, dann lass deinem Lächeln freien Lauf.

Du siehst einen Weg in der Dunkelheit, da du mehr und mehr strahlst. Den lichtvollen Weg. Farajohe begleitet dich.

Beobachte nun, wie alles um dich herum immer heller wird. Beobachte, wie Gedanken des Zweifels vom Universum gereinigt und geklärt werden.

Du siehst diese Gedanken, du hörst sie. Ja, sie dürfen sein; ja, sie dürfen aber auch weiterziehen.

Lass dir Zeit, dass diese Energien abfließen, genieße und beobachte, dass du dich immer leichter anfühlst. Als würde durch deine Helligkeit alles geklärt, als könnten sie dich wahrnehmen, um dir zu helfen.

Negative Energien werden nun gesehen und in der Helligkeit ins Lichtvolle gewendet.

Im Laufe des Jahres 2023 zeigte sich eindeutig das Beben der Erde in einer Intensität, wie sie lange nicht aufgezeichnet wurde. Insbesondere das verheerende Beben in der Türkei und in Syrien, wo mehr als 50 000 Menschen weiterzogen, berührte die gesamte Erde. Die Endlichkeit des menschlichen Lebens wurde vielen erstmals richtig bewusst, und die Farajohe waren anwesend und deutlich spürbar.

Die Häufigkeit der Beben ließ mich stutzig werden, und der Polsprung war meinem Empfinden nach etwas, was einen natürlichen Verlauf aufzeigte. Auch die Manipulationsvorwürfe waren nur ein Teil dieser Geschichte. Jede Geschichte birgt wohl ein Quäntchen Wahrheit in sich und ist stets begleitet von einer gewissen Angst. Doch bemerkenswert war bei diesen Ereignissen die multiple Präsenz der Farajohe und Casumfathia. Diese beiden Sternenvölker können durchaus auch als so etwas wie »Flüchtlinge« bezeichnet werden, wenn man sie denn mit menschlichen Begriffen betiteln möchte.

Die Ankunft der Casumfathia nach der Zerstörung ihres Planeten war für mich ein spektakuläres Ereignis. In meiner Beobachtung zeigte sich, dass sie sich nach einer Eingewöhnungsphase in die Erde zurückzogen und nur für Momente auf die Oberfläche kamen. Dasselbe zeigte sich mit den Farajohe. Sie leben in der Erde und bringen auch Licht in den Untergrund, und zwar im selben Ausmaß, wie sie uns helfen, das Licht in uns selbst zu sehen.

Sie sind ebenso auch anderen Sternenvölkern behilflich, indem sie Licht in die Dunkelheit bringen. Da sie so etwas wie ein »Familienvolk« sind, haben manche von ihnen ihre Lieben neuerdings nun auch bei uns angesiedelt. Ich möchte einen herzlichen Willkommensgruß aussprechen, da sich ihr Licht sehr intensiv auf der Erde und auch in den Menschen verbreiten wird.

Insektoide – Schwere und Erlösung gleichermaßen

Insektoide sind ein Sternenvolk, das sich uneindeutiger nicht präsentieren könnte. Wie Bienen und Wespen spalten sie die Gemüter der Menschen. Während Erstere als nützlich gelten und angesehen sind, so werden Letztere oftmals verteufelt, da sie lästig sind und offenbar doch nur rauben möchten. Doch was viele nicht wissen, ist, dass Wespen reinigen, insbesondere reinigen sie die Energie. Negativität zieht sie an; und wenn der Stachel einen trifft, kann dies durchaus schmerzvoll sein. Schmerzvoll aber auch, um achtsam mit sich umzugehen, um die Wahrnehmung zu schärfen.

Unter diesem Blickwinkel können auch die Insektoide gesehen werden. Sie sind feingliedrig, nur auf den ersten Blick schwarz, und sie haben in ihrer unterschiedlichen Ausprägung unterschiedliche

Augenfarben und auch kleine farbige Pigmentierungen auf der Haut. Sie reisen mit Schiffen, sind aber durchaus in der Lage, kurze Strecken zwischen den Planeten energetisch zu reisen, und zwar über die Ley-Lines.

Bevor ich ein Gespräch mit einem Insektoid hatte, sah ich sie hellsichtig immer wieder einmal an Menschen kleben und saugen. Was mir anfangs ein wenig Angst machte, da mein menschlicher »General« (mein Gehirn) es als übergriffig erachtete, erkannte ich nach einer Zeit der Beobachtung immer mehr, dass sie zu einem Gutteil allerdings auch die Negativität absaugen oder es zumindest versuchen.

Im Laufe der Jahre und durch hellsichtige Beobachtung zeigte sich ebenso, dass es viele Menschen gibt, die diese Insektoiden bei sich tragen. Ich sage bewusst nicht »in sich tragen«, da es sich hellsichtig so zeigt, als würden sich die Insekten an den menschlichen Rücken anklammern wie ein Äffchen. Insbesondere bei Menschen, die tatsächlich lange Arme und Beine haben sowie groß gewachsen sind, sah ich dies immer wieder. Mein Guide Edgar, den viele aus meinen Trance Speakings kennen, konnte mir nach Rücksprache bestätigen, dass diese Ähnlichkeit durchaus einen Wiedererkennungswert beziehungsweise eine ähnliche Aufgabenstellung in Hinblick auf bestimmte Lebensthemen zeigt.

Bevor ich aber Beispiele nenne, möchte ich darauf hinweisen, dass es unter den Insektoiden auch solche gibt, die der Gottesanbeterin ähneln. Diese Wesen sind sehr hell, strahlend, lichtvoll und zeigen sich gern auch einmal in Gold wie eine mütterliche Energie. Allen Unkenrufen zum Trotz sind sie auch sehr lichtvolle Wesen, die wie aus dem Nichts heraus Lichtvolles erschaffen können. Eine grandiose Intelligenz zeigt sich in ihnen. So bewies mir eine goldene Insektoidin, dass sie innerhalb von Millisekunden einen gesamten Energieabschnitt ins Positive wenden können.

Sie tun dies sehr bedacht, aber ganz schnell und kurz. Als würde sich an einem negativen Ort urplötzlich die Energie erhellen. So trugen sie auch bei der Erschaffung vieler Welten bei, da sie universelles Wissen mit sich bringen.

In ihrem Volk gibt es zahlreiche Unterschiede, wie es sich ebenso hier auf Erden im Insektenreich zeigt. Demgemäß möchte ich ein paar Beispiele nennen, damit du verstehst, wie sich diese Energie zeigen könnte.

Als Beispiel einer eher erdrückenden Anhaftung eines Insektoiden zeigte sich mir eine sehr prominente Persönlichkeit, die sich offiziell stets von ihrer liebevoll wissenden Seite präsentierte und somit eine dichte energetische Maske trug. Sie gab sich unterstützend, aber in ihrer Stimme schwang ein Kratzen mit, als wäre sie in der Tat *kratz*-bürstig. Doch hey, es werfe derjenige den ersten Stein, der das nicht hin und wieder ist.

Ich beobachtete diese Frau ein paar Jahre lang. Es war ein innerer Impuls, der mich dazu trieb. Die insektoide Energie wurde allerdings immer intensiver sicht- und fühlbar. Offenbar hatte sie in ihrer Aura ein Leck aufgrund einer sehr persönlichen Geschichte, und durch dieses Leck konnten die Insektoide mehr und mehr bei ihr andocken. So ganz allerdings durchblickte ich die göttliche Führung in dieser Geschichte nicht, da die Frau doch auch sehr viel Positives auf die Erde gebracht hatte.

Im Laufe der Zeit erwies sich das Schicksal gnädig, meine Wissenslücke zu füllen. Denn lesen wollte ich diese Frau aus ethischen Gründen nicht. Hellsichtige Beobachtungen ja, aber in die Tiefe gehen, ohne ausdrücklich darum gebeten zu werden, nein. Tratsch und Klatsch ergab dann allerdings doch die Bestätigung: Aufgrund ihres fortschreitenden Alters wuchs ihr Perfektionismus mehr und mehr. Sie konnte den Zahn der Zeit nicht mehr aufhalten und wollte im gleichen Atemzug Menschen durch ihren Perfektionismus unter Kontrolle bringen. Sie war und wurde mehr und mehr dafür bekannt, dass sie ihr Ego hinter den Kulissen auf sehr forsche Art wüten ließ.

Ähnlich zeigte es sich mir hellsichtig, als würde sie Gift versprühen, überall, wo sie war. Insbesondere in Räumlichkeiten, wie ein Raumduft. Mein Forscherinstinkt fand dies bemerkenswert, da ich damals in einem Raum saß, in dem sie einen Monat zuvor gewesen war. Auch eine zweite Begebenheit bestätigte mir diesen Fakt.

In den ersten Momenten meiner Beobachtung zeigte sich, dass sie dies unbewusst tat. Bei der zweiten Begebenheit in einer anderen Räumlichkeit fühlte ich allerdings: Sie wusste bereits, dass etwas nicht stimmte. Sie konnte es aber nicht benennen. Sie dachte daran und hinterließ in diesem Raum jene Gedanken, die sich sodann telepathisch bei mir zeigten.

Bemerkenswert dabei war die Intensität dieser »Stinkbombe«, da die Menschen, die danach weiterhin in diesen Räumlichkeiten arbeiteten, so etwas wie eine Auravergiftung davontrugen. Bei ihnen schien danach alles schiefzugehen – ob beruflich, privat oder gesundheitlich.

Einerseits könnten wir nun in Versuchung geraten, Insektoide zu verteufeln; auf der anderen Seite versteckte sich dahinter ein grandioses Geschenk für alle Beteiligten: Sie mussten sich wieder in ihrem Licht einfinden, und dies ganz bewusst.

Wie auch immer: Die insektoide Energie nistet sich gern im energetischen System des Menschen ein, um ihre Stacheln zu verteilen, und zwar nicht unbedingt bei dem betreffenden Menschen selbst, sondern in seinem Umfeld. Als Dank und damit sie unbemerkt bleiben, haben diese Leute zunächst durchaus eine Glückssträhne, bemerken aber im Laufe der Zeit, dass sie irgendwie fehlgeleitet und ferngesteuert sind. Als handelten sie nur mehr aus dem Kopf und nicht mehr aus dem Herzen heraus.

Da meine Recherchen ebenso wie meine hellsichtigen Bilder stets auch ein Selbstversuch beziehungsweise Erlebensbericht sind, kann ich ebenso bestätigen, dass ich mich nach diesen beiden Begebenheiten in den Räumlichkeiten energetisch ebenso intensiv reinigen durfte. Das Geschenk dahinter war schnell entdeckt, und demütig werde ich mit dem Altern umgehen, denn auch dies ist ein Geschenk, das insbesondere sehr »eitle« Menschen nach und nach integrieren sollten. Es ist nämlich die Herzenswärme, es ist die Liebe, die Schönheit ausmacht, alles andere ist vergänglich.

In Summe möchte ich also anmerken, dass Insektoide durchaus ein energetisches Gift verteilen können, doch schlussendlich für den Menschen doch etwas Gutes dabei herausschaut.

Nun gut, diese Geschichte machte es natürlich nicht gerade einfach, mit jener Intelligenz zu kommunizieren, doch irgendwann tauchte sie auch in Trance Healings auf. Manchmal saugten sie in Healings die Negativität ab und verschwanden wieder. Wie Wespen, die Negatives abnagen. Dies weckte in mir wieder das Vertrauen, und ich begab mich in die Öffnung zur Kommunikation.

In dieser Öffnung in einem Zustand der Tieftrance stand ein Insektoid mit sehr hageren schwarzen Ärmchen und Beinchen vor mir. Ich verniedliche gerne, wenn ich die Hosen gestrichen voll habe. Die Insektoiden sind durchaus alle sehr groß, geschätzt vier Meter. Sie formen sich beim Klammern kleiner: wie eine Spinne, die ihre Beine einziehen kann und danach auch viel kleiner ist. Ich betrachtete die Energie und ließ das Gefühl wirken. Meine Guides im Rücken stärkten mich. Wohltuend.

Irgendwann begann mein Guide Edgar zu sprechen, und ich hörte nur mehr die Kommunikation zwischen Edgar, der meine Fragen weitergab, und dem Insektoiden. Ich nenne ihn »Blue Eye«.

Edgar: »Sie möchte eure Geschichte erfahren. Wo stammt ihr her?«

Blue Eye: »Wir ›stammen‹ nicht, wir ›sind‹. Wir sind zentrale Erbauer, hervorgegangen aus dem Zentrum des Universums, um zu befruchten, zu beflügeln und auch den Stachel der Wahrheit zu setzen.«

Edgar: »Wie ist es beim Menschenvolk? Zeigt ihr euch da ebenso negativ?«

Blue Eye: »Wir sind nicht nur eine Energie. Wir sind viele, und wir haben uns gespalten. Manche von uns kommen im Auftrag der Draconier, manche von uns im irdischen Auftrag, da sie von Menschen selbst gerufen wurden. Gerufen, um das menschliche Ego emporzuheben. Doch es gibt auch jene unter uns, die den Menschen helfend und heilend zur Seite stehen. Energetisch bereinigen.«

Edgar: »Warum zeigt ihr euch hellsichtig gesehen am Rücken der Menschen?«

Blue Eye: »Das sind die Insects der Draconier, sie setzen sich energetisch am Rücken der Menschen fest, damit sie das Herz-Chakra blockieren. Das hintere Herz-Chakra lässt euch Liebe annehmen, damit sie noch intensiver fließen kann. Gerade jene, die sehr hellfühlig sind oder in einem energetischen Bereich arbeiten, sollten darauf achten, dass sich der Rücken frei und leicht anfühlt.«

Edgar: »Wie können die Menschen den Unterschied zwischen euch und den anderen erkennen?«

Blue Eye: »Das Gefühl und die Farbe der Augen. Die Farbe Rot in den Augen verdeutlicht die Verbundenheit zu den Dracos. Alle anderen Farben sind freie Farben. Zudem fühlen sich die rotäugigen Insektoiden sehr drängend und manipulierend an. Doch es gibt viele von uns in unterschiedlichen Farben.«

Edgar: »Wie kam es zu eurer Spaltung?«

Blue Eye: »Alle Draconier sind imstande, sich zu reproduzieren. So haben auch wir Kinder. Deshalb konnten viele von uns bei den Entführungen nicht mehr zusehen. Wir haben uns abgespalten, da wir die Verbundenheit leben.«

Edgar: »Wie sah diese Abspaltung aus?«

Blue Eye: »Wir verließen den Planeten. Wir verließen ihn als Anhaftung an andere Wesen und haben sie kolonisiert. Manche von uns sind sehr aktiv auf der Erde, um zu helfen, andere von uns beraten die Councils und Räte. Doch wir verbergen, wo wir uns aufhalten. Wir verhehlen Gedanken. Denn unser Gegenpart hört alles, was wir übermitteln, lediglich gefühlvolle Elemente und helfende Ausprägungen kommen in ihrer Schwingung nicht an. Wenn wir allerdings unser Versteck verraten, geben wir eine Energie preis, die das Verstecken mit einschließt. Die Angst der Überwältigung ebenso.«

Edgar: »Aber ihr macht grundsätzlich das Gleiche wie zuvor, nur mit einer anderen Intention?«

Blue Eye: »Ja, wir reinigen. Manchmal kommt durch uns auch ein spitzer Stachel zu jemandem über andere Menschen: Dies geschieht zum Zwecke der Heilung, des Wachrüttelns der Menschheit wie auch des Individuums selbst. Jeder Einzelne hat seine eigenen Grenzen, hat seine eigene Liebe und Energie, die im Universum ihre Einzigartigkeit des Seins repräsentiert. So zeigt sich auch der jeweilige Heilungsweg stets als einzigartig. Niemand sollte euch sagen, was der beste Weg ist, niemand sollte ihn aufzeigen. Jeder sollte seinen Weg in der Gesamtheit seines Seins Schritt für Schritt vorangehen. Um sich manchmal aus einem alten Muster zu befreien, benötigt es auch aufrüttelnde Worte. Gerade der Mensch neigt dazu, wenn er nichts fühlt, dass nichts verändert wird. Genau dann, in diesem Moment, kommen wir ins Spiel.«

Als Edgar sich entfernte, durfte ich ein paar Einblicke erhalten, wie Menschen erkennen, ob sie eine negative rotäugige insektoide Energie bei sich haben und wie sie diese lösen.

Übung: Lösung von negativer Energie und Schwere

Atme in deiner Vorstellung tief durch deinen Rücken ein und durch deine Brust aus. Wiederhole das Ein- und Ausatmen auf diese Weise und spüre, wie du durch dein bewusstes Atmen die Schwere des Alltags über deine Beine abfließen lässt.

Wenn du beim Sitzen beziehungsweise beim Einatmen Mühe hast, ist dies bereits ein erstes Zeichen dafür, dass du belastet bist. Doch bleib dabei und atme weiter durch den Rücken ein und durch deine Brust aus.

Du dehnst mit dieser Atemübung deine Energie aus, du fokussierst dich auf deine Wahrnehmung und beobachtest einfach nur deine Energie.

Wenn du das Gefühl hast, dass diese Schwere am Rücken nicht von allein abfließt, atmest du jetzt in dein Herz und bittest die

Energie Latinreh oder Loveletters, die du vielleicht aus meinem ersten Buch kennst, heranzutreten.

Latinreh oder Loveletters werden deine Herzenergie beflügeln. Und du sagst laut: »Ich sehe alles an mir und um mich herum mit dem Blick der universellen Liebe. Ich sehe mich! Ich sehe dich!«

Fühle, welche Leichtigkeit sich ausbreitet und wie die Schwere abzieht.

Diese Übung ist eine bedeutende Achtsamkeitspraxis und kann durchaus immer wieder während des Tages durchgeführt werden, um die eigene Aura zu stärken und auch zu überprüfen, ob mit deiner Energie alles in Ordnung ist – oder doch vielleicht jemand bei dir »mitnaschen« möchte.

Nach Erhalt dieser Übung setzten wir unsere Kommunikation fort. Ich fiel abermals in Trance, und es zeigte sich eine besonders lichtvolle Gestalt im goldenen Schimmer. Wie eine Gottesanbeterin, die sich in ihrer vollen Größe präsentierte. Sie sprach und nannte sich »Iliah«.

Iliah: »Sieh, welche Wunder geschehen, wenn du ablässt von Angst und Verurteilung. In diesem Moment wird sich das Lichtvolle präsentieren wie der Beginn einer goldenen Zeit. Der Beginn einer Lebensweisheit, die eure Schwingung erhellt. Wir gebären unsere Kinder und ziehen weiter im puren Vertrauen darauf, dass sie sich entwickeln. Wir beleben den Geist, die Erde, die Planeten und Dimensionen mit Wissen. ›Iliah‹ ist unser Name, der im Werte des Ganzen handelt und im liebevollen Wissen erschafft.«

Ich: »Wo lebt ihr denn?«

Iliah: »Wir hatten einen Planeten, doch wir verließen ihn nach unserer Spaltung. Wir fließen durch die Ley-Lines und auch mit unserem Schiff. Durch uns erschufen sich viele Kinder, um das Wissen des Universums als Pioniergeist zu implementieren.«

Ich: »Wo erschafft ihr Kinder? Auf der Erde? Oder auch sonst wo? Sind diese Kinder lichtvoll?«

Iliah: »Alle Kinder sind lichtvoll, es ist ihr Weg und ihre Weisheit, die sodann in Bahnen erfolgt. Ihr Schicksal zeigt sich in ihren Taten. Die Lebensweisheit des Universums wird durch sie erbracht. So kennst du bereits einen Menschen mit dieser Energie, er erträgt unsere Energie nicht nur, sondern macht andere auch darauf aufmerksam, dass etwas nicht in Balance ist.«

Ich: »Warum sagst du ›wir‹?«

Iliah: »Weil wir zwar voneinander getrennt leben und dennoch alle von uns zu uns gehören. Liebevolle Akzeptanz, selbst wenn es diese Abspaltung gab, die ebenso wieder zu einem liebevollen Miteinander führen wird.«

Ich: »Okay. Gibt es nun Kreuzungen mit euch beziehungsweise Inkarnierte?«

Iliah: »Von uns selbst gibt es auf der Erde tatsächlich inkarnierte Iliah. Die Iliah sind jene, die pures Wissen der Wahrhaftigkeit auf die Erde bringen. Wie aus dem Nichts heraus erlebt ihr bei jenen, dass sie von der gesamten Menschheit gefühlt gesehen werden und dass sie die Welt in den Umbruch der Weisheit befördern. Lichtvolle neue Innovationen ermöglichen, auch wenn diese in manchen Zeiten als nicht so lichtvoll angesehen werden.«

Ich: »Würdest du mir Beispiele zeigen, damit ich den Menschen davon berichten kann?«

Und sie zeigte mir Bilder. Sie zeigte mir Bilder von Menschen, die weltweit bekannt sind. Menschen, bei denen sich selbst die Hellsichtigsten nicht ganz sicher sind, ob diese für das Licht oder die Dunkelheit hier sind. Der Grund liegt darin, dass sich diese Individuen ihrer

Aufgabe widmen und beiderlei Tun auf Erden wie auch auf andere Planeten bringen. Denn Licht wie Schatten sind vielfach Ansichtssache. Wenn wir nun beispielsweise Elon Musk in dieses Zentrum stellen, sind seine Eigenschaften in dieser Hinsicht durchaus erkennbar. Auch die Forschung in Richtung Weltall, Kommunikation und Einfluss der Zahlungsmittel deuten in diese Richtung. Das Erschaffen des Neuen vollbringt Entwicklung, und dafür sind wir hier auf Erden inkarniert. Inkarniert, um uns zu entwickeln.

Ich: »Muss Entwicklung immer wehtun?«

Iliah: »Nicht immer. Doch viele Menschen können Entwicklung kaum wahrhaben, und deshalb warten sie oft zu, bis sie einen tatkräftigen Schritt wagen, der ihre Entwicklung vorantreibt. Die Mutigen unter euch verstehen, dass ihr in steter Entwicklung seid, und auch, dass euer Loslassen des Alten unumgänglich ist und stets weiter vorangeht, damit wächst und gedeiht.«

Ich: »Du fühlst dich so mütterlich an. Warum ist das so? Ach ja, habt ihr nun Kreuzungen erschaffen im Universum?«

Iliah: »Die Kreuzungen durch uns zu erschaffen ist ein Teil von uns, ja. So sind auch TrueSit mit einem Part von uns versehen, um die Wahrhaftigkeit zu fördern. Seit Tausenden von Jahren leben wir unumstößlich in unserer Entwicklung. Auch wir wurden erschaffen aus dem göttlichen Quell des Universums, und alle Tausende von Jahren gehen wir einen nächsten Schritt.«

Ich: »Bleibt ihr lange an einem Ort, oder reist ihr viel?«

Iliah: »Wir sind ständige Reisende, wir sind in dieser enormen Entwicklungsphase der gesamten Universen jene, die mit beruhigender Mütterlichkeit die Entwicklung sehen lassen und das goldene Geschenk dahinter offenbaren. Iliah schenken das Wissen, um die Positivität in einer Entwicklung zu erkennen. Schenken die Liebe, um dieses Wissen zu umarmen. Schenken die Freiheit, um dieses Wissen in der Tatkraft zu erleben. Vergebend, fühlend, erlebend. Ob auf der Erde oder auf anderen Planeten und in anderen Dimensionen. Alle sind wir verbunden, und alle erleben den Mitschwung der Drehgeschwindigkeit der Völker. Wir erleben gemeinsam diese großen Drehmomente, die sich vollziehen. So werden sich auch Sternenvölker zusammenfinden, die seit Jahrtausenden ihre Berührungspunkte trennten. So werden Trennungen innerhalb von Sternenvölkern mit Friedensgesprächen einhergehen und weitere neue Councils gebildet werden, die alle Aspekte enthalten.«

Ich: »Seid ihr weiter fortgeschritten als wir? Warum kann die Menschheit diese Weisheit nur zu einem geringen Teil fühlen?«

Iliah: »Der Mensch fühlt und weiß es oftmals nicht. Der Mensch denkt, wenn er etwas nicht mit Worten benennen könne, dann sei es nicht wahr. Der Mensch denkt, wenn er es nicht mit physischem Auge sehen könne, dann sei es nicht wahr. Ihr erlebt wohl den größten Umschwung des Fühlens von Energie, den es seit Jahrtausenden auf eurer Erde nach Atlantis gegeben hat. Ihr erfahrt, wie einfach es ist, euer Manifestes wie eine Leinwand, die noch Farbe benötigt, im Fühlen zu bespielen. Ihr seid die Schöpfer des Göttlichen. So schöpft aus dieser Göttlichkeit die Farben für all euer Erleben. Nichts und niemand ist imstande, eure Farben zu verdunkeln, wenn ihr standhaft in eurer Energie fließt wie ein Wasserfall aus Farben.«

Mit der Dankbarkeit für diese Worte gab sie mir noch eine Übung mit, die deine Aura klärt und die Energie zum Tanzen und Fließen bringt.

Übung: Bei Müdigkeit die Aura beleben

Sage laut: »Iliah, ich öffne mich für die Weisheit des Universums, um mich im freien Fluss der Liebe zu erleben.«

Danach schließe die Augen und spüre die Verbindung, die Iliah mit dir aufbaut, als würde eure Energie verschmelzen. Sie führt dich bildlich zu einem hellen Lichtstrahl.

Du näherst dich diesem Lichtstrahl, der alle Farben des Universums zeigt, die ineinanderfließen. Stell dich unter diesen Wasserfall aus Farben. Er wird dich im ersten Schritt reinigen und klären, während du diese Klärung mit deinem tiefen Atem begleitest.

Erlebe sodann, wie sich deine gesamte Aura in ihrer Farbpracht erhellt und wieder in Fluss gerät.

Du fühlst dich nach diesem Wasserfallbad womöglich leichter als zuvor, da du die Schwere des Lebens loslässt.

Deshalb ist es hier besonders wichtig, wie nach jeder energetischen Übung und Verbindung viel Wasser zu trinken und auch den physischen Körper ebenso wie die Lunge zu reinigen.

Katorre – »The Blue«

Im Jahr 2022 sollen Besatzungsmitglieder der Expedition 66 der Raumstation ISS berichtet haben, dass sie blaue Sphären über dem Südchinesischen Meer beobachtet hätten. Die wissenschaftliche Erklärung lautete, dass es sich um zwei Naturphänomene handelte, die »zufällig« zur gleichen Zeit auftraten und diesen blauen Lichtfleck erzeugten, der am Ende eines Blitzes auftrat. Das Ganze ohne Wolken. Diese blauen Felder, die laut Wissenschaft also lediglich Blitze seien, zeigten sich energetisch gesehen allerdings von einer weit intelligenteren Energie, als ein Blitz sie aufweist. Die hellsichtige Betrachtung lieferte uns also gänzlich andere Erkenntnisse über eine Intelligenz, die mir ihren Namen »Katorre« durchgab.

Sie treten in Erscheinung wie ein blaues Energiefeld, das in der Mitte heller wird. Als ich mich ihnen näherte, offenbarte sich hinter dem hellen Licht eine Art Gestalt, die sehr hager und länglich hervorstach, und ich hörte ebenjenen Namen »Katorre«. Ihre Energie selbst ist intensiv elektrisierend, und ihr Kerngebiet sind elektromagnetische Felder. Im Gegensatz zu den TrueSit ist ihr Blau allerdings intensiver, nicht hell. Bereits im Jahr 2020 hatte ich das kurze Vergnügen, sie kennenzulernen. Diesmal informierten sie mich über ihre eigentliche Aufgabe, die natürlich nicht nur mit der Erde in Verbindung steht.

Sie zeigten mir, wie Planeten entstehen und dass sie dabei eine wesentliche Rolle spielen. Sie intensivieren dazu das elektromagnetische Feld im All. Ich sah ebenso, dass die Ley-Lines sich bei der Entstehung von Planeten energetisch aufladen. Katorre sind hier dafür zuständig, diese »Aufladung« zu intensivieren. Ihre »Hände« vibrieren dabei, während ihr gesamtes Sein in vollkommener Ruhe bleibt. So zeigte sich mir, dass die Entstehung von Planeten stets anders erfolgt und dass auch sie sehr individuell sind – wie jedes Wesen und jedes Sternenvolk.

Katorre sind Reisende im Universum. Doch legen sie auch etwas Ähnliches wie »Ruhe«-Intervalle ein. Es zeigte sich bei diesem »Ruhen«, dass ihr blaues elektromagnetisches Feld wie ein blauer Stern im All stillsteht und dennoch in der Energie fließt. Sie laden sich in gewisser Hinsicht auf. Als ich dies sah, fragte ich nach.

Ich: »Sammelt ihr bei eurem ›Ruhen‹ Energie?«

Katorre: »In der Ruhe liegt die Kraft des Feldes. Wir sammeln nicht, wir regenerieren und gleichen aus. Durch den Fluss der universellen Liebesenergie bringen wir ein Gleichgewicht dorthin, wo es bestimmt ist, eine Balance zu erwirken.«

Ich: »Macht ihr das überall? Oder nur auf der Erde? Sammelt ihr auf der Erde Energie?«

Katorre: »Überall. Auch auf der Erde.«

Ich: »Wie zeigt sich das, wenn ihr auf der Erde beziehungsweise in unserer Atmosphäre aktiv seid?«

Katorre: »Durch unendlich viele technologische Geräte und Mittel erzeugt ihr auch ein Unwohlsein in der Erdatmosphäre, was euer elektromagnetisches Feld angeht. Wir sehen eine Ballung wie eine Blase, die sich zu intensiv und zu schnell füllt, und gleichen aus. Doch behalten wir die Energie nicht, sondern transformieren sie, und sie fließt weiter in andere Felder, in denen sie benötigt wird.«

Ich: »Heißt das, ihr sorgt auch für Stromausfälle? Die dann als ›technische Fehler‹ beziehungsweise als von Menschen verursacht gesehen werden?«

Katorre: »Dies kommt ebenso vor. Doch im gesamten Universum erfolgen viele technologisch-energetische Einspeisungen. Daran gemessen, ist die Erde nicht überladen. Wir sind vergleichsweise selten bei euch.«

Ich: »Heißt dies, dass es im Universum Intelligenzen gibt, die weitaus ausgeprägtere Technologien besitzen als wir?«

Katorre: »Durchaus. Nicht alle. Vieles ist anders, anderes benötigt keine Technologie.«

Ich: »Kannst du uns ein Beispiel nennen, wo ihr besonders aktiv seid im Universum?«

Kurz darauf erhielt ich von ihm hellsichtige Bilder. Ich sah einen Planeten, der von außen betrachtet eher grau wirkte. Rund um diesen Planeten zeigten sich Ringe, die wie Datenautobahnen wirkten; und dieser Planet hatte Sonden und Satelliten, die weit reisten, bis in unser Sonnensystem. Auf dem Planeten gab es offenbar keine Emotionen oder wenig Gefühl. Er wirkte sehr trist und technisch erbaut. Der erste Eindruck zeigte zwar so etwas wie Roboter, die dort wirkten, doch diese Roboter hatten nicht die Intelligenz, die von vielen Menschen gefürchtet wird. Es wirkte wie ein »Arbeiterplanet«, auf dem Schiffe und Technologien erschaffen werden.

Erschaffen deshalb, da ich keine Fabriken sah, vielmehr ließen die Roboter die jeweiligen Bestandteile durch Energie entstehen und fügten die passenden »Bauteile« durch so etwas wie »Telekinese« zueinander.

Als ich auf diesem Planeten ankam, war ich erstaunt, wie viel Farbe meine Energie mitbrachte, denn ich fiel auf wie ein bunter Hund. Angst lässt die Farben der Energie flackern. Als ich zu flackern begann, zeigte sich aber keine Regung der Wesen auf diesem Planeten. Es wirkte alles mechanisch und desinteressiert. Kalt und trist.

Während ich mich wieder entfernte, sah ich, dass sich weitere Wesen näherten. Diese kannte ich. Abermals Dracos und auch Grays. Nach der Sichtung spürte ich so etwas wie einen kleinen elektrischen Schlag, da mich die Katorre zur Rückkehr aufforderten.

Ich: »Ich bekam einen elektrischen Schlag, warst du das?«

Katorre: »Deine Energie gäbe dem Planeten noch mehr Energie.«

Ich: »Es war nicht schön, diese Tristesse. Keine Liebe, keine Farbe.«

Katorre: »Auch solche Planeten gibt es. Alles ist Entwicklung. Wir sind dafür da, so manches im elektromagnetischen Feld ins Gleichgewicht zu bringen.«

Ich: »Das heißt, ihr sabotiert diesen Planeten auch mal mit Stromausfällen?«

Katorre: »Sie benötigen auf diesem Planeten keinen Strom. Elektromagnetische Felder erzeugen Energie. Deshalb haben wir dich auch zurückgeholt. Die Besetzer dieses Planeten hätten versucht, dich für ihre Zwecke als Generator einzuspeisen.«

Ich: »Na, schönen Dank auch. Sie würden mich energetisch aussaugen? Machen dies die Dracos und Grays?«

Katorre: »Wie du bereits erfahren durftest, nicht alle. Jedes Sternenvolk darf, genauso wie ihr, frei wählen und erhält seine Stellung im Universum. Ihre Aufgabe und auch jene des Technologie-Planeten ist die Entwicklung der Technologie und die Erprobung der Energiefelder.«

Ich: »Das klingt für mich bedrohlich. Müssen wir Menschen uns schützen?«

Katorre: »Der Mensch selbst ist kraftvoll. Euer innerer Kern, euer Herz und eure Seele erschaffen sehr viel Energie, die im universellen Liebesschwung weiterfließt. Ihr seid der Inbegriff von Liebesenergie. Auch wenn ihr euch selbst stets unterschätzt, wird euch dies mehr und mehr bewusst werden. Insbesondere seid ihr imstande, eure Technologie durch euer elektromagnetisches Feld zu beeinflussen. Was euch in die Quere kommt, ist euer Verstand. Seit Jahrtausenden habt ihr gelernt, wurde euch induziert, dass ihr schwach seid, um euch kleinzuhalten. Diese Zeiten werden sich ändern. Probiert euch aus. Belebt eure Technik, entzieht ihr Energie, erlebt, wie kraftvoll ihr seid.«

Ich: »Meinst du damit, wir sind alle besessen?«

Katorre: »Es ist die Vermischung eurer energetischen Zellen, die es zuließ, dass ein Bewusstsein, das auf Erden eine Herrschaft walten ließ, sich in eure Zellen niederließ. Eine Energie, die das Lichtvolle unterdrückt, da seine Energie äußerst intensiv schwingt.«

Ich: »Schon klar, das lieblich Lichtvolle schwingt höher, aber was heißt das jetzt für die Menschen, wie zeigt sich die physische Reinigung von alten Konstrukten?«

Katorre: »Durch die karmische Reinigung der gesamten Erde, eurer Energie aus den Anfangsjahren und der Unterdrückung des ursprünglichen Menschen erwacht ihr. Ihr reinigt euch. In euren energetischen Zellen reinigt ihr euch. Dies spürt ihr ebenso physisch. Diese physische Reinigung bringt das Erwachen der Hellsinne mit sich, einer menschlichen Gabe.«

Ich: »Wie erkennen wir die physischen Symptome?«

Katorre: »Anfangs verändert ihr euer Essverhalten. Daraufhin verändert sich eure Energie, und ihr verändert dadurch euer Umfeld. Eure beruflichen Wege verändern sich. Eure Beziehungen verändern sich, und neue kehren zurück in die liebevolle Beziehung zu euch. Alte kindliche Themen sind bereit, mit eurem Verstand gelöst zu werden. Sodann seid ihr imstande, tatsächliche universelle Zusammenhänge zu erfühlen. Ihr besitzt nun ein universelles Wissen, ihr wisst, dass Gedanken Energie sind, und achtet und beachtet die Gedanken. Ihr wisst, dass Worte kraftvolle Energie sind. In diesem Anfangsstadium werden sich viele ausprobieren wie Kinder. Wie ein Kind, das einen Ball gegen eine Mauer wirft, der wieder zurückkehrt. Wie hart wirfst du den Ball? Ist er sanft, kehrt er sanft zurück. Ist er unkontrolliert, wuchtig, da du einen schlechten Tag hattest? Wird er dir ins Gesicht zurückschnellen?«

Ich: »Viele von uns leben bereits nach diesen universellen Gesetzen, was ist neu daran?«

Katorre: »Die Schnelligkeit. Die Gesamtheit der Universen schwingt eindeutiger. In dieser Eindeutigkeit fühlt ihr auch eure Zeit eindeutiger. Als würde sie verrinnen. Sie verrinnt aber nicht. Ihr sollt angehalten werden, indem ihr eure ›Zeit‹ festlegt. Indem ihr festlegt, was innerhalb dieser Zeit geschieht, es fühlt und sodann in dieser Zeit schöpft. Schöpft ihr Ego-Basiertes, wird die Zeit verrinnen. Schöpft ihr aus der Liebe, wird die Zeit schwebend mit euch sein, und ihr werdet binnen Kurzem Wunder vollbringen. Zumindest werdet ihr Menschen dies so betiteln. Denn für viele von uns Katorre ist diese Stille der Zeit etwas Normales. Ihr könnt fließen, und ihr könnt die Zeit in gewisser Hinsicht anhalten. Beim Anhalten der Zeit werden sich auch Wurmlöcher bilden, und ihr werdet lernen, durch die Zeit zu reisen. Ganz ohne technische Hilfsmittel, der Mensch vermag dies. Noch klingt es für viele unglaublich. Doch die Menschheit experimentiert bereits damit.«

Als ich mich bedankte und aus der Trance ausstieg, spürte ich, dass er noch da war. Ich spürte, dass ich regelrecht elektrisiert war.

Ich hatte noch meine Earpods in den Ohren und hörte Musik. Als ich den Wasserhahn aufdrehte, war die Musik weg. Als ich den Wasserhahn zudrehte, war sie wieder da. Während die Wissenschaft womöglich von Physik spricht, zeigte mir Katorre, dass Wasser alles reinigt. Auch Elektrosmog beziehungsweise elektromagnetischen Überschuss, wie er es benennen würde. Ich lade dich ein, es einmal auszuprobieren.

Und dennoch machten sie mich darauf aufmerksam, ich solle die Dinger auch mal aus den Ohren nehmen, denn die Stille in uns ist weit wertvoller als Frequenzen, die zur Unterstützung dienen, und solche, die uns eher im Unterbewusstsein vereinsamen lassen.

Eines Abends zeigten sie mir meinen Sohn, während ich beruflich unterwegs war. Er hatte schwarze Plättchen auf der gesamten Rückseite seines Körpers. Auf meine Frage, was das sei, sagten sie, dass dies so etwas wie Elektrosmog ist. Danach gaben sie mir noch folgende Übung.

Übung: Elektrosmog loswerden

Verbinde dich entweder mit deinem »Klienten« oder baue die energetische Verbindung in deiner Kraftsäule (Energiesäule) auf.

Du solltest diese Energieplättchen entweder hellsichtig sehen, fühlen oder hören. Lausche genau hin.

Bitte die Katorre, sich energetisch mit dir zu verbinden.

Nun fühlst du womöglich ein leichtes Ziehen in einer deiner Hand. Sie werden sich nicht ganz mit dir vereinen oder sich ganz in den Körper legen. Sie werden deine Hand anschließend energetisch führen.

Lass deine Hand beziehungsweise deinen Arm führen, damit du hellsichtig siehst, wie du diese Plättchen mit ihnen gemeinsam abwischst und sie abfallen.

Achte darauf, dass du tatsächlich alle Plättchen erwischst, denn sie sind wie Pilze, die schneller nachwachsen, wenn du nicht eindeutig sauber gemacht hast.

Diese Reinigung wird die Katorre freuen, denn sie werden diese Plättchen einsammeln und für sich nutzen. Also beobachte ebenso, dass sie diese Energie förmlich einsaugen.

Rafimojah und ihre »nagende« Heilenergie bei toxischen Beziehungen

Über Rafimojah haben wir bereits in meinem ersten Buch vieles lesen und erfahren dürfen. Diese wundervolle Energie, die eher einem Ninja gleicht, ist Teil des Rats der Fünf. Nunmehr ist meine Rafi ein Teil meines Teams während energetischer Begleitungen.

Rafimojah sind die Ninja unter den Starseeds: schnell, flink, fröhlich und sehr gründlich in ihrer Arbeitsweise. Der Umgang mit ihnen sollte dennoch mit Geduld erfolgen, wir sollten sie einfach nur machen lassen. Ihre Augen strahlen bernsteinfarben, doch freundlich, zuversichtlich und liebevoll. Ihre Haut ist eindeutig ebenso bernsteinfarben, rau, und ihre spitzen Zähne wirken abschreckend. Doch genau ihre spitzen Zähne sind es, die helfende Eigenschaften haben.

Wir können diese sichtbare Abschreckung wie unsere größten Ängste und Blockaden verstehen, die sehr oft Ursache unseres Durchbruchs sind. Denn eine negative Energie würde ihre Negativität verstecken wie ein Narzisst. Ein Durchbruch in der Liebe, im Berufsleben oder in der Entwicklung unserer selbst kann mit ihr erwirkt werden, doch ist es der Mut, den es zuvor benötigt. So sprechen sie davon, dass sie die Emotionen aus der Aura des Menschen entfernen, wenn wir dies möchten. Sie sprechen davon, dass sie ebenso das Toxische aus der Tier- und Pflanzenwelt entfernen. Es rausnagen. Sie erläutern dies folgendermaßen.

Rafimojah: »Während eurer Entwicklung habt ihr gelernt, dass euer Dazwischen, euer Rasten wohltuend ist. Doch das Wohltuende dabei ist, dass ihr zuvor etwas erwirkt und erschaffen habt. Sich auszuruhen, zu leben bedeutet ebenso, erbaulich auf seine Entwicklung zu blicken. Zu wissen, welche Kräfte in euch und im gesamten Universum liegen. Die Erbauung eurer selbst, welche die Zuversicht der Zukunft kreiert und im Jetzt erlebt wird. Ihr geht den Weg eurer menschlichen Ergründung, die einer Wissenschaft des Liebens gleicht. Wissenschaft als Wort der Forschung, nicht als Wort der Lieblosigkeit. Wir ›nagen‹ nicht, wir befreien. Denn das ›Nagen‹ ist in euren Köpfen verhaftet als etwas Negatives, das sich belastend auswirkt. Wie eine Last, die mit jedem Meter eures Weges schwerer wird. Doch wir entfernen rasch und gründlich. In einer Geschwindigkeit, die dem Gehirn und dem Ego des Menschen fremd erscheint. Ist sie aber nicht, auch sie ist euch eigen. Wenn ihr die Parameter eurer festgelegten Zeit überwindet, werdet ihr fühlen, wie wir dies überbringen. Denn wir sind ebenso die Überbringer eurer Kräfte, die ihr wieder erlernt, um ins Mit-Eins-Anders einzutauchen.«

Ich: »Wie geht ihr dabei vor? Wie können wir uns dies vorstellen?«

Rafimojah: »In eurem Unterbewusstsein schlummern Programmierungen und Konzepte, die menschlich und auch von den Anunnaki erschaffen wurden, um sie zu sehen, anzunehmen und zu erkennen, dass sie nicht euer Eigen sind. Denn das Erkennen eures Individuums ist das Erkennen eurer Eigenliebe. Ihr taucht ein in euer Unterbewusstsein und seht, dass es dort ein paar negative Möglichkeiten gibt, doch die herzerfüllenden sind zahlreicher. Es sind jene Möglichkeiten, die eurer ureigenen Signatur entsprechen und die ihr in Leichtigkeit umsetzen könnt. In dieser Schwingung eurer liebevollen Möglichkeiten findet ihr Lösungen, die sich gefühlt stimmig ergeben.«

Ich: »Das heißt, unser Unterbewusstsein ist gespeist von kleinen negativen Partikeln, die aber in der Unterzahl sind. Warum fokussieren wir uns dann immer wieder auf sie?«

Rafimojah: »Eure negativen Emotionen sind wie eine Weggabelung, und ihr wählt, welchen Weg ihr geht. Ihr wählt, sonst niemand. Und ihr könnt im Mit-Eins-Anders durchaus den Weg gemeinsam mit Freunden gehen, die euch unterstützen. So unterstützen wir euch bei jeglicher eurer Wahlen. Die negativen Emotionen sind eindeutiger, damit ihr erkennt, dass ihr ebenso Gefühle und energetische Verbindungen besitzt. Ihr besitzt sie, sie sind aber nicht alles, was ihr seid. Ihr seid viel mehr. Es ist eine schrittweise Entwicklung, die sich nach und nach im Laufe eures Erlebens ins Bewusste freisetzt. So erlebt ihr Wunder, wenn sich Synchronizitäten offenbaren. Menschen mit gleichen Namen etwa haben eine ähnliche Signatur in ihrem Charakter. Der Name selbst ist ein Anzeichen wie auch eine Schwingung. Ihr erlebt, dass das Universum euch Zahlen, Doppelzahlen immer und wieder sendet, da eine gewisse Schwingung wie auch ein gewisses Ereignis eingeläutet wird. Doch ihr wählt stets, welche Signatur des Gefühls für euch die geeignetste Lösung in diesem Moment ist. So hebt ihr euch auch heraus aus programmierten Signaturen und Rastern, wenn sich diese für euch nicht erfreulich anfühlen.«

Ich: »Meinst du damit, dass gewisse Lehren, die nach Themen sortiert sind wie Numerologie, oder energetische Lehren, die einem Raster folgen, Matrix-Programmierungen sind?«

Rafimojah: »Ja. Ihr kamt hierher, um euch aus dieser Programmierung herauszuheben. Nach und nach gefühlt zu erkennen, dass eine vorgegebene Struktur erschaffen wurde, damit ihr eure strahlende Stärke erlangt und spürt, dass ihr mehr seid als nur eine Struktur oder Schublade. Damit ihr euch in Liebe fühlend erlebt und fließt wie das Wasser, das keine Grenzen kennt und sich seinen Weg bahnt.«

Ich: »Manche Menschen sagen, sie sind nicht Herr ihrer Gefühle und Emotionen. Wie können wir lernen, damit umzugehen?«

Rafimojah: »Ihr seid ›Herr‹. Doch habt ihr es verdrängt. Ereignisse und Erlebnisse in eurem menschlichen Dasein sind kein Zufall. Ihr habt die Wahl, wie ihr euch fühlt. Sich hinzugeben schließt ja nicht aus, sich auch in die Beobachterrolle zu versetzen. Werdet ihr mit- oder hingerissen zu einer Emotion, oder möchte euch diese Emotion in die Erlösung eines Bandes einführen, damit ihr danach befreit und erleichtert weitergeht? Der Mut, in eure Themen einzusteigen, und auch der Mut, diese Themen schnell zu erlösen, sind der Schlüssel. Viele Menschen denken, sie haben ein Trauma erlebt und müssen bis ans Ende ihrer Tage damit leben. Doch ihr habt auch hier die Wahl, ob ihr dieses Trauma aus eurem Leben, aus eurer Energie entfernt und danach die deutlichen Unterschiede in eurem Selbst erlebt.«

Ich: »Aus eigener Erfahrung weiß ich, dass Traumata schneller erlöst werden können als von Psychologen gedacht. Was geschieht, wenn wir gedanklich immer wieder ins Trauma einsteigen?«

Rafimojah: »Es ist bei vielen Menschen nicht einmal nötig, überhaupt in die Erinnerung einzusteigen. Eine einmalige Rückschau reicht vollkommen. Denn wenn ihr euch immer wieder in die Energie des Ereignisses begebt, seid ihr diese Energie. Sobald ihr diese Energie seid, potenziert ihr diese Energie. Das Universum reagiert auf eure Energie. Ihr seid das Trauma, so trefft ihr Menschen und geratet ihr in Situationen, die diesem Trauma ähneln, und kommt aus dieser Energie nicht heraus. Auszusteigen aus einer Energie, bedeutet, dass ihr den Mut aufbringt, einen großen Schritt in Richtung eures neuen Selbst zu gehen.«

Ich: »Wenn wir dies nun in Hinsicht auf Partnerschaften betrachten und jemanden, der seit Jahren unglücklich in einen Menschen verliebt ist beziehungsweise sich immer wieder in potenzielle Partner verliebt, die allerdings scheinbar nicht interessiert sind – oder wenn die Umstände es nicht erlauben –: Was könnten wir hier tun?«

Rafimojah: »Im ersten Schritt gilt es zu wissen, dass sich bestimmte Programmierungen wiederholen. Wenn ihr euch dies im Laufe eures Lebens eingesteht, erfolgt die nächste Stufe. Diese Stufe ist es, gewisse Tendenzen als Lösung zu erkennen. Wenn ihr beispielsweise stets mögliche Partner in euer Erleben zieht, die deutlich fühlbar eine energetische Verbindung zu euch haben, doch es niemals zu Gesprächen oder gar einer Partnerschaft führt, so zieht ihr diese Menschen in euer Erleben, um zu erkennen, dass ihr selbst es niemals erlernt habt, Gefühle zuzulassen und Gefühle allein zu erleben. Das alleinige Erleben wird dabei als Frequenz ausgesendet. Der potenzielle Partner hat energetisch den Impuls erhalten, dass er nichts tun muss, denn ihr selbst werdet dies allein vollbringen. Wenn ihr durch dieses Muster durchtaucht, entstehen neue Energien, die sodann neue Frequenzen freisetzen, und eine vollkommen neue Interaktion mit Partnern entsteht.«

Ich: »Heißt dies dann, dass jener Partner nun aus dem Leben geht und neue mögliche Partner angezogen werden oder dass exakt dieser Partner doch noch in die Realität eintreten wird?«

Rafimojah: »Beides kann geschehen. Wenn es ein Partner ist, der energetische Verbundenheit auch in der spirituellen Aura-Schicht mit sich bringt, wird er sich ebenso weiterentwickeln, und ihr werdet einen Schritt aufeinander zugehen. Denn wenn dichte energetische Bande vorhanden sind, dann zieht der jeweils andere in der Entwicklung mit. Manche energetische Partner dienen lediglich der eigenen inneren Entwicklung, diese sind nach der Transformation eines gewissen Musters allerdings fühlbar aus dem Energiesystem herausgereinigt.«

Ich: »Das heißt, toxische Beziehungen werden wesentlich schneller bereinigt, wenn wir tief in uns eintauchen und uns selbst ergründen. Das wissen wir, liebe Rafi. Was wir aber nicht wissen, ist das Wie*!«*

Rafimojah: »Das, was ihr ›Unterbewusstsein‹ nennt, ist ein Speicherplatz von Frequenzen. Diese sind oftmals noch nicht mit Gefühlen gepaart. Sie sind Möglichkeiten. Ihr selbst habt die Option, jegliche Frequenz, die in eurem Unterbewusstsein vorhanden ist, einem positiven oder negativen Ordner zuzuteilen. Das heißt, ihr werdet euer eigener Herr der Frequenzen. Frequenzen werden oftmals auch ausgesendet. Viele intensiv fühlende Menschen empfinden nicht ihre eigenen Gefühle, sondern die Gefühle und Emotionen ihrer Mitmenschen. Bei toxischen Partnern, von denen sie lediglich lernen sollen, kann es sein, dass sie denken, sie hätten tiefe Gefühle; doch es sind die Emotionen des anderen. Auch das sind Programmierungen und Frequenzen. Denn in diesem Fall hat jener Mensch nicht gelernt, was seine eigenen Gefühle sind. Oftmals wurde ihm gesagt, was er zu fühlen hat – von Kindheit an. Aber auch diese Frequenz kann erhellt und gewendet werden, dass sie in positive Bahnen geleitet wird. Hierfür solltet ihr eure Zirbeldrüse und euer Drittes Auge intensiv aktivieren. Nach ein paar einstimmenden Übungen und dem Erfühlen dieser ureigenen Werkzeuge werdet ihr die Schranke des Zweifels durschreiten. Nach dem Durchschreiten erlebt ihr euer Unterbewusstsein. In diesem Unterbewusstsein erlebt ihr eine Reise in und um euch selbst, die euch bis in die Weiten der Universen eintauchen lässt.«

Ich: »Für einen ungeübten Menschen in Sachen Energiearbeit klingt dies doch sehr abstrakt. Mögt ihr uns hierfür eine Hilfe anbieten, wie wir toxische Beziehungen erkennen und unser Muster diesbezüglich erfühlen können?«

Rafimojah: »Die ersten Schritte wurden euch durchgegeben. Die Öffnung eurer Zirbeldrüse, das Erkennen des Reichs des Unterbewussten. Das Erkennen der vereinsamten Synapsen, die sich negativ ausbreiten können. Die Umarmung und Wende ebenso. Sobald ihr einen Lernpartner in euer Erleben eingeladen habt, werden diese vereinsamten Synapsen verstärkt wahrgenommen. Wenn ihr euch in solchen Phasen intensiv auf die Transformation einlasst, könnt ihr in eurem Erleben Welten bewegen. Denn ihr werdet Muster, Konditionierungen und auch negativ behaftete Frequenzen eindeutig identifizieren und sie somit einfacher ins Positive verkehren. Der toxische Partner dient euch. Die Themen der Partnerschaften werden euch in einem Licht aus Blau und Rot erreichen. Als wären sie zweigeteilt zwischen Kommunikation und Wut. Zwischen Kreativität und feurigem Leichtsinn. Zwischen Herz und Verstand. Dieser Zwiespalt ist ebenso bei den vereinsamten Synapsen erkennbar. So steigt gezielt ein in euer Unterbewusstes, wenn ihr im Begriff seid, euch zwiegespalten zu fühlen oder euch in einer Partnerschaft oder als Verliebte wiederzufinden, deren Muster ihr bereits kennt. Ihr werdet Wunder erleben. Ladet uns ein, wir werden euch behilflich sein, Frequenzen abzutransportieren, die nicht eure eigenen sind. Frequenzen, die fremdgesteuert erscheinen.«

Nachdem ich durchaus sehr beharrlich immer wieder auf eine Übung gepocht und Rückfragen gestellt hatte, zeigten mir die Rafimojah zuerst, wie sich eine toxische Beziehung anfühlt. Sie fühlt sich an, als wäre man selbst klein. Deshalb sind viele Menschen auch nervös und können bei einem destruktiven Partner kaum sprechen. Eine schöne Verbundenheit sollte stets durch das Gefühl der Größe und des wundervollen Austauschs spürbar sein. Sich klein und unbehaglich zu fühlen bedeutet, etwas in sich noch nicht erkannt zu haben beziehungsweise nicht realisiert zu haben, dass man noch sehr tief in der Matrix-Struktur des Kleinhaltens verhaftet ist.

Doch es muss nicht sein, dass es sich genau deshalb um einen toxischen Partner handelt. Sondern es kann die Unsicherheit als Muster und Frequenz im Unterbewussten sein, das dieses Verhalten auslöst. Ob es sich um einen toxischen Partner handelt, erfühlt man nach der Erlösung dieser Frequenz.

Die Rafimojah zeigten mir sodann folgende Übung.

Übung: Befreiung toxischer Beziehungen (Frequenz)

Öffne wieder deine Zirbeldrüse. Hierfür wäre es gut, wenn du zuvor auch all deine anderen energetischen Zentren durch Atemmeditation oder Trance belebtest. Das Hingehen zur Zirbeldrüse bedeutet, dass zuerst dein Stirn-Chakra intensiv belebt wird: Öffne dein Drittes Auge, verwende zur Unterstützung die Farbe Gold.

Lass dich führen und in dein Unterbewusstes leiten, indem du über deine Zirbeldrüse das Portal in dein unbewusstes Universum betrittst. Lass dich führen und leiten.

Wenn du nun an diesen toxischen Partner denkst, wirst du erkennen, dass einige Punkte in deinem Unterbewussten rot-blau aufleuchten. Es sind in gewisser Hinsicht Triggerpunkte. Lass dich durch diese Triggerpunkte leiten.

Nun bittest du die Rafimojah um Hilfe, sie mögen alles abnagen, was nicht deiner Frequenz entspricht.

Fühle, dass etwas aus deinem Unterbewussten entfernt wird.

Lass es fließen. Mach dir danach keine Gedanken mehr. Wundere dich nicht, warum du dir keine Gedanken mehr darüber machst.

Fühle nun nochmals zu diesem Partner hin. Was hat sich verändert?

Latinreh – Beziehungen der neuen Zeit haben wenig mit Karma zu tun

Als ich zu diesem Thema hingeschubst wurde, konnte ich meinen Augen und Ohren kaum noch trauen. Es begann im Jahr 2021/22, als ich beobachten durfte, dass es tatsächlich Liebesbeziehungen gibt, die *kein* Karma haben. Also keine Verstrickungen, nichts in Vor- oder Parallelleben, null. Die vollkommen gar nichts dergleichen und dennoch eine unfassbare Anziehung hatten. Das Thema der »Dualseelen« oder »Zwillingsflammen« kam somit von einem vollkommen neuen Blickwinkel wieder zu mir.

Die Jahre zuvor hatte es sich stets gezeigt, dass Liebespaare, ob Seelengefährten oder nicht, zumeist unendlich viele Verstrickungen und Karma mit sich brachten, ob in Vor- oder in Parallelleben. Viele benötigen Jahre oder gar Jahrzehnte, bis sie zusammenfinden. Manche schaffen ihren Prozess in diesem Leben nicht und vollenden ihre gemeinsame Reise im nächsten. Diese Seelenpartnerprozesse können mitunter zwar sehr schmerzhaft sein, meinem Empfinden und meinen Beobachtungen nach dienen sie allerdings allen Beteiligten zum Erwachen.

Begriffe wie »Dualseelen«, »Seelenpartner« und dergleichen stammen allerdings aus menschlicher Sicht, wobei man sich selbst kleinmacht, indem man sich durch diese Bezeichnung einredet, man sei ohne den betreffenden Partner nicht vollständig. Zu fühlen, dass man unsichtbar miteinander verbunden ist, eindeutig zu spüren, wenn es dem anderen nicht gut geht und dass auch die immense physische Anziehungskraft wirkt – all das ist bei solchen Pärchen ohne Frage wahr. Und dennoch liegt der eigentliche, tiefere Grund für das Zustandekommen derartiger Verbindungen darin, dass man sich selbst so sehr energetisch fühlen soll, damit man eben *nicht* abhängig ist.

Diese Intensität an Anziehung und Gleichklang im menschlichen Erleben brachte viele Menschen zu mir. In ihrem tiefen Schmerz der Transformation konnten sie kaum noch das Licht sehen, wenn sie voneinander getrennt waren. Der einzige Weg war und ist für jedes dieser Individuen in solchen Prozessen *der Weg in die Selbstliebe*. Den anderen *sein* zu lassen, selbst wenn eine neue Partnerin oder ein neuer Partner dessen oder deren derzeitiges Leben teilt. Den anderen so sein zu lassen, sich entwickeln zu lassen und dennoch liebevoll zu erleben. Erst ab diesem Zeitpunkt zeigt sich bei sehr vielen, ob es ein »Lernpartner« ist oder doch der Seelenpartner.

Die Telepathie ist bei solchen Pärchen ein eindeutiges Zeichen der intensiven Verbundenheit. Telepathie nicht nur so verstanden, dass man weiß, wie es dem anderen geht, sondern dass man tatsächlich seine Gedanken empfängt. Gedanken, die liebevoll angenommen werden, selbst wenn es mal rein menschlich betrachtet turbulent im »General« (im Gehirn) zugeht.

Hellsichtig betrachtet, zeigen sich Verstrickungen und karmische Knoten als lösbar, selbst in Vorleben – ob auf der Erde oder auf anderen Planeten und in anderen Dimensionen, sei dahingestellt. Dahin gehend gab es ebenso Sichtungen meinerseits. Denn es gibt Paare, die ebenso gemeinsam als *Missing Children of the Universe* gerettet wurden. Die Erinnerung an dieses Ereignis kam vielen im Traum oder in Trance. Diese Ereignisse gemeinsam aufzuarbeiten erscheint wie eine Erlösung. Danach erkennen und fühlen allerdings viele, dass sie ihr Karma erlöst haben, und gehen getrennte Wege.

Manche »Pärchen« wissen davon, leben aber niemals in einer Beziehung; sie sprechen viel darüber und spüren die physische Anziehung. Wenn beide erkannt hatten, dass sie ihr menschliches Leben liebevoll annehmen dürfen, nicht mehr kämpfen oder sich beschützen mussten, erlöste sie das jedoch von einem unermesslichen Druck oder großer Sehnsucht.

Andere Seelenpärchen, die sich in jener Sehnsucht zueinander wiederfinden, aber in diesem Leben kein Paar werden sollen, erkennen nach einiger Zeit, dass sie sich in einem oder mehreren Vor- oder Parallelleben gegenseitig viel Schmerz oder sogar den Tod zugemutet haben. Jede einzelne Station wird in geringerem Ausmaß in der aktuellen Inkarnation wiedererlebt. Mit »geringerem Ausmaß« ist gemeint, dass sie den Schmerz fühlen. Beispielsweise hatte ein männlicher Seelengefährte seine Partnerin in einem Vorleben als »Hexe« verraten, und sie wurde gesteinigt. Sie kann sich bis heute an seinen Blick erinnern, als sie den letzten Atemzug tat. Dieses Pärchen klärte alle Verstrickungen in energetischer Hinsicht, arbeitete intensiv an den eigenen Themen aus diesem Erleben und erkannte schlussendlich, dass sie nicht dafür bestimmt waren, dieses Leben als Liebespaar zu führen. Dennoch wollten sie sich als sehr mitfühlende Gefährten gegenseitig stützen, wenn es nötig sein sollte.

Das Thema »Seelengefährten« wird in unserem neuen Jahrtausend mehr und mehr Fahrt aufnehmen. Viele sind noch heimlich verliebt und schlucken die Sehnsucht nach dem jeweils anderen einfach hinunter. Solange sie allerdings im Verdrängungsmodus sind, werden sie keine Erlösung dieses tiefen Schmerzes der Sehnsucht erleben können.

Die Selbstliebe ist ein Zustand der Akzeptanz, doch ebenso der Akzeptanz, dass wir Menschen ein multidimensionales Wesen haben, also auch ein galaktisches Ich. Das wundervolle Geschenk dieser Selbstakzeptanz führt zu einer gewaltigen Freisetzung von Liebesenergie, die es ermöglicht, andere Menschen in ihrem Sein und in ihrer Entwicklung so sein zu lassen, wie sie sind. Ebenso zu erkennen, dass, wenn sie verletzt werden, zu wissen, ob es ein Thema ist, das noch unbearbeitet in ihnen brachliegt, oder es lediglich das Thema des anderen ist. Doch wenn dich Handlungen oder Worte eines Gegenübers verletzen, spricht es etwas in dir an, was es in die mitfühlende Akzeptanz zu führen gilt.

Meine Forschungen zu diesem Themenbereich sind vielfältig. Jedes Pärchen hatte andere Ausgangspunkte. Manche führten ein exakt gleich anmutendes Leben, ohne sich überhaupt zu kennen. Andere trafen sich in ihrer bisherigen Inkarnation immer mal wieder, manche sogar weltweit an unterschiedlichen Plätzen. Die Geschichte der Liebe ist eine der Akzeptanz. Doch all diese Geschichten hatten jene karmischen Verstrickungen, die auch energetisch ersichtlich waren.

Die Jahre 2021 bis 2025 gelten auch als Zeit, in der karmische Lebenslernpartner erkennen, dass es lediglich Lernpartner waren, um in die Selbstliebe und das energetische Erwachen zu gelangen. Was sich gleichermaßen in diesen Jahren zeigt, ist wie gesagt die Erkenntnis, dass es dennoch Paare gibt, die absolut keinen karmischen Knoten hatten. Bis ins Jahr 2021 war mir dies keineswegs klar. Verblüffend erscheint, dass sich die Erde auf dem Weg ins neue Jahrtausend selbst von einem karmischen Knoten erholt. Einem Knoten, der besagt, dass die Menschen auf die Erde kommen, um die Erkenntnis zu bringen, dass wir hier sind, um wieder Liebe zu lernen. Unabdingbare Liebe. Dieser Knoten entstand zu Zeiten von Atlantis – worüber ich im ersten *Starseeds*-Buch schrieb –, als die Liebe durch den Hochmut erstickt wurde. Seither arbeiten wir daran.

Ich sah solche Pärchen ohne karmische Vorgeschichte sehr selten bis nie, sie selbst waren sich dessen nicht bewusst, sie waren lediglich glücklich. Es waren zwei liebende Individuen in der Selbstliebe, die allerdings nicht spirituell oder gar energetisch arbeiteten. Gerade in der spirituellen Szenerie war in den letzten Jahren immer und stetig das Wort »Karma« präsent. Ausgerechnet solche intensive Liebesbeziehungen mit einem Hin und Her und einer ewig langen verstrickten Geschichte präsentieren sich gern nach ihrer langen Reise des Miteinanders als jene, die ihre karmischen Verstrickungen in Liebe lösen konnten und nun liebend zusammenleben.

Doch was sind das dann für Pärchen, die diese Verstrickungen nicht haben? Die lediglich ihre Themen bearbeiten und die vom Partner so gelassen werden, wie sie sind?

Meine Expertengruppe in Sachen Liebe und Liebesbeziehungen zeigt sich unter anderem mit Latinreh alias Loveletters. Sie sind jene, die das energetische Herzensbewusstsein beflügeln und die Menschen in die Selbstliebe führen. Sie sind ebenso stets präsent bei energetischen Begleitungen, wenn es um Liebesbeziehungen geht, deshalb drängte es mich nach meinen »Sichtungen« von »Nicht-Karma-aber-glücklich«-*Pärchen* zu ihnen.

Ich: »Was ist da los? Also geht es auch ohne Verstrickung in der Liebe?«

Latinreh: »Ihr als Menschheit habt gewählt, ihr wähltet den Weg der Liebe. Auf diesem Weg habt ihr eine neue Zeitlinie kreiert, die nun ihren Lauf nimmt. Es darf Liebe aus der Liebe heraus entstehen, ohne Sehnsucht, ohne Leid.«

Ich: »Wie ist das möglich? Ich dachte, Seelenpartner erkennen sich von ›damals‹ und deshalb fühlen sie so intensiv diese innige Verbundenheit, die bei Trennung zu Schmerz führt.«

Latinreh: »Alles ist möglich. Ihr habt gewählt. Die neuen Liebespaare auf der Erde werden beweisen, dass es Liebe gibt. Sie werden es fühlend erlebbar machen, überall, wo sie erscheinen, wird sich Liebe verbreiten.«

Ich: »Sind diese Paare Auserwählte? Wer sind diese Paare?«

Latinreh: »Es sind jene, die tatsächlich Liebe wählen und denen Alter, Aussehen und Wohlstand als unwesentlich, ja sogar nichtig erscheinen. Sie sehen und fühlen die Seele des anderen nach eigenem Ermessen, wobei es keinen Zweifel gibt. Diese Paare finden zusammen, ob sie dies wollen oder nicht. Doch in Freude. Sie erleben einander und sind in den ersten Momenten sprachlos. Sie können es kaum glauben. Die Individuen dieser Paare haben ihre Berufung ebenso gefunden und leben sie mit vollem Herzen. Sie sind in ihrer Selbstliebe und wissen, was sie wollen und was sie nicht nährt. In dieser kraftvollen Energie ihrer selbst sind sie sich ihrer Gefühle sicher, wissen ebenso instinktiv den Zeitpunkt. Auch Geduld ist ihnen eigen. Wenn diese Pärchen sich treffen, wird eine immense Energie freigesetzt. Sie wissen um ihre Verantwortung. Ihre Gefühle werden die Gefühle ihres gesamten Umfelds sein.«

Ich: »Wer will schon für die Gefühle der anderen verantwortlich sein? Ist das nicht Manipulation?«

Latinreh: »Nein. Denn diese Pärchen sind glücklich, fröhlich und bleiben in schwierigen Zeiten ruhig und umsichtig, da sie um die Liebe wissen.«

Ich: »Wer sind diese Pärchen? Wie viele von ihnen gibt es?«

Latinreh: »Im Jahr 2023 sind es noch wenige, sie finden gerade zu sich und sodann zueinander. Manche haben sich bereits erkannt. Sie beobachten, aber werten nicht. Sie haben keine karmische Verstrickung. Die einzige Verstrickung, die sie noch in sich lösen müssen, ist die gesellschaftliche Norm. Denn diesen Paaren wird es gleichgültig sein, wie der Partner aussieht oder sich gebärdet.«

Ich: »Na ja, aber diese Unterschiede wie großer Altersunterschied, soziale Unterschiede, extrem andere Interessen sind doch auch so Merkmale, die bei Dualseelen, Twin Flames und Seelenpartnern immer wieder mal genannt werden, das ist doch nichts Neues. Hast du etwas Konkretes?«

Latinreh: »Der erste konkrete Anhaltspunkt ist das No-Karma *und dass die Aura der beiden zu strahlen beginnt, wenn sie sich in der Nähe des anderen befinden. Auch das hintere Herz-Chakra öffnet sich, was etwas Besonderes ist, denn dies bedeutet, dass die jeweiligen Partner imstande und gewillt sind, Liebe anzunehmen. In eurer derzeitigen Menschheitsphase gebt ihr zwar viel Liebe, aber ihr habt verlernt, sie anzunehmen.«*

Ich: »Kann ich bestätigen. Gibt es noch weitere Merkmale?«

Latinreh: »Wir haben beobachtet, dass diese neue Phase der Liebespaare bereits so etwas wie einem universellen Plan folgt. Denn seit dem Jahr 1990 sind viele inkarniert, die zu einem dieser Paare gehören.«

Ich: »Okay, dann bin ich raus, ich wurde 1982 geboren.«

Latinreh: »Wir sagten, einer der Partner. Altersunterschiede werden keine Rolle spielen. Bereits jetzt gibt es zudem auch Paare, die eine Polyamorie leben. Was für die ältere Generation eurer Menschheitsfamilie zumeist unverständlich oder anstrengend erscheint, wird eine neue Normalität annehmen. Viele werden in vollkommen liebender Akzeptanz zwei oder drei Partner haben. Auch dies ist eine Entwicklung, die mehr und mehr die Liebe vollbringt.«

Ich: »Ich bin raus. Bin sehr monogam eingestellt.«

Latinreh: »Monogamie bleibt ebenso bestehen. Diese bewusste liebevolle Entscheidung wird der nächsten Generation sehr gut gelingen. Ein enormes Feld der Liebe wird sich durch diese Verbindungen freisetzen.«

Ich: »Doch solche Liebeskommunen gab es bereits intensiv in den Siebzigern. Meint ihr das?«

Latinreh: »Nein. Eine Frau mit zwei Männern, die alle voneinander wissen und dies liebevoll akzeptieren. Einfach weil es in ihren Lebensplan passt. Einfach, da es für sie sinnvoll fühlbar ist. Ohne Neid, ohne Eifersucht.«

Ich: »Werden diese Pärchen alle unter einem Dach leben oder eher getrennt?«

Latinreh: »Je nach Wunsch und Gefallen. Ihr könnt euch das auch so vorstellen, dass ihr unterschiedlich funktionelle Lebenspartner habt. Vielleicht lebt ihr als Patchwork-Familie in einem Haus. Mit einem Partner habt ihr Sex und lebt eine leidenschaftliche Beziehung, mit dem anderen Partner habt ihr keinen Sex, doch ist er eure Stütze und Partner im Austausch eures Geistes. Ihr Menschen denkt bei Polyamorie stets an Sex. Doch Partnerschaften können sich in vielerlei Hinsicht ausdeuten.«

Ich: »Okay. Das ergibt schon mehr Sinn für mich. Sind jene, die unermüdlich nach der Liebe suchen, verdammt, keine zu finden?«

Latinreh: »Nein, ihr Menschen habt allesamt Liebe verdient, da ihr Liebe seid. In eurem Innersten fühlt ihr diese Liebe, die unermüdlich mit dem Zentrum des Universums verbunden ist. Alle Farben, jeder

Klang, jeder Ton, jede Zahl in euch ist Teil der Liebesfarben. Fließt in diesen Farben und lasst euch leiten von eurer Herzensstimme, die auf direktem Weg zu euch führt. Könnt ihr mit euch selbst lachen? Könnt ihr mit euch selbst in Frieden sein? Sodann ladet ihr die Liebe ebenso in euer Äußeres ein. Und ihr werdet in liebender Akzeptanz erleben, was Liebe tatsächlich bedeutet. Sie ist wohltuend, hinreißend und gleichsam mitfühlend. Auch hier bedeutet Liebe und die Akzeptanz der eigenen Ausprägung von Liebe abermals: Möchte dieser Mensch Sex als Zentrum einer Partnerschaft?«

Ich: »Was meinst du mit ›in euer Äußeres‹?«

Latinreh: »Ihr Menschen seid viel mehr als euer Körper. Euer Körper ist euer Portal, euer Portal zeigt eure Energie. Eure Energie ist die Summe aller Gedanken, Gefühle, Emotionen. Dies zeigt sich gleichsam durch euren Körper wie auch im Außen eures Umfeldes oder in der Resonanz eurer Berufung. So wird sich zeigen, dass so mancher Mensch Sex als Tool eures Portals nicht so oft benötigt oder möchte wie andere Menschen. Auch diese Akzeptanz kehrt ein.«

Ich: »Ist es tatsächlich so wichtig, die Berufung zu finden, um Liebe zu leben?«

Latinreh: »Für manche ist es Berufung, einfach zu sein. Jedes Wesen fühlt, worin es berufen ist. Die Ausprägungen der Berufung haben nicht immer etwas mit eurem beruflichen Leben zu tun. Manche leben ihre Berufung bereits und wissen es nicht, sondern erst, wenn sie etwas anderes ausprobieren. Andere durchleben mehrere berufliche Wege, bis sie erkennen, dass alles in ihrer Summe die Berufung ergibt.«

Ich: »Warum gibt es Menschen, die im hohen Alter keinen Partner mehr finden?«

Latinreh: »Manche erlebten das Glück auf Erden in sich selbst, wodurch sie alle möglichen Partner akzeptieren und dennoch ihren inneren Frieden so sehr fühlen, dass sie es nicht als notwendig erachten. Manche erlebten eine jahrzehntelange Partnerschaft, ihr Partner zog weiter ins Universum, und sie fühlen ihn weiterhin, bis sie sich wieder in der unendlichen Liebe des Universums vereinen.«

Ich: »Das klingt wundervoll, aber warum leiden diese Menschen dann oftmals?«

Latinreh: »Leiden sie? Oder wird ihnen erzählt, dass sie leiden müssen? Wurden sie durch ein irdisches Konstrukt in dieses Feld gedrängt, um anzunehmen, sie seien nur glücklich, wenn sie einen Partner an ihrer Seite erleben? Ihr Menschen seid so unterschiedlich und dennoch aus derselben Quelle entsprungen. Die Selbstliebe erweist euch einen unermesslichen Dienst. Wenn ihr dort ankommt, fühlt ihr eure Richtigkeit in der Aufrichtigkeit eurer Gefühle.«

Ich: »Manche Menschen glauben, sie könnten nicht mehr lieben, da sie in der Vergangenheit zu sehr verletzt wurden. Sie stoßen andere deshalb von sich. Was ist mit jenen?«

Latinreh: »Sie sind auf dem Weg zu erkennen, dass sie gesund sind. Sie sind auf dem Weg, ihre Gefühle zu erkennen. Sie haben sich selbst in dieses Konstrukt gezwängt und sind auf dem Weg der Vergebung. Sie werden Menschen in ihr Leben einladen, die ihnen zeigen, dass die Liebe da ist. Dass sie nichts tun müssen, nur fühlen. Es ist die Freiheit der Liebe, die einkehrt in euer Erleben. Die Freiheit der Liebe hat nichts mit Sexualität zu tun. Ihr Menschen paart euch gern, aber nicht alle. Manche Menschen erleben das Gefühl gegenüber dem Partner in einer solch enormen Intensität, dass die Sexualität als nichtig erscheint. Manche Menschen haben sich einmal mit einem anderen so intensiv gepaart, so intensiv dabei gefühlt oder ein Kind gezeugt, dass die Sexualität als so was wie ›abgehakt‹ erscheint.«

Ich: »Bleibt es dann dabei, dass sie ›abgehakt‹ ist, oder scheint dies nur so zu sein?«

Latinreh: »Wenn ihr intensiv andere Menschen liebt, dann möchtet ihr euch vereinigen. Diese Vereinigung durch die Physis in gefühlter Liebe ist ein wundervoller Akt, der unermessliche Energie freisetzt. Dennoch gibt es Menschen, die diesen Akt nicht mehr benötigen; und das ist für sie ebenso eine Freiheit der Liebe, die sie gewählt haben, die für sie in Ordnung ist und in friedvoller Akzeptanz gelebt wird. Auch das Drängen in die Sexualität ist ein Konstrukt. Jeder Mensch empfindet und fühlt die Häufigkeit sexueller Kontakte anders. Jeder Mensch erlebt diesen Akt der Zuneigung anders.«

Ich: »Energetisch sah ich insbesondere Frauen, die durch ein großes Aufkommen von unterschiedlichen Sexualpartnern wie ausgelaugt wirkten. Ihre Haut alterte schneller, ihre Aura sah nicht mehr so bunt aus. Menschen erzählen mir, dass Sex der Inbegriff der Erleuchtung sei, und dennoch sehe ich dann solche Frauen. Auf der anderen Seite sehe ich welche, die wenig Sexualpartner und auch Sex in ihrem Leben hatten und deren Haut wie auch Farben in der Aura erstrahlten. Kannst du mir dies erklären?«

Latinreh: »Ihr Frauen seid ebenso auf dem Weg der Befreiung. Ihr habt euch ins Berufsleben zurückgekämpft, und viele landeten in einem Zuviel der männlichen Energie. Sie nahmen die Überzeugung an, dass Sex entspannt und sie ein männliches Bedürfnis ausleben müssen, da sie in dieser männlichen Energie schwammen. Doch Sex ohne Gefühle entzieht der Aura Energie. Sex, der lediglich auf der physischen Basis passiert, passiert im Außen. Die Energie, das Gefühl bleibt außen vor. Es sind dies Schockmomente für die Seele und die Aura, da sie vom physischen Körper abgespalten werden. Dasselbe könnt ihr physisch erkennen, wenn ein Mensch durch turbulente Zeiten geht. Die Aura und auch die Haut des Menschen werden fahl. Bei dem einen dauert es Jahre, beim anderen erkennt man dies bereits nach kürzester Zeit.«

Ich: »Das heißt auch, dass wir, wenn wir unsere Partner nicht lieben und dennoch jahrelang mit ihnen Sex haben, schneller altern und unsere Aura ihre Energie und Farbe verliert?«

Latinreh: »Ja.«

Ich: »Was geschieht, wenn jemand jahrelang keinen Sex hat?«

Latinreh: »Ihr könnt euch selbst lieben; dies ist ebenso eine Wohltat für euch, wenn ihr es liebevoll geschehen lasst.«

Alles, was die Liebe betrifft, führt zu einem Weg: dem Weg der Selbstliebe. Latinreh beflügeln das Herz, und so gaben sie mir kluge Übungen durch, die jeder für sich leicht ausführen kann.

Übung: Herzöffnung und Annahme der Liebe

Bevor du dich in Trance beziehungsweise in die Stille begibst, setze die Botschaft ins Universum, dass Latinreh dein Herz beflügeln. Sende einfach diese Worte wie einen Stern ins Universum.

Atme dich in einen tranceähnlichen oder Trance-Zustand. Stell dir vor, dass sich zuerst deine linke Seite vollkommen erhellend zeigt und sodann die rechte. Sitze in dieser Helligkeit. Dann lass deinen Atem in alle Chakras fließen. Danach fließt dein Atem und verbindet sich mit der universellen Liebesenergie. Du sagst innerlich: »Ich atme die universelle Liebesenergie ein und aus.« Achte darauf, dass du durch den Mund ausatmest, damit sich die Verbindung intensiviert.

In dieser Verbindung verweilst du eine Weile und spürst, dass Latinreh sich langsam und liebevoll nähern. Deine Herzenergie wird sich dabei weiten, womöglich siehst du die Farbe Pink. Dann atme die Farbe Pink in deinen Brustraum weiter ein und wieder aus.

Insbesondere atmest du nun durch dein hinteres Herz-Chakra (zwischen den Schulterblättern) ein und durch dein vorderes aus. Fühle, wie du dich öffnest, Latinreh unterstützen dich dabei. Nun fühlst du, dass durch dein hinteres Herz-Chakra all die Liebe zu dir fließt, die du bisher nicht annehmen konntest oder von dir abgewiesen hast.

Lass diese Energie fließen, bis du bereit bist, offenen Herzens durchs Leben zu gehen.

Übung: Bring Balance in deine Liebesenergie

Bevor du beginnst, lade bewusst Latinreh ein, dein Herz zu beflügeln. Sprich es aus, schreib es auf.

Sei ganz bei der Sache, atme durch dein Herz ein und aus. Atme dich abermals in Trance. Fühle und atme in all deine Chakras von unten nach oben bis zum achten Chakra, das sich außerhalb deines physischen Körpers über dem Kronen-Chakra befindet.

Beobachte deine Energie und Aura und sitze eine Weile in dieser Stille.

Fühle, dass Latinreh sich mit ihren Flügeln oder Pfauenfedern nähern. Sie bringen dir Flügel.

Sieh, fühle oder stelle dir vor, dass dein Herz Flügel erhält.

Lass die Herzenergie fliegen,

doch du bleibst bei dir,

du fühlst dieses beflügelte Gefühl, diese Energie.

Während deine Herzenergie beflügelt wird, erkennst du womöglich, dass sich energetisch festgesetzte Negativhaltungen zur Liebe ausreinigen.

Lass sie ziehen.

Beobachte sie, ohne zu bewerten.

Sobald du fühlst, dass es nun okay ist, sende das Gefühl der Dankbarkeit aus.

Das Erwachen der inkarnierten Grays

In unserem Jahrtausend eröffnet sich vor allem ein Thema als besondere Heilungsoption: das Erwachen der Grays. Über das Volk der Grays – auch oft »Greys« geschrieben – wurde bereits sehr viel auf Erden berichtet. So möchte auch ich meine Erfahrungen und Berichte mit dir teilen.

Die Grays sind ein Volk, das sich geteilt hat. Auf der einen Seite gibt es die kleinen, fahl wirkenden Vertreter. Sie sind als nicht menschliche Wesen jene, die durchaus für Turbulenzen sorgen. Sie bringen das Dunkle in den Sternenvölkern hervor. Sie zeigen auch den Menschen, wie dunkel sie sein können. Auf der anderen Seite gibt es die lichtvollen Grays der Heilung, die wir im nächsten Kapitel beschreiben.

Es ist ähnlich wie in einem Computerspiel: Im Grunde genommen sind sie so etwas wie der »Endboss« oder »-gegner« in Sachen Selbstliebe. Sie sind gierig, gehässig, lästern viel und manipulieren bei jedem Sternenvolk so lange, bis sich alle Mitglieder des Volks gegeneinander richten. Wie eine graue Wolke zeigen sie sich energetisch: eine graue feingliedrige Wolke. Auch hier gibt es bereits zahlreiche Berichte und Fotos, ebenso in sozialen Medien: entweder von diesen plötzlich auftauchenden grauen Wolken oder von grauen, kleinen Aliens, die in der Area 51 gesichtet wurden, jenem Sperrgebiet der U.S. Air Force, wo außerirdische Lebensformen erforscht werden (sollen). Auch Bild- und Filmaufnahmen wurden veröffentlicht, und man fühlt und sieht hellsichtig, dass manches davon szenisch nachgestellt wurde.

Aber die Betonung liegt hier auf »szenisch *nachgestellt*«. Meinem hellsichtigen Blick nach sind diese Entführungen von Grays durchaus möglich. Durch ihr Wesen sind sie unachtsam und nicht so hoch entwickelt wie manch anderes Sternenvolk. Ja, sie sind äußerst manipulativ, und, ja, sie ernähren sich von negativen Emotionen wie Wut. Doch auch Menschen tun dies, wenn sie sich freuen, sobald ein anderer einen Misserfolg hat. Es ist dasselbe Prinzip wie bei der Schadenfreude.

Was nun diese Entführungen anbelangt, gibt es zahlreiche Berichte von Menschen, die von ihren Entführungsträumen erzählen. Auch ich kann hier ein Liedchen singen. Denn ich hatte bereits mehrmals geträumt, dass ich mit Aliens unterwegs bin. Doch einmal gab es einen Traum, der eine deutlich negative Konnotation hatte, und ich bemerkte danach auch blutende Kratzer an meinem Bauch. Dieser »Traum« war den Träumen anderer Menschen sehr ähnlich. Ich lag auf einem OP-Tisch, sah dieses grelle Licht und dass mich Grays ansahen und durchleuchteten. Was allerdings deutlich fühlbar war: Es hielten sich ebenso Menschen in diesem Raum auf, und es fühlte sich auch an, als wären wir auf der Erde. Als mir also andere von diesen Entführerträumen erzählten, fragte ich sie, ob sie ebenso fühlten, dass Menschen im Raum waren oder sie sich auf der Erde befanden. Und sie bejahten dies. Natürlich haben wir keine wissenschaftlichen Beweise hierfür, dennoch scheint es so zu sein, dass sie mit Menschen zusammenarbeiten oder zusammengearbeitet haben, denn diese Entführungen nahmen nach der Jahrtausendwende deutlich ab.

Die Grays sind natürlich nicht nur auf der Erde aktiv, sie treiben überall ihr Unwesen, können aber durchaus schnell erkannt werden. Wenn ein inkarnierter oder energetischer Gray in deiner Nähe war oder in deinem System eine graue Energiewolke hinterließ, hast du danach eine Art »Pechsträhne«. Anzeichen energetische Übergriffe der Grays sind etwa die folgenden:

- Du tauchst immer wieder in depressive Stimmungen ab.
- Du hast plötzliche Gefühlsausbrüche und nimmst Energien und Emotionen anderer Menschen an.
- Dein Suchtverhalten hat sich deutlich intensiviert.
- Du bemerkst bei dir plötzlich eine manipulativ-narzisstische Ader.
- Deine Augen wirken fahl und nicht strahlend.
- Du fühlst dich, als ob deine Seele überschattet wäre.
- Du kannst dich kaum noch über etwas freuen.
- Du hast nur mehr Pech und Unglück in deinem Leben.
- Deine Haut wirkt fahl und grau, egal, was du auch dagegen unternimmst.
- Dein Essverhalten hat sich ins Negative verkehrt.
- Dein Kaufverhalten ist aus den Fugen geraten.
- Du verurteilst alles und jeden in deinem Umfeld.
- Dein Mitgefühl ist sozusagen zum Erliegen gekommen.
- Du freust dich, es nährt dich förmlich, wenn andere Misserfolge haben.

Doch wir wissen ja, dass auch eine Pechsträhne dazu dienen kann, sich am eigenen Schopf aus der Bredouille zu ziehen und sein Leben grundlegend zu verändern. Sobald du drei bis vier dieser Phasen durchlitten hast, solltest du also dein Energiesystem reinigen und die Themen klären.

Der Mensch und die Seele sind wundervoll leuchtende Energien der Liebe, niemand ist hier, um zu leiden, und wir sind schon gar nicht als Opfer gedacht; denn wir bestimmen den Weg des Lichts, und eine Reinigung ist jederzeit möglich. Geh voran, gib dir deine energetische Reinigung, und nimm dir vor, dies täglich zu tun. Übungen, um für dein Energiesystem zu sorgen, findest du in diesem Buch zuhauf.

In unserem neuen Jahrtausend spielen die kleinen Grays eine immense Bedeutung, insbesondere auf der Erde.

Bereits im Jahr 2020 sah ich, dass viele von ihnen inkarniert waren. Ich sah ebenso, dass die Entführungen von Menschen durch Aliens, insbesondere durch die Grays, initiiert wurden. Auch die Zusammenarbeit mit Machthabern zeigt sich intensiv mit Grays, Reptiloiden und Draconiern. Diese Zusammenarbeit findet bei Herrschern allerdings selten nicht bewusst statt. Viele zeigen sich mir, als hätten sie Löcher in ihrer Aura, und durch diese Löcher können Energien wie die Grays sich ganz einfach einschleichen.

Energielöcher in der Aura entstehen vor allem durch Folgendes:

- Alkohol, Drogen, Essen im Übermaß, ebenso ein Zuviel an negativen Gedanken. Bei sehr sensitiven Menschen reicht bereits eine kleine Menge an Alkohol oder Drogen beziehungsweise Substanzen, die bewusstseinsverändernd oder -trübend sind.
- Ein »Übermaß an Überverliebtheit«, was bedeutet, dass man ständig mit seinen Gedanken beim anderen ist und selbst kaum noch Energie hat, da man diese Energie durch die Gedanken abgibt.
- Ein Übermaß an Denken. Das heißt, wenn du ununterbrochen im Kopf bist und dein Herz beziehungsweise deine Seele nicht mehr mitsprechen darf, wirst du graue Wolken produzieren; diese werden wiederum Grays anziehen.

- Die Anwesenheit von Grays oder inkarnierten Grays. Sie nähren sich von deiner lieblichen Energie und hinterlassen Löcher.
- Ein Übermaß natürlich auch bei technischen Frequenzen und Strahlen.
- Ein Anstoß, dass gewisse Themen sowie karmische Verstrickungen nun bereit sind, gelöst zu werden.

Jegliches Übermaß ist durch fehlende Selbstliebe bedingt, was durch die bereits erwähnten Matrix-Schubladen beziehungsweise Kategorisierungen verursacht wurde. Doch bekanntlich ist der Mensch kein Opfer. Also mach dich auf in deine Selbstermächtigung und in deine Freude am Leben.

Die Grays findet man wie gesagt auf Filmaufnahmen, die sehr viele Menschen nach wie vor als Fake abtun. Diese Wesen sind aber bei Weitem kein Fake, und wir Menschen sind ihnen nicht hilflos ausgeliefert. Kinder sehen Grays sehr oft, sie halten sich deshalb vielfach auch von Stofftieren mit dunklen Augen fern. Die Grays haben eine graue, fahle, schrumpelige Haut. Sie wirken anfangs friedlich, doch ihre irreführende, manipulative Energie ist vereinnahmend und missgünstig. Sie sind auf gewisse Art bestechlich und arbeiten der Gier in die Hände. Sie nähren und ernähren sich von negativen Emotionen und pushen regelrecht alles, was diese negativen Emotionen beim Menschen hervorruft. So kann man ebenso während der Voll- wie auch der Neumondphase erkennen, dass viele nicht inkarnierte Grays in der Atmosphäre herumschwirren. Doch keine Angst, die Liebe und deine Herzenergie, wenn du sie denn ausdehnst, sind stets machtvoller. Die Grays verblassen regelrecht in diesem hellen Licht. Außerdem gebe ich dir im Anschluss an dieses Kapitel zwei Übungen an die Hand, mit deren Hilfe du dich effektiv schützen kannst.

Die Geschichte der Grays reicht weit zurück. Sie sind so etwas wie das Sammelsurium der Negativität und dienen dem Universum dennoch, um Entwicklung zu ermöglichen, auch dafür, dass Sternenvölker in ihre Kraft gelangen und wissen, dass sie Liebe sind und sich nicht der Manipulation hingeben müssen. Denn wenn Grays auftauchen, ist Entwicklung Programm. So auch auf der Erde.

Die inkarnierten Grays erwachen in diesem Jahrtausend intensiv. Gerade in der spirituellen Szenerie ist dies deutlich erkennbar. Denn hier wandelt sich die Sichtbarkeit der wahren Intention, warum man spirituell-energetisch arbeitet. Macht man dies für die Menschheitsfamilie und weil es einem am Herzen liegt? Hat man stattdessen dabei vielleicht sein Bankkonto im Sinn? Oder hat man eine sich selbst verherrlichende Rolle inne und wirkt auf andere unterdrückend, weil man dies aufgrund seines verletzten und schwer erziehbaren Egos zu benötigen glaubt? In den Jahren bis 2030 werden wir in dieser Thematik einen großen Umschwung der energetisch arbeitenden Szene und Menschen erleben.

Denn auch die inkarnierten Grays sind in den kommenden Jahren dazu angehalten, sich zu entscheiden. Wenn sie das Lichtvolle in sich wählen, werden sie sich weiterentwickeln zu großen Grays, die sehr heilsam und lichtvoll agieren. Wenn sie sich aber für die dunklen Energien der Gier, des Neids und der Missgunst entscheiden, werden sie ihre energetischen Stinkbomben sehr raffiniert in die Menschheitsfamilie ablassen.

Du erkennst einen inkarnierten Gray entweder an der Stimme, die einen gewissen Unterton aufweist, der dir nicht ganz geheuer ist. Oder an den Augen. Denn wenn du ihnen in die Augen siehst und das Gefühl von Dunkelheit hast, wirst du wissen, dass du es sich um einen inkarnierten Gray handelt. Spüre sodann bewusst Liebe, die immer da ist, verbinde dich bewusst intensiver mit viel Liebe in deiner Aura und um dich herum und sieh, was geschieht, denn Grays halten die Strahlkraft der Liebe kaum aus. Sie drehen fast durch bei dieser Glückseligkeit.

Meinem Empfinden nach sind kleine Grays auch imstande, die Energie ihres Gegenübers anzunehmen und dann beispielsweise auf einem Foto exakt wie ihr Gegenüber auszusehen – also ein Shapeshifting als Mensch durchzuführen. Dies ist ein extremer Fall von Energieraub. Wenn ein inkarnierter Gray, der sich für das

Dunkle entschieden hat, durch die Gesellschaft zieht, hinterlässt er eine Spur der Verwüstung wie eine Pechsträhne oder eine endlos lange negative Gedankenschleife. Seine Aufgabe wäre es, das Mitgefühl in sich zu aktivieren, um den lichtvollen Weg überhaupt sehen zu können.

Ich hatte bereits viele inkarnierte Grays in meinem Umfeld, doch allesamt konnten sie die hoch schwingende Energie kaum ertragen. Ihre Emotionen fuhren Achterbahn, da sie die Energie nicht von mir abzweigen konnten. Sie sind getrieben davon, sich Menschen zu nähern, die gute Laune verbreiten und grundsätzlich sehr gut bei sich sind. Deshalb findet man gerade in der spirituellen Szenerie mehr denn irgendwo anders inkarnierte kleine Grays. Denn in unserer Szenerie wissen wir, wie wir unsere Energie hoch halten, wir potenzieren sie und arbeiten mit der Energie, verbinden uns mit Sternenkräften und Guides oder auch mit dem Zentrum des Universums.

Immer wieder konnte ich aber auch beobachten, dass solche Menschen, die in absoluter Harmonie mit sich selbst waren, auf einmal – hellsichtig betrachtet – kaum noch Farbe in ihrer Aura hatten. Immer mehr dieser Sichtungen kamen mir ins Feld, es häufte sich. Ich wurde auch an Orte geführt, wo dies vermehrt auftrat, und sie arbeiteten durch mich und klärten wieder das Feld, damit es heller wurde und diese energetische »Stinkbombe« sich entfernte.

Auch an Orten, an denen ich zu Interviews eingeladen wurde, traten diese »Energie-Entzüge« auf. 2022 war der Beginn, 2023 teilte ich es meinen Schülern mit, damit sie vermehrt darauf achteten, ob sie ebenso zu solchen Orten geleitet werden, damit durch sie als Medium dort die Liebe wieder einkehrt und die Orte wieder beseelt werden. Dieser bemerkenswerten Entwicklung und dem Sinn von energetischen Leuchttürmen kamen wir somit immer näher. Einfach in der Liebe sein und die Liebe durch sich hindurchfließen lassen – doch wir bekommen es kaum mit, es geschieht einfach.

Zusammenfassend an dieser Stelle noch einmal die typischen Merkmale der kleinen Grays:

- graue glitschige (fahle) Haut,
- große schwarze beziehungsweise dunkelbraune Augen,
- keine Haare,
- Finger, Arme, Beine und Füße vorhanden,
- kleine Nase, kleiner Mund,
- eher kleine Menschen, die als Gray inkarnieren, aber nicht grundsätzlich.

Inkarnierte Grays sind von Natur aus Perfektionisten und besessen vom »Business«. Sie machen während ihres gesamten Lebens extreme Achterbahnfahrten der Emotionen durch – doch haben sie auch die Wahl. Dunkle, kleine Grays erleben diese Achterbahn deshalb, da sie sich gerade nicht von jemandem nähren können.

Es entzückt sie regelrecht, wenn es einem Menschen in ihrer Nähe schlecht geht. Sie sind für diese Leute besonders intensiv *da*, doch drängen sie ihre Ratschläge förmlich auf. Während sie andere trösten, nehmen sie deren Energie – und nicht nur die negativen Emotionen.

Schaut man ihnen geduldig liebevoll in die Augen, halten sie dem Blick nicht lange stand. Denn der Blick in die Augen ist für sie gleichsam der Blick in die Seele.

Das wirklich Blöde daran ist, dass jegliche Verurteilung ebenso jene anzieht, die manipulativ wirken, so auch die Grays. Deshalb erscheint es mehr als sinnvoll, auch das Positive der kleinen Grays zu betonen, um die menschlichen Erkenntnisse in den Fluss zu bringen und das Lichtvolle in dir hervorzuheben.

Sie lassen dich erkennen, was Manipulation tatsächlich bedeutet. Denn du musst wirklich sehr gut bei dir sein, um zu bemerken, wie intensiv manipulativ sie vorgehen. Sie sehen sehr freundlich aus und leben auf durchaus korrekte Art und Weise – Perfektionismus ist ein absolutes Muss bei ihnen, wovon sie kaum abrücken können.

Das Heilsame ist also, dass du nach einer Begegnung mit diesen Grays einfach weißt, wenn du energetisch angezapft wirst und wie es sich anfühlt, energetisch ausgelaugt und manipuliert zu sein. Es wird dir nach der Reinigung der Energien, die sich als graue Wolken im

Energiesystem zeigen, gut gelingen, bei dir zu bleiben; und du wirst genau wissen, wann es wieder Zeit ist, in Liebe mit dir selbst und deiner Energie verbunden zu sein.

Hier möchte ich jedoch noch anmerken, dass du, wenn du das Gefühl hast, du seist ein inkarnierter Gray, nicht grundsätzlich »böse« bist. Denn auch inkarnierte Grays geben sich selbst die Chance, sich herauszuheben, um dann anderen dabei behilflich zu sein, ihren wahren Kern, also Liebe, zu leben.

Übung: Energetische Andockungen erkennen und befreien

Hast du das Gefühl, dass ein Gray an deiner Energie mitnascht, mach einfach folgende Übung, die du zwischendurch ausführen kannst, ohne dass es jemand bemerkt.

Du bittest die Sunseed alias Ystivah, die du vielleicht aus meinem ersten Buch kennst – das Strahlen des Universums, das alles beleben kann –, in Gedanken zu dir und bittest sie, dass sie sich mit deinem Solarplexus verbinden.

Du musst Sunseed nicht um Hilfe bitten, du schaffst dies auch allein, doch mit ihnen geht es sehr schnell.

Sobald du bemerkst, dass dein Solarplexus-Chakra zu strahlen beginnt, dehnt sich diese Sonnenenergie in dein gesamtes Energiefeld aus, du lädst dich mit diesen Lichtcodes von Sunseed auf und spürst, dass sich dein Herz-Chakra gleichermaßen weitet und dehnt, und deine innere Sonne wirft Liebesstrahlen in alles rund um dich herum.

Strahle in dieser wundervollen Energie und erlebe die Wunder, die sodann geschehen.

Womöglich sogar die Wende eines kleinen Grays zu einem großen.

Viele Menschen fragen mich, wie man grundsätzlich verhindert, dass man solche Energien bei sich hat. Ich empfehle seit längerer Zeit die energetische Morgen- und Abendhygiene. Was vor ein paar Jahren noch stiefmütterlich behandelt werden konnte, ist in unserer energetisch hoch schwingenden neuen Zeit eine wesentliche Voraussetzung für das Wohlbefinden, und dies nicht nur für hochsensitive Menschen, sondern für alle.

Die energetische Abendhygiene findest du ebenfalls in diesem Buch (siehe das Kapitel »Council of Golden Light: Heilung mit dem galaktischen Ich«). Die energetische Morgenhygiene möchte ich dir hier nahelegen. Du kannst sie natürlich vollkommen intuitiv, hellsichtig oder hellfühlig gestalten, wie du möchtest. Wie immer gilt: Dein Gefühl ist richtig und wichtig. Ich gebe dir gern aber auch Beispiele mit, die bei mir sehr gut funktionieren.

Übung: Energetische Morgenhygiene

Diese Übung wird mit den Starseed-Energien Latinreh (auch Loveletters genannt) und Sunseed kombiniert. Wenn ich sage, du atmest diese Farbe ein, dann stell dir diese Farbe einfach vor. Du kannst probieren, ohne diese Vorstellung zu atmen, erkenne aber den eindeutigen Unterschied, wenn du die Farben ein- und ausatmest.

Vor allem diese ist eine der Übungen, die voraussetzen, dass du – beispielsweise von einem Teacher – energetisch bereits erlernt hast, dich mit Starseed-Energien zu verbinden.

Mach diese Übung gleich nach dem Aufwachen; wenn du sie während des Tages machst, praktiziere sie an einem absolut ruhigen Ort, an dem dich niemand stört.

Nimm den Lotussitz ein und fühle deine Sitzbeinhöcker auf der Sitzunterlage.

Atme nun die Farbe Pink ein und aus: von der Erde über deine Sitzbeinhöcker in dein Wurzel-Chakra, nach oben durch die weiteren Chakras und dann bis zu deinem achten Chakra oberhalb des physischen Körpers.

Wenn du dich pink erfüllt hast, bitte Loveletters heran.

Sage laut: Bitte beflügelt mein Herz.

Fühle, dass dein gesamter Brustraum sich weitet und insbesondere deine Lunge sich mit Pink erfüllt.

Sitze und atme in dieser beflügelnden Herzenergie.

Nach einer gewissen Zeit bitte Sunseed heran.

Du fühlst diese Wärme, die sich mit deiner energetischen Zelle verbindet und dein herzlich-beflügeltes Sein nun in deine physische Zelle transformiert. Spüre eine lichtvolle Wende in dem Bereich, wo eine lichtvolle Wende in dir vonnöten ist.

Atme dieses goldgelbe Licht ein und fühle die Wende mit Sunseed.

Die lichtvollen Grays der Heilung

Ich habe immer versucht, mich bewusst, also aus dem Verstand heraus, von den Grays fernzuhalten. Doch wie wir wissen, kehrt alles, dem wir Widerstand entgegensetzen, wieder und dann sogar in einer intensiveren Form. Keine Vermeidungsstrategie bringt eine Lösung, sondern jede offenbart einen versteckten Punkt, einen sogenannten blinden Fleck. Denn exakt dort wirst du die große Antwort finden, die du suchst. Und so kam es auch zu meinen Begegnungen und Gesprächen mit den Grays.

Sie fielen alle unterschiedlich aus: energetische Interviews, energetische Angriffe, energetische Einladungen. Sodann erlebte ich eine Kollegin, die ein inkarnierter Gray war. Je mehr ich sie von mir wegstoßen wollte, da sie die Gray-Energie auf ihr gesamtes Umfeld übertrug, desto mehr wollte sie in meiner Nähe sein.

Im Umgang mit dieser Kollegin lernte ich sehr viel für meine Entwicklung, wie du dir sicher vorstellen kannst. Loslassen ist in vielerlei Hinsicht eine Meisterleistung, wenn man einen versteckten blinden Fleck hat. Denn solche vergiftende Energien dahinziehen zu lassen bedeutet, dass man seine Beziehungskonstrukte durchleuchtet, annimmt, integriert und herzlich wendet. Humor hilft dabei ungemein.

Ich jedenfalls habe mich herzlich von jenen verabschiedet, die mich ausnutzen wollten; denn sie gaukelten mir vor, dass sie mich bewunderten. Als ich noch Bewunderung benötigte, fiel ich also auf sie herein und ließ mir somit Energie abzapfen. Alles eine Frage der

Selbsterfahrung und Selbstermächtigung. Denn in der Selbsterfahrung erleben wir fühlend und erlangen gefühltes Wissen, das wir nicht vergessen, sondern sehr schnell integrieren, somit können wir auch Themen und Menschen in Sekundenschnelle loslassen, falls noch einmal solch ein Zeitgenosse oder Fall in unser Leben eintaucht. Manche nennen es »Prüfung«. Ich nenne es einen »spirituellen Joke«, der mich daran erinnern soll zu lächeln.

Die großen lichtvollen Grays eröffnen ein großes Heilfeld für Menschen wie auch für andere Sternenvölker. Sie sind zu den Monden (das heißt bei Voll- und bei Neumond) besonders präsent und bauen einen lichtvollen Heilkreis auf, der auch andere Sternenvölker einlädt, sich bei Heilungen und an der Entwicklung zu beteiligen.

Die lichtvollen, großen Grays sind jene, die alle negativen Stationen der kleinen Grays durchlaufen haben. In gewisser Hinsicht sind sie die weisen Alten. Doch die Energie der großen Grays ist vollkommen anders. In der Hellsicht zeigt sich, dass die hellen, großen Grays in ihrer energetischen Zelle verschieden aufgebaut sind, als hätten sie eine erweiterte Zell- und so eine Art erweiterte DNA-Strang-Struktur. Als würden wir Menschen uns selbst in tausend Jahren betrachten. Natürlich ist unsere DNA anders aufgebaut; doch wurde mir gezeigt, dass sich der Mensch während der nächsten Jahrzehnte, aber auch weit darüber hinaus ebenfalls enorm in seiner DNA weiterentwickelt, um mit dem technischen Fortschritt wie auch der Intensität der Energien mit Leichtigkeit umzugehen.

Dennoch sah ich hellsichtig ebenso, dass sie die kleinen Grays wie Kinder und riesige Rucksäcke an Negativität von ihrer Dimension aussenden, damit sie sich entwickeln. Die großen Grays sind die erleuchtenden Heiler. Sie wissen, welcher Knackpunkt bei welchem Sternenvolk angesprochen oder provoziert werden muss, um den nächsten Schritt in ihrer Entwicklung zu gehen. Aus menschlicher Sicht könnte man sie mit dem derben Wort »Arschengel« betiteln. Doch von einem neutraleren Blickwinkel aus werden wir auch erkennen, dass die künstlich erschaffene Energiekrise oder – bei allem Leid – selbst ein Thema wie »Corona« ein Umdenken bei den

Menschen mit sich bringen, das durchaus Positives für die Zukunft bewirkt (siehe auch die Prophezeiungen gegen Ende des Buches).

Wenn du ihnen in der Meditation, in Trance oder Träumen begegnest, fühlt sich das an, als würdest du dich sehr weit ins Universum ausdehnen. Sie erleuchten negative Ereignisse und Momente. Sie unterstützen dich bei Prozessen, wenn diese zum Abschluss gelangen, damit du sie integrieren kannst. Denn jeglicher negative Moment trug zu deiner Entwicklung bei. Alles gehört zu dir und darf sein. Und es gibt Situationen, die auch in Zukunft immer wieder auftreten können: Momente der Scham, der Trauer über sich selbst. Doch jene Phasen zu integrieren und sie anzunehmen ist letztlich eine Wohltat.

Unterstützend wirken hier die großen Grays, die ebenso zu den Monden intensiv anwesend sind. Ihre Präsenz ist eindeutig, und viele Menschen berichten davon, dass sie helle Lichtsäulen in ihren Meditationen sahen und es ihnen danach viel besser ging. Das Erscheinen dieser schmalen Lichtsäulen, die höchstens am Anfang Umrisse von Grays zeigen, sind Momente der Heilung, die äußerst schnell ablaufen. Denn selbst wenn wir Traumata erlebt und geglaubt hatten, wir kämen aus gewissen Verhaltensstrukturen nicht ohne jahrelange Bearbeitung und Therapie heraus, beweisen die großen Grays, dass dies nicht so sein muss. Denn ein Entfernen von Negativität aus dem Energiesystem bedeutet, dass sie auch sehr rasch aus dem Denksystem des Gehirns eliminiert wird. Gefolgt wird dieser Prozess von der Reinigung des Körpers. Jeder energetischen Heilung folgt nämlich eine physische Heilung, und die kann zwischen drei Tagen und mehreren Monaten andauern.

Du kannst dich dabei aber unterstützen. Eine für dich eindeutig gesunde Ernährung, genügend frisches Wasser, Bewegung und frische Luft sowie viel Schlaf sind für unsere Physis sehr heilsam. Doch immer gilt es, genau darauf zu achten, dass es dir guttut und du nicht kritiklos nur Empfehlungen von (möglicherweise selbst ernannten) Beratern befolgst. Denn ein »Befehlsempfänger« ist eine manipulierte Hülle und keine fühlende Seele, welche die Weisheit ihres Körpers in Anspruch nimmt.

Ein multidimensionaler Fragenkomplex

Gerade die großen Grays ermuntern dich, dein gesamtes multidimensionales Sein in Anspruch zu nehmen; und dazu gehört ebenso dein Körper. Denn wir sind als Menschen inkarniert, um ebendie große Meisterschaft allen interdimensionalen Lebens in Liebe anzunehmen.

Jeglicher Teil deines Körpers spricht und führt dich. Auch wenn der Körper selbst als Teil deines multidimensionalen Seins klein erscheint, so hat auch er seine Berechtigung. Ein kleiner Hund ist dennoch ein Hund, oder? Achte dich selbst in allen kommenden Punkten; und bevor du dir die Fragen stellst, solltest du dich gut energetisch einstimmen, denn dein Körper wird auf die Fragen reagieren. Achte die physischen wie auch energetischen Signale und Botschaften, die bei den jeweiligen Fragen in dein System gesendet werden:

- In deiner Seelenstimme:
  Frage: Liebe Seele, zeige mir, was dich erfüllt!
- In deiner Herzensstimme:
  Frage: Liebe Herzenergie, was hebt deine Frequenz?
- In deinem Geist:
  Frage: Lieber Geist, was benötigst du, um voranzukommen?
- In deinem menschlichen Ego:
  Frage: Liebes Ego, was hast du mir zu sagen?
- In deinem galaktischen Sein:
  Frage: Liebes galaktisches Ich, was erfüllt dich?
- In deinem physisch-menschlichen Sein/Körper:
  Frage: Lieber Körper, zeige mir, wie und wo kann ich dich unterstützen?

Bevor du diese Fragen stellst, kannst du in einem ruhigen Moment (er sollte wirklich ruhig und gelassen sein, ansonsten holst du dir einen kleinen Gray) einen großen Gray fühlend heranholen. Bitte einfach, indem du zuerst in deiner Herzenergie sitzt. Am besten funktioniert dies, wenn du ein großes Lernthema mit Erkenntnissen gerade hinter dir lässt. Oder wenn du um eine direkte Beleuchtung der finalen Erkenntnisse fragst. Die Gray-Energie ist sehr kräftig. Achte darauf, dass du stabil im Gemüt bist, wenn du sie bittest. Zudem kann es aber auch sein, dass zum nächsten Voll- oder Neumond die große Erkenntnis oder Hilfe zu diesem Thema von ganz allein zu dir fließt, wenn du dich ihm widmest.

Fajonah – Familienbande heilen

Das Sternenvolk der Fajonah reist über Ley-Lines. Sie führten mich in ihre Vergangenheit und zeigten mir, dass auch ihr Planet, der durch und durch in Violett getaucht ist und eine Nebelschicht um sich trägt, überfallen wurde. Ihr Planet ist karg und erscheint, oberflächlich betrachtet, als unfruchtbar. Doch gefühlt trägt er viel Leben, Liebe und Fruchtbares.

So führten sie mich zu jener Zeit, als Insektoide über sie herfielen. Es ging darum, ihre Ernte zu rauben, sich diese einzuverleiben. Die Fajonah zogen daraufhin als Nomaden über den Planeten. Sie lernten, sich energetisch abzuschirmen. Sie lernen, ihre Ernte schnell und effektiv einzufahren, und dies durch eine spezielle Gabe: das Heilen mittels Familienbanden.

Der gesamte Körper der Fajonah ist violett und durchzogen von grünen Streifen. Doch es sind keine üblichen Streifen, es sind die Bänder der Heilung. Ihre Haut riss nach diesem Überfall und auf ihrem Nomadenweg immer wieder, und sie lern(t)en, die sichtbaren Bande für sich einzusetzen. Denn diese energetischen Bande zwischen den Familienmitgliedern wurden in der größten Not sichtbar wie ein grüner Schimmer, der sich sodann auf die jeweiligen Wunden legte, um diese zu heilen.

Eine wundervoll geborgene Energie erfasste mich. Meine Reise mit ihnen durch die Vergangenheit war bemerkenswert, da sie viel Zutrauen verströmten. Ein oberflächlicher Mensch würde sie womöglich als hässlich bezeichnen, da sie nur ein Auge haben und sowohl Mund wie auch Auge quer über das Gesicht ranken.

Sie haben kaum Haare, maximal zwei, drei am Kopf, und sind geboren, um die wärmenden Familienbande in die Heilung zu bringen.

So hatten auch sie eine lange Geschichte, lernten im Laufe ihrer Evolution, dass ihr größtes Potenzial die Heilung dieser Bande ist, und dies im Verbund mit allen Sternenvölkern in allen Universen. Das erste Gespräch führte ich mit so etwas wie einem Stammesoberhaupt. Er nannte sich einfach »Nic«. Nic zeigte mir, dass sie in Gemeinschaften von mehreren Familien leben. Sie überfallen andere Gemeinschaften nicht, sie sind friedlich. Es gibt auf ihrem Planeten keinen Krieg. Denn Krieg würde zumindest eines der Familienmitglieder verletzen, und dies würden alle so intensiv als Verletzung spüren, dass sie sich selbst schaden. So lernten sie im Laufe der Jahre, sich gegenseitig zu achten.

Sie leben in einer Art einfache Hütte, selbst erbaut, und pflanzen Samen in den Sandboden. Nic zeigte mir auch, dass der Sandboden nicht kalt ist, er ist sehr warm und trägt Feuchtigkeit in sich. In diesem Boden gedeiht die Ernte sehr schnell und gut.

Die Bewegungen der Fajonah sind sanft und langsam, sehr bedacht und ruhig. Ein irdischer Stadtmensch würde bei ihrem Anblick womöglich einschlafen – als bewegten sie sich in Zeitlupe. Ruhe, Sinnlichkeit und Liebe zeichnen sie aus. Unser Gespräch begann wie folgt.

Nic: »Willkommen auf unserem Planeten, der dir Reinheit, Klarheit und Sanftmut vor Augen führt. Wir sind Fajonah, die Erbauer und Beschützer der Familienbande.«

Ich: »Hallo, möchtest du uns etwas über eure Heilkräfte erzählen?«

Nic: »Unsere Kräfte sind auch eure Kräfte, nur haben wir bereits gelernt, sie einzusetzen. In den Universen gibt es Bande der Liebe, diese verbinden jene, die auf ihren Planeten und in einer physischen Form leben. Familienbande bestärken und verstärken die Zusammenkunft in einem inkarnierten Leben. Bei uns gleichermaßen wie auch auf Erden.«

Ich: »Sind das nicht karmische Bande?«

Nic: »Das verstehen wir nicht. Selbst wenn ihr Negatives in der Vergangenheit erlebt habt, so seid ihr dennoch verbunden. Diese Verbindungen zu ehren, zu schätzen und dankend anzunehmen heilt eure gesamte Familie.«

Ich: »Wie versteht ihr Familie? Meint ihr mit Familienmitgliedern jene, die aus eurem Leib entstanden sind?«

Nic: »Nicht nur. Denn nicht jeder, der aus unserem Leib entstanden ist, trägt die Farbe unseres Bandes. Wenn ein Fajonah geboren wird, feiern wir ein großes Fest, bei dem viele Stämme zusammenkommen. Denn nur selten wird ein Neuankömmling auf unseren Planeten gesendet. Alle Zeiten ist dies der Fall und wird durch unsere weiblichen Mitglieder empfangen. Doch es kommt vor, dass so mancher Neuankömmling eine andere Farbe des Bandes hat; dann suchen wir für diesen Neuankömmling den geeigneten Stamm. Deshalb finden wir zusammen. Die Farbe zählt, die Schwingung und der Blick verbinden – und nicht, aus welchen Lenden ihr entsteht. Euer Gefühl und eure Energie sprechen Bände und heilen. So heilen auch unsere Bande.«

Ich: »Und wie kommuniziert ihr, wenn ihr euch ohne Technologie verbindet und zusammenfindet?«

Nic: »Über unsere Blicke. Der Blick in unsere Augen übermittelt unseren Ausdruck im Sein. Auch ihr Menschen kennt dies. Eure Augen sind der Ausdruck eurer Seelen. Strahlen eure Augen, seid ihr glücklich. Sind eure Augen starr und leblos, seid ihr ausgelaugt und elektromagnetisch unterversorgt. Leidet jemand in eurer Familie, so leiden eure Augen.«

Ich: »Das erinnert an das irdisch verwendete Wort ›Seelenverwandte‹. Denn auch sie können wir intensiv fühlen, wir können uns telepathisch miteinander austauschen, und wir fühlen einander, als würden wir uns schon ewig kennen. Ist dies so?«

Nic: »Wir kennen diesen Begriff nicht. Wir wissen allerdings um die Energie der Bande. Denn die Bande sind liebender Sternenstaub aus Energie, der sich auf Verletzungen legt, heilt und sodann manifest wird.«

Ich: »Legen sich diese Bande nur auf die äußere Haut, oder heilen sie auch bei inneren Verletzungen?«

Nic: »Alles wird geheilt. Alles, auch jenes, was nicht sichtbar ist, ob im Inneren unseres Leibes oder im energetischen Teil unseres Seins. Wie ein Buch, dessen Seiten mit sanftem Streicheln der Bande in seine liebliche Heilung fließen. Wie das sanfte Umarmen der Mutter mit ihrem Kinde. Das sanfte Streicheln der Haut der Liebenden. Sanft, langsam, behutsam. Hauchzart, niemals verletzend, vorsichtig, umsichtig. Miteinander leben wir in diesem Verbund der liebenden Familien.«

Ich: »Haben wir Menschen ebenso diese Fähigkeiten, uns gegenseitig zu heilen?«

Nic: »Ihr fühlt eure Seelenfamilie, ihr wisst um diese Verbindungen. Lasst euch gefühlt führen von den Banden. Je ungewöhnlicher euer Weg ist, desto eindeutiger wird euch die Liebe der Universen zeigen, dass ihr auf dem gefühlten Weg seid. Der gefühlte Weg ist der Weg der Leichtigkeit. Blendet das irdisch Gelernte aus und folgt euch selbst. Vergesst nicht, ihr seid auf dem Weg eurer Evolution. Auch wir verletzten uns so sehr, bis wir aufbrachen. Bis unsere Haut aufbrach, unser Herz erbebte und wir starben. Wir entfernten uns so sehr voneinander, dass wir uns nicht mehr fühlen konnten, und zerbrachen in und um uns herum. Wir fanden uns am Weg der Härte wieder, um zu lieben, und so geht auch ihr den Weg des vollkommenen Zerberstens, bis ihr den Weg der Liebe in der Gesamtheit der Menschheitsfamilie geht. Denn ihr fühlt euch in einer unermesslichen Form dessen, was euch verbindet. Eine Verbundenheit, die niemals getrennt werden kann, niemals aufgelöst werden kann. Ihr habt den Auftrag, das liebende Selbst in die Umarmung eurer

Menschheitsfamilie zu tragen. Ob eure Körper bleiben oder nicht, ihr heilt im Gesamten. So nehmt eure Ahnen in die Arme, selbst wenn sie weiterzogen. So umarmt eure Geschichte, selbst wenn sie hart anmutet. Sie vollbrachte euch. Sie vollbrachte euer liebevolles Antlitz, euer Strahlen und das Wunder der Liebe. Kein Kind der Erde wurde geboren, um zu leiden. Ihr alle habt einen Auftrag. Ihr alle tragt die Liebe in euch. Ihr alle seid Liebe. Der fühlende Weg hat begonnen. Die Familienbande sind deutlich spürbar, ihr fühlt euch, ihr seht euch, und die Bande werden eindeutiger denn je erlebbar. Ihr geht den Weg der Liebe, dies ist unumgänglich.«

Ich: »Seid ihr geschändet worden?«

Nic: »Wir verknüpften die Familienbande auf so vielen Planeten und laugten uns selbst aus in der Hoffnung, anderen helfen zu können. Wir starben und erwachten in unserem Licht. Wir starben und erwachten auf unserem Weg. Immerwährend gingen wir weiter. Immerwährend verirrten wir uns. Immerwährend gingen wir dennoch der Liebe entgegen, bis wir entdeckten, dass Liebe in uns ist. So geht auch ihr als Menschheitsfamilie den nächsten Schritt. Schändung ist ein Weg, der Wesen unermesslich aufbricht. Schändung ist ein Weg der Härte, die unvermeidlich die Liebe herbeiwünscht. Wir gaben uns auf in unserem steten Tun, die Liebenden zu verbinden, vergaßen, dass wir alle herzergreifend liebevoll sind und unsere Arbeit bei uns und unseren Familienbanden beginnt. Erst wenn wir dies in Liebe erleben, erlebt es die Gesamtheit der Universen.«

Ich: »Warum seid ihr so langsam?«

Nic: »In der Einfachheit des Seins erlebt das Wesen, dass Zeit nicht relevant ist. Zeit steht im Auge des Betrachters. Wenn das Wesen das Jetzt erlebt und in vollkommener Zufriedenheit und Liebe sich selbst gegenüber ist, gibt es kein Hetzen, keine Schnelligkeit. Alles erlebt sich im richtigen Moment. So erleben andere Wesen uns als langsam. Doch können wir in Blitzgeschwindigkeit am richtigen Ort sein. Wir legen lediglich unser Gefühl an diesen Ort und sind bereits da. Wir lernten, dass unsere Bande intensiver wirken und schwingen, je bedachter wir sind. Je bedachter wir wurden, desto langsamer erschienen wir für andere Wesen. Dies täuschte auch jene, die abermals versuchten, uns zu überfallen. Doch in unserer Liebe und Schnelligkeit konnten wird stets am richtigen Ort sein, da wir innigst Frieden, Liebe und Freiheit in uns fühlen und somit im gleichen Ausmaß beschützt sind.«

Ich: »Wie wundervoll sich dies anfühlt. Wäret ihr so lieb und könntet ihr uns Menschen eine Übung mitgeben, um unsere Familienbande zu heilen, zu lieben und liebend zu erleben?«

Sie zeigten mir, dass alle Wesen im Universum gewisse energetische Bande bei sich haben, die Verbindungen in sich tragen. Diese energetischen Bande sind bei den Fajonah bereits integriert als Heiler der Wunden, und dies zeigt sich wie gesagt auch als Streifen auf ihrer Haut.

Übung: Erfüllung der Familienbande

Bevor du die Übung beginnst, atme dreimal ein und aus und bereite dich in Ruhe auf die Verbindung vor. Deine Energie sollte bei dir sein, deine Gedanken sollten bei dir sein.

Du sendest mit deinem Ausatmen die Dankbarkeit in Richtung der Fajonah und sagst mit deiner liebevollen ausatmenden Energie: »Danke für eure unterstützende Hilfe beim liebevollen Erleben meiner Familienbande, Fajonah.«

Während du spürst, dass sie sich mit dir verbinden, wirst du Ruhe und eine gewisse Langsamkeit fühlen, die dennoch leicht und einfach ist.

Sie werden dir deine Familienbande zeigen, wie schön und leicht sie sind, und sie mit Liebe erfüllen. Wenn du dies fühlst, sagst du innerlich: »Familienbande liebend erfüllen mit der Kraft der Fajonah. Jetzt, da Liebe Heilung ist.«

Und du fühlst und spürst einfach in deiner Stille den Download und verlässt, sobald du dazu bereit bist, in Dankbarkeit diese Session und sagst: »Ich nehme die Energie an.«

Fühle die Dankbarkeit.

Sei die Dankbarkeit.

Vegorianz – Die Natürlichkeit der Selbstheilung

Die Menschen vergaßen, was ihre Natürlichkeit ist, sie vergaßen, auf ihren Instinkt zu hören, und sie vergaßen, sich überhaupt zu fühlen. Vegorianz sind Teil des Rats der Fünf. Ihr Erscheinungsbild mag anfangs befremdlich wirken. Ihr Geruch nach Fisch wird sicherlich für so manchen Menschen nicht einfach zu ertragen sein, und dennoch erzeugen Vegorianz eine intensive Energie des Mit-Eins-Anders, da sie Heilimpulse insbesondere auch physischer Art anstoßen können. Dieses »Können« ist immer wieder wesentlich zu betonen. Denn solange sich der Mensch gegen Energiearbeit per se wehrt, enthält er sich diese Option selbst vor.

Es gibt Tage, an denen ich Spaziergänge mit Vegorianz unternehme. Insbesondere deshalb, da eine individuelle Energie dieses Sternenvolks meinem Sohn nahe ist. Als Mutter versucht man manchmal, Informationen zu bekommen, ja, das Ego strotzt regelrecht, um informiert zu bleiben. Doch vielmehr führte mich diese Verbindung ins Vertrauen, dass mein Sohn einen Begleiter hat, welcher einem Begleiter ähnlich ist, der mir nahesteht. So gehe ich mit Vegorianz oftmals in der Au spazieren. Ganz menschlich, ganz natürlich. Ohne Trancearbeit. Denn sie sind hier auf Erden energetisch durchaus sehr präsent. Ja, sie fühlen sich wie zu Hause.

Sie erspüren die Natürlichkeit der Menschen, der Tiere, überhaupt der Erde als eine Einheit von Lebewesen als Sternenvolk. Diese Verbundenheit und ihre absolute Beobachtungsgabe unserer Entwicklung brachte uns bereits des Öfteren wichtige Erkenntnisse. Denn was uns Menschen eigen ist, ist die natürliche Gabe, uns selbst zu heilen. Vor diesem Hintergrund begann auch eins unserer sehr interessanten Gespräche.

Ich: »Wählt ihr die Menschen aus, um ihnen zu zeigen, was ihre Natürlichkeit ist?«

Vegorianz: »Ihr Menschen wählt stets selbst. Ihr wählt, welchen Weg ihr einschlagt, ihr wählt, wie ihr diesen Weg gefühlt erlebt, ihr wählt eure Emotionen und Gefühle und dann auch euren Weg der Entwicklung. Doch die Natürlichkeit eures heilsamen Weges ist die Natürlichkeit, euch in eurer ureigenen Signatur selbst zu heilen. Ihr heilt in erster Hinsicht die Vergangenheit, ihr heilt eure Gedanken, ihr heilt eure Energie, ihr heilt schlussendlich ebenso eure Physis. Wir sind euch behilflich dabei, zu erkennen, was eure Natürlichkeit ist. Viele Menschen benötigen Beweise. So wie auch du die Beweise erhalten musstest, dass du Krebs hattest, und er gehen durfte. Doch jeder Mensch hat in seiner Natürlichkeit ein anderes Element, das er bewiesen haben möchte. Etwas, was sich als Lebensfeld reinigen möchte, damit die ureigene Quelle des Seins und der Liebe sich durch euch entfalten kann. Entfaltet wird eure Energie durch eure Physis, so ist eure Physis wesentlich, um voranzugehen. Dies bedeutet nicht, dass, wenn euch gesagt wird, ihr seid krank, ihr nicht heil seid. Ihr seid immer heil und gesund.«

Ich: »Also geht es euch nicht immer um die energetische Heilung? Ist die physische Heilung des menschlichen Körpers auch wesentlich?«

Vegorianz: »Ihr seid doch auch euer physischer Körper. Ihr seid das Manifest eurer Energie. Der menschliche Körper ist lediglich Ausdruck eurer Energie. Ihr erkanntet, dass ihr strahlt, wenn ihr euch achtet und beachtet und euch mit nährenden Menschen und Lebensmitteln versorgt. Dass ihr auch durch dunkle Täler schreiten könnt, ohne euch aufzugeben. Die nährende Energie ist in einer manifesten Form potenziert und nährt euch noch mal intensiver. Denn es ist eure Aufgabe als Menschen, Folgendes zu verstehen: euren Körper liebend zu tragen, damit er fließend und strahlend durch einen Moment der Unendlichkeit getragen wird.«

Ich: »Viele werden sich aber nun fragen, dass, wenn unser Menschenleben nur ein Wimpernschlag ist, es doch egal ist, wie wir aussehen und was unser Körper treibt.«

Vegorianz: »Lange Zeit war dies auf Erden der Fall. Doch nun erlebt ihr eure Physis anders. Sie spricht eindeutig mit. Euer Knie sagt euch, ob ihr Stillstand in eurem Erleben habt. Eure Halsschmerzen sagen euch, dass es Zeit ist, die Wahrheit zu sprechen. Eure Migräne sagt euch, dass ihr zu viel im Kopf wart und eure Gedanken zu sehr zu anderen Menschen gelenkt habt. Eure Magenschmerzen verraten euch, dass euer Selbstwert wieder in Richtung Liebe gerichtet werden soll. Eure Rückenschmerzen verraten euch, wie viel Last ihr getragen habt. In der neuen Zeit werdet ihr achtsam. Ihr beobachtet und werdet durch den bewussten Umgang mit euch und eurer Energie in eure Natürlichkeit des Heilens eintauchen.«

Ich: »Das klingt logisch, und viele leben bereits danach. Allerdings gibt es Krankheiten und Schmerzen, bei denen wir Menschen an unsere Grenzen stoßen. Warum ist dies so?«

Vegorianz: »Ihr habt in Bezug auf Heilung eine Abhängigkeit gelebt. Eine Abhängigkeit, dass nur andere euch heilen können. Doch die neue Zeit wird vieles verändern. Auch wir sind nur anfangs behilflich, bis ihr euer Mit-Eins-Anders gefunden habt und gefühlt wisst, wie ihr es umsetzt. Dies bedeutet nicht, dass ihr tagein, tagaus in Meditation oder Trance sitzen müsst. Dieser Schritt ist lediglich der Anfang, den ihr nach einiger Zeit im Alltag spontan und plötzlich vollzieht.«

Ich: »Wie meinst du das: Wir lebten eine Abhängigkeit? Von wem?«

Vegorianz: »Eure Mutter hat euch geheilt, wenn ihr krank wart. Euer Arzt heilte euch in schweren Zeiten von Knochenbrüchen und Krankheiten. Euer Heilpraktiker erklärte euch die Hintergründe, euer Psychologe die Zusammenhänge. Euer Energetiker heilte im Energiesystem als euer Stellvertreter. Doch ihr hättet es auch allein geschafft. Ihr habt euch in eurem gesamten menschlichen Leben Stellvertreter zur Seite geholt, zumeist für eure Physis, und habt eure gesamte Energie außer Acht gelassen. Ihr seid die Summe von allem. Euer Energiesystem ist zudem das Tausendfache von eurem physischen Körper. Kaum ein Beginn, kaum ein Ende von euch sichtbar und stärkend, nährend in der unendlichen Liebe. Der geheilte Körper ist der Beweis, der euch gezeigt wird, um euer gesamtes menschliches Leben in neue energetische Bahnen zu lenken. Damit ihr euch selbst in dieser tausendfachen Sternenkraft erfühlen könnt. Sobald ihr diese Kraft fühlt, bestehen kaum noch Zweifel, und auch diese werden in natürlicher Form ausgereinigt.«

Ich: »Na ja, das Heilen von energetischen Themen ist das eine, aber Knochenbrüche, mit Verlaub, da geh ich auch ins Krankenhaus.«

Vegorianz: »Noch! Vieles auf Erden verändert sich, so auch der Zugang zu euren Heilungen. Die Zellregeneration ist eine simple energetische Vermittlung. Das Aufbrechen der Zellstruktur und die Wiedervereinigung ein vollkommen natürlicher Prozess. Dieser Prozess kann und wird durch die ›schnellere Zeit‹, wie ihr sie nennt, nun beschleunigt. Knochenbrüche werden innerhalb von Stunden geheilt sein, dann werdet ihr keine Knochenbrüche mehr erleben. Die Karschinahah werden euch dabei behilflich sein.«

Ich: »Warum nicht? Und was meinst du mit dem Aufbrechen der Zellstruktur?«

Vegorianz: »Wenn ihr aufbrecht in euren Knochen, brecht ihr auf in eurem Energiesystem. Eure Knochen geben euch die Chance, vollkommen neue Energie zu verwenden, die eure energetische ›Wissenslücke‹

Caysade

Fajonah

TrueSit

Skizze Karsununayy

Karsunay

Skizze Lafimaho

Lafimaho

Skizze Marsianer

Marsianer

füllt. Im Verbund mit den Karschinahah werdet ihr imstande sein, diese energetische Lücke mit Weisheit zu füllen und wieder zu verbinden, um anschließend gestärkt weiterzugehen.«

Ich: »Was ist mit Schmerzen wie Migräne? Sind sie energetisch? Wie heilt man sie?«

Vegorianz: »In eurem energetischen Feld sind energetische Beben sichtbar, wenn ihr diesen Schmerz verspürt. Ausgelöst durch zu viele Gedanken, wenn sich eines eurer Lebensthemen erlösen möchte. Wenn zudem eure Physis durch einen Überkonsum von euch nicht nährenden Substanzen aufgrund eurer ›Sorgen‹ subsumiert wird, folgt eine energetische Überladung, die sodann Schmerzen verursacht. Linksseitige Migräne zeigt euch, dass euer Ego allzu sehr die Oberhand gewonnen hat. Rechtsseitige Migräne zeigt euch, dass ihr zu sehr das Menschliche vernachlässigt habt und in spiritueller Hinsicht weit vorangeschritten seid, aber euer Menschsein hintangestellt habt.«

Ich: »Alles klar, aber wenn ich mir dann darüber Gedanken mache, woher die Schmerzen kommen, dann bin ich doch wieder im Denken und verursache, dass der Schmerz sich verstärkt, oder? Zudem hat man während einer Migräne solche Schmerzen, dass eine Selbstheilung kaum möglich wäre, oder liege ich da falsch?«

Und so zeigte er mir eine Übung, die bei Migräne wie auch Kopfschmerzen angewendet werden kann und die ich hier wörtlich wiedergebe.

Übung: Bei Migräne oder Kopfschmerzen

»Atme bei einem intensiven Schmerz bewusst in den Schmerz hinein. Bitte uns um Mithilfe bei der Heilung und fühle, während du atmest, dass deine Hände zu kribbeln beginnen und deine Herzenergie sich öffnet.

Atme weiter und fühle die Verbindung, die wir mit dir aufbauen. Fühle, dass unsere Hände deine Hände zuerst berühren. Fühle, dass sich die Energie in den Händen intensiviert, und es zeigt sich nun in deinem inneren Auge die Farbe Grün oder Blau. Es kann auch eine Mischung aus diesen beiden Farben sein.

Sobald du diese Farbe siehst, fließt sie über dein Herz in deine Hände. Lass uns deine Hände führen zu jenem Punkt, wo der Ursprung des Schmerzes ist. Und leg dir selbst deine Hände dort auf.

Womöglich möchte deine zweite Hand genau gegenüber aufgelegt werden.

So dient eine Hand der lichten Energie, die zugeführt wird, und die andere dem Abtransport von Energie, die nicht deiner Natürlichkeit entspricht.

Verweile eine kurze Zeit in dieser Heilposition und kläre danach deine Physis mit frischem Wasser.«

Ich: »Welch schöne Übung. Intensiviert sich das Heilströmen nach einiger Zeit?«

Vegorianz: »Ihr werdet erkennen, dass das Fließenlassen von Energie sehr viel mit eurem Vertrauen zu tun hat. Wendet diese Übung bei Schmerzen an. Bittet uns um Beistand, und wir werden da sein. Achtet stets auf euer Gefühl, denn euer Gefühl ist wesentlich.«

Ich: »Was sagst du eigentlich zu Drogen? Beziehungsweise dazu, den Zugang zu euch mittels Drogen zu erleichtern?«

Vegorianz: »Jegliches Hilfsmittel ist ein Ausdruck von Zweifel. Drogen sind ein Hilfsmittel. Sie verringern den Zugang zu eurer energetischen Essenz enorm, da sie gleichermaßen wie Alkohol oder jeglicher Überkonsum von Substanzen dazu dienen, ein Thema in euch zu unterdrücken. Ist es euch möglich, euch energetisch in Ruhe einzufinden, oder benötigt ihr stets Hilfsmittel? Selbst Musik ist ein Werkzeug. Schafft ihr es, Ruhe in euch zu finden in einer vollkommenen Stille?

Hilfsmittel dienen euch, um die ersten Schritte in eure Richtung zu gehen, doch irgendwann solltet ihr allein gehen. Zudem schwächen bewusstseinsverändernde Drogen die tatsächliche Wahrnehmung eures Gefühls, und die Unterscheidung von energetischen Wesen wird sich ebenso vermischen. Viele Menschen verändern ihr Bewusstsein mittels Drogen und ermöglichen sohin auch energetische Anhaftungen. Manche benötigen diese Anhaftungen, damit sie lernen, mit Energien umzugehen.«

Ich: »Warum versetzen sich Urvölker denn dann in einen Rauschzustand mit Drogen? Ich dachte, sie seien so sehr verbunden mit allem, was ist.«

Vegorianz: »Das, was ihr ›Urvölker‹ nennt, sind jene, die sich nicht entwickelt haben und in ihrer Ausgangsposition verharren, um eine Entwicklung auf der Erde aufzuzeigen. Sie sind jene, welche die ersten Botschaften von uns wahrnahmen, sie weitertrugen und auf der gesamten Welt verteilten. Es gibt auf der Erde nur mehr sehr wenige Urvölker, die tatsächlich auf das Sammeln von Beeren und das Jagen von Tieren angewiesen sind. Doch vor langer Zeit betäubten sie ihren Instinkt vor Gefahr, um vollkommen in die Verbundenheit zu gehen. Diese Angst vor Gefahr, die Angst davor, plötzlich von einem wilden Tier angegriffen zu werden, diese Angst habt ihr in Zivilisationen nicht mehr. Auch hier dienten die bewusstseinsverändernden Drogen als Hilfsmittel, und dennoch werden sie nur von jenen benötigt, die nicht zur Gänze bei sich sind. Denn der intensivste Zugang ist jener Zugang, den ihr vollbringt, wenn ihr gänzlich bei euch seid. Ohne Hilfsmittel und aus purem Herzen für das Mit-Eins-Anders.«

Ich: »Das heißt, solange wir Hilfsmittel benötigen, um uns mit der Energie, mit euch zu verbinden, sind wir noch nicht ganz. Ist das richtig?«

Vegorianz: »Ihr seid immer ganz. Doch die Verbindung ist gestört wie die eines Radios, bei dem der Sender nicht richtig eingestellt ist.«

Ich bedankte mich für das Gespräch, und sie zeigten mir, wie wir Menschen aus dem physischen Körper ganz einfach energetische Themen raustransportieren, die noch ein wenig feststecken.

Übung: Vereinigung von Körper, Geist, Seele und galaktischem Ich

Stell dich auf beiden Beinen hin. Fühle mit jedem Atemzug, dass du dich über deine Fußsohlen erdest. Fühle, dass eine kräftigende Energie dich nährt und begleitet. Lass dich durchfluten von dieser kräftigenden Energie.

Wenn dein gesamter physischer Körper geflutet wird mit dieser nährenden Energie, fühle, wie sich die Schichten deiner Aura ebenso nähren. Verweile kurz in dieser nährenden Position.

Und nun spüre: Gibt es einen Bereich deines Körpers, der schmerzt oder Unterstützung benötigt? Wo ist dieser Bereich? Ist er physisch oder energetisch spürbar? Wie fühlt sich dieser Punkt an? Definiere für dich das Gefühl.

Nimm nun diesen Bereich und mach gezielt Yoga-Übungen für diesen Bereich, beispielsweise im Hüftbereich Yin-Yoga oder Yoga für den Hüftbeuger (du findest viele Anleitungen und Videos im Internet, wenn du die entsprechenden Stichwörter eingibst).

Während der Übungen begleitet dich ja der Atem.

Während der Atem dich begleitet, fühle, dass sich Vegorianz mit dir verbinden.

In dieser Verbindung bemerkst du, dass sich das Thema während der anhaltenden Bewegung ganz natürlich aus deiner Physis ausreinigt.

Fühle das Ausfließen des alten Themas, während du ausatmest und dich dehnst.

Fühle die nährende Energie, während du einatmest und den frei werdenden Platz nährst.

Erlebe dich in dieser Einheit deines Seins auf allen Ebenen.

Engelwesen als heilende Verbindung der Sternenvölker

Von jeher sammle ich alle Engel als Statuen, Figuren und in Träumen. Einen meiner Guides nenne ich seit meiner Kindheit »Christopher«. Ich empfand seine Energie als engelhaft, weil ich nichts anderes kannte. Dies sowie meine Verbindung zu den Adventurer11, die sich mit anderen Intelligenzen sowie mit engelsgleichen Energien verbündeten, habe ich in meinem Buch *Starseeds* beschrieben.

Engel sind wunderbare Wesen. Auch wenn sie nicht eindeutig als Starseeds identifiziert werden können, dürfen sie in einem Buch über Heilung und energetische Begleitung auf keinen Fall fehlen. Das Buch, das Wissen wäre nicht rund. Auch in meiner Wahrheit würde etwas fehlen, denn ich kann sie nicht ignorieren, diese riesigen Wesen, die immer wieder am Himmel auftauchen.

Doch die Engel, die ich sehe, waren für einige Jahre aus meinem Blickfeld verschwunden. Wie untergetaucht. Seit dem Jahr 2012 waren sie weniger präsent. Im ersten Moment dachte ich, sie existierten nicht mehr. Ein Gespräch mit Christopher ergab allerdings, dass viele Engel auf der Erde inkarniert sind. Darüber hinaus gibt es eine weitere Art von Engeln, die jedoch größer, intensiver und eindeutiger wirken als jene, die inkarniert sind. Immer wieder erhalte ich auch den Namen »Seraphim«. Ein Name, der mich schon sehr lange begleitet.

Seit dem Jahr 2020 sind diese riesigen Engel wieder vermehrt sehr erdennah, und man sieht sie hellsichtig wie etwas intensiv Schnelles, das über einen hinwegfegt. Sie fühlen sich eindeutig mächtig und erschaffend an, direkt schöpfend aus dem Quell des Universums.

Während ich über sie schreibe, steht Ashtar Sheran neben mir und verweist auf die Geschichte seiner Liebsten. Jene Liebste, die sich entschlossen hatte zu inkarnieren, denn er sprach wie folgt.

Ashtar Sheran: »Mächtige Engelwesen durchlaufen mehrere Stadien der Inkarnation. Sie gehen über die unteren Schichten der Engel zu den

Starseeds. Inkarnieren, um Erfahrungen zu machen, und erst zum Schluss inkarnieren sie ein-, zweimal als Mensch, um die Meisterschaft der Liebe anzutreten.«

So durchlaufen Engelwesen offensichtlich eine eindeutige Entwicklung, um danach wieder aufzusteigen.

Meine Reise zu den Seraphim, die plötzlich und unerwartet stattfand, war eine Reise voller Glücksgefühle, eine Reise voller gefühlter Wunder. Ich fand mich weder auf einem Planeten ein noch in einer Art Dimension. Es war wie das Durchschreiten eines Tors, sie waren wie Wächter, die sich vor dem Tor des Göttlichen befanden oder vor dem Tor der Quelle.

Sie saßen in einem Kreis, und ich erblickte mich energetisch gesehen sehr klein. Als ich ihnen näher kam, geschah etwas äußerst Eigenartiges: Ich wuchs auf ihre Größe heran. Ganz automatisch geschah dies, allein in der Präsenz ihrer Energie. Sie baten mich über die Gefühlsebene zu ihnen. Sie sprachen nicht. Ihre Größe, ihre Anmut und Weisheit waren im Fühlen geborgen und wiegten sich in meiner Energie wie ein sanfter Hauch von Heilung. Wie ein Glöckchen, das ganz fein und hoch schwingend erklingt, um die Engel herbeizurufen – so mein Gefühl.

So saß ich neben diesen Riesenengeln. Die einen in Grün, die anderen in Feuerfarben mit Augen auf ihren Schwingen, die ganz und gar nicht aussahen wie die Flügel, die wir immer wieder auf unseren Bildern vorfinden. Ihre Botschaften sind kein Redeschwall wie jener der Guides oder Starseeds. Sie sind einfach da. Sie sind einfach liebevoll. Sie beschützen. Sie hüten. Sie *sind.*

Manchmal kam dann doch das eine oder andere durch sie zu mir, doch jeder Satz wurde begleitet von einem solch intensiven Gefühl, dass ich die Botschaften wirken lassen musste. Sprich, alle Botschaften fließen durch das Hellfühlen ein und werden dann von unserem Gehirn übersetzt. Es ist eine vollkommen andere Kommunikation.

Ich bin verblüfft angesichts dessen, wie viele Engelmedien es gibt, die behaupten, Engel zu channeln. »Womöglich sind die einen oder anderen Engel doch auch Starseeds?«, frage ich mich immer wieder.

Denn gerade die selbst ernannten Erdenengel sind sehr oft hellfühlend und weniger hellsichtig oder -hörig; diese Hellsinne geben in ihrer Eindeutigkeit nämlich etwas wieder, was mir mal durchgegeben wurde:

»Erdenengel können sehr lange im Laufe ihres Lebens keine Flügel sehen! Sie versuchen es aber sehr intensiv. Sie versuchen, sie zu malen; sie versuchen, sie zu fühlen.«

Diese Information ist bei mir, seitdem ich denken kann, und deshalb versuchte ich doch einmal nachzufragen, warum inkarnierte Engel keine Flügel sehen können oder sehr lange, also Jahrzehnte, brauchen, um Engelflügel nur ansatzweise zu erkennen. Doch in diesem Zustand zwischen den Riesen-Engeln der Seraphim floss meine Frage direkt durch das Herz-Chakra zu ihnen, und die Antwort wurde ins gesamte Universum eingespeist wie ein Feuerregen von Gefühl.

Seraphim: »Inkarnierte Engel sind nicht auf Erden, um zu beweisen, dass sie Engel sind. Sie sind auf Erden, um die Meisterschaft der Liebe zu erleben. Sie sind auf Erden durch ihre Liebe und um die Liebe fließen zu lassen, sie sind auf Erden, um andere mit ihrer Liebe zu infizieren. Sie sind auf Erden, um die Liebenden zusammenzuführen. Sie sind auf Erden, um die Liebesflamme in ihrer Göttlichkeit pulsierend in alle Universen zu übermitteln. Rein durch ihre Anwesenheit, durch ihre Liebeskraft erlebt die Menschheit durch sie eine Anhebung der Energie, was in eurem Sprachgebrauch als ›Heilung‹ bezeichnet wird.«

Ich: »Sind Erdenengel immer Heiler oder Medien?«

Seraphim: »Hier gibt es keine Regel. Die Erdenengel sehen ihre Flügel nicht oder erst sehr spät im Verlauf ihrer menschlichen Entwicklung. Der Grund ist, dass das Ego des Menschen überhandnahm. Entweder können sie die Flügel nicht hellsichtig wahrnehmen, oder sie können sie einfach nicht anschauen. Manchmal beides. Es ist eine Art Schutzmechanismus, der vor der Inkarnation installiert wurde und mit dem die Erdenengel in Frieden gehen. Denn in ihnen ist so viel Liebe, dass sie sich selbst nicht ins Zentrum stellen. Vielmehr wissen sie um sich und ihre Liebe und wissen, dass ihr reines Sein vieles bewirkt, auch wenn sie dies nicht benennen können. Sie wissen einfach. Sie fühlen einfach. Großen Herzens gehen sie durch das irdische Leben und bringen Liebe.«

Ich: »Haben inkarnierte Engel eine Lebenslernaufgabe? So wie alle Menschen?«

Seraphim: »Ja. Ihre Aufgabe ist es, die menschliche Liebe zu ergründen. Sie ergründen diese menschliche Liebe so oft, wie sie sie tatsächlich vollbracht haben. Denn viele Erdenengel laufen vor der wahrhaftigen Liebe davon, sie helfen lieber anderen Menschen, bevor sie sich selbst in der Liebe und Liebesbekundungen zu anderen Menschen ›verirren‹ – so denken sie.«

Ich: »Das heißt, Erdenengel inkarnieren so oft als Mensch, bis sie ihre Aufgabe erfüllt haben und eine wahrhaftige Beziehung leben?«

Seraphim: »Ja und nein. Denn manche Erdenengel erleben innerhalb eines menschlichen Lebens sehr viele unterschiedliche Liebesverbindungen. Diese wahrhaftigen Liebesbeziehungen werden nämlich im gesamten Universum energetisch erlebt. Sie vollbringen in allen Universen eine wahrhaftige Liebespracht. Diese Pracht speist und belebt die gesamte Liebesenergie. Das ist die einzige Aufgabe der Erdenengel. Auch wenn sich manche noch vor ihr verstecken.«

Ich: »Was ist mit euch? Wie wirkt ihr? Wer seid ihr?«

Seraphim: »Wir sind die Vermittler und Befruchter der Liebe bei allen Sternenvölkern. Wir sind dort, wo wir gebraucht werden. Wir sind in Leib und Seele wie auch in den Gedanken der Sterne. Wir sind im Gestirn wie im Wasser und Feuer. Wir sind die Träger der DNA und die Übermittler des Göttlichen. Wir wachen, um zu beobachten. Wir wachen, um die Botschaften des universell Göttlichen zu übermitteln. Wir sind die Geburtshelfer aus der Liebe im Quell des kostbaren Schimmers der aufgehenden Sonne. Wir sind die Freiheit der Flügel, wenn ihr beginnt, Freiheit zu erleben. Wir sind die warme Träne auf eurer Wange, wenn ihr auf Seelenebene berührt werdet. Wir sind die Träger der Liebe in alle Dimensionen und Kraftquellen. Wir sind die Hüter und Wegbegleiter der liebenden Weisheit, die berührt und nicht verführt. Wir halten euer Herz in Händen, wenn ihr blutet. Wir halten eure Kraft, wenn ihr zu ertrinken droht. Wir halten eure Hand, wenn ihr einen zittrigen Weg wähltet. Wir beleben euer Feuer, wenn das Licht des Lebens zu früh in euch zu erlöschen droht. Wir trocknen eure Tränen der Verzweiflung. Wir sind der Tau auf jeder Blüte, wir sind das Glitzern der Sterne, das in euren Augen jeden Tag ins Leben getragen wird. Wir lieben euch in allem, was ihr seid, in all euren Fehlern, all euren Tränen, all eurem Lächeln, all eurer Liebe. Nichts kann diese Liebe zum Erlöschen bringen, nichts kann diese Liebe entzweien.«

Ich: »Wie lauten diese göttlichen Botschaften?«

Seraphim: »Fühle, so bist du. Fühle, so liebst du. Fühle, so erlebst du. Erlebe das Leben in Liebe, und du erfühlst dein gesamtes Sein. Jeder Ursprung führt zum göttlichen Kern der Quelle allen Seins. Jegliche Liebe, jedes Lächeln erfüllt die Liebe in all ihrer Pracht. Wir wachen und transportieren diese zu euch allen. Wir kennen euch alle, und wir lieben euch. So wissen wir, dass der göttliche Funke an einem bestimmten Punkt in eurem Leben erwacht. Bei manchen Menschen zu Beginn, da sie bereits zurückkehren wollten, bei manchen von euch zum Ende, da sie erkennen, welch göttliches Werk sie sind. Der Mensch erlebt sich als göttliche Tat in Phasen des Dunkeln, um sich im Dunkeln selbst in seinem Seelenschimmer zu ertasten und sich langsam, Stück für Stück, dieser lieblichen Kunst der Sanftheit anzunähern, die in Worten nicht erfasst werden kann. Eure Worte können nur ummanteln, welch kraftvolle, welch liebliche Liebe ihr seid. Euer Gefühl erlebt diesen göttlichen Funken, also belebt euch in eurem Gefühl. Lernt alle Gefühle kennen, und ihr belebt eure energetischen Flügel, die euch eigen sind, da ihr alle aus dem göttlichen Quell entsprungen seid. Außer Acht gelassen, welche Stationen der Inkarnationen ihr erfahren habt. Außer Acht gelassen, welche oder ob ihr Taten vollzogen habt. Außer Acht gelassen, ob ihr euch selbst als gut oder böse seht. Außer Acht gelassen, welchem Sternenvolk ihr zuvor, zugleich oder zukünftig angehört. Wir sind in Liebe mit euch verbunden und die Übermittler der lichtvollen Gaben des göttlichen Wissens.«

Ich: »Stimmt es, dass wir allen immer und immer wieder vergeben sollen?«

Seraphim: »Vergebung ist die Weisheit des Seins. Doch ihr Menschen werdet angehalten, die Liebesenergie in Schwingung zu bringen. So werdet ihr ebenso herausgefordert, für euch selbst einzustehen und eure liebevolle Feuerkraft zu aktivieren. Dem dualen Konstrukt zu entfliehen und die Leibeskraft in all euren Dimensionen zu leben bedeutet, euch auch dem zu widersetzen, was euch auferlegt wurde und nicht eurer ursprünglichen Liebe entspricht. Vergebt euch selbst, und ihr lasst Liebe fließen. Anderen zu vergeben bedeutet nicht, sie aus ihren Taten zu entlassen, es bedeutet, euch von einer Last zu befreien, die ihr nicht mehr tragen sollt.«

Ich: »Wir Menschen glauben sehr an euch. Die meisten von uns können nicht begreifen, was ihr seid, doch seid ihr mehr in den Herzen als die Sternenvölker selbst. Warum ist dies so?«

Seraphim: »Wir verbinden. Wir entzünden, wir erschaffen gleichermaßen wie ihr und alle Sternenvölker. Wir sind ihr, und ihr seid wir. Wir sind das Verbindende. Wir sind die Heimatlosen und die Wächter. Wir sind einfach. Die Essenz der Liebe wird durch uns überbracht.«

Ich: »Wie heilt ihr? Wie heilt ihr Menschen?«

Seraphim: »In der göttlichen Ordnung des liebenden Lebens vollbringen wir Heilung, die der Mensch nicht kommen sieht. Spontane Wendepunkte. Plötzliche Erlösung. Denn auch Erlösung ist dem göttlichen Heilsamen eigen. Den leidenden Menschen ziehen zu lassen ist das Schmerzvollste für euch Menschen. Ihr sprecht davon, dass ihr die Liebe ziehen lasst. Doch sobald ihr im Vertrauen seid, dass das Leben im universellen Verbund ewig besteht, fühlt, liebt, erkennt ihr euch immer wieder. Ob auf Erden. Ob im Zentrum des Universums. Alles in und um euch fließt. Lasst eure Liebenden fließen, indem ihr in diesem Vertrauen des Ursprungs und der Unendlichkeit lebt und liebt.«

Ich: »Und wie sieht es aus, wenn ihr heilt?«

Seraphim: »Wir heilen größere Menschenmengen. Die plötzlichen und spontanen Ereignisse sind getragen durch die Liebe für die Liebe.«

Ich: »Heißt dies ebenso, dass durch euch so etwas wie großflächige Spontanheilungen erfolgen, damit die Menschen erwachen?«

Seraphim: »Ebenso, ja.«

Ich: »Habt ihr Engel Hierarchien?«

Seraphim: »Der Mensch neigt dazu, dies zu benennen. Wir sind einfach. Wir wissen um unser ureigenes liebevolles Fließen. Auch gibt es Unterschiede zwischen uns, doch fließen wir dennoch gemeinsam. Die Farbenpracht unserer Wesenheit ist die Farbenpracht der Liebe, die in uns allen fließt.«

Ich: »Also eigentlich ja? Aber hellsichtig hat sich doch etwas verändert, was euch Engelwesen betrifft?«

Seraphim: »Wir wandeln uns über alle Universen hinweg. Wir wandeln uns mit jedem Lebewesen im Universum. Jeder große Wandel vollbringt eine Veränderung. So vollbrachte diese Veränderung ebenso, dass wir auf unterschiedlichen Planeten inkarnierten. Jene, die sich dazu bereit erklärten, inkarnierten auch auf anderen Planeten, bis sie in ihrer Inkarnation auf der Erde ankamen.«

Ich: »Wie ein Stufenprogramm? Warum?«

Seraphim: »Die Erde selbst ist ein energetisch sehr dichter Planet. Ein Planet, auf dem die Liebe physisch, nicht nur holografisch Platz nimmt. Eine hohe Dualität bedeutet, die Dualität zu überwinden, um Liebe lebendig zu gestalten. Eine große Aufgabe. So zeigten sich viele Engelwesen bereit, sich dieser langen Reise der Erfahrung auf der Erde zu stellen. Dies bedeutete aber auch, dass sie andere Sternenvolk-Inkarnationen durchliefen und in diesen Inkarnationen Erfahrungen machten, die dazu führten, dass sie bei der nächsten Inkarnation für die Erde beim karmischen Rat vieles festlegten, was dem ›Guten‹ auf der Erde dient. Denn euer menschliches Dienen im herzlichen Sein vollbringt die Stärkung der herzlichen Verbindung zu allen Lebewesen.«

Ich: »Gibt es bestimmte Anzeichen, bestimmte Merkmale für diese inkarnierten Engel?«

Seraphim: »Nein. Ihr wisst es einfach, macht aber nicht groß Aufhebens darum, da es nicht das Zentrum eures Gefühls ist. Wir holen euch manchmal zu uns. In Träumen, in eurer Stille, um euch zu zeigen, dass wir bei euch sind. Vergesst nicht, nicht nur die Menschen haben inkarnierte Engel als Unterstützer bei sich. Ihr alle. Alle Sternenvölker.«

Ich: »Wir wissen es einfach? Es gibt doch viele Menschen, die sehr daran zweifeln, zumindest ist dies meine Beobachtung.«

Seraphim: »Ihr wisst es einfach. Es ist ein gefühltes Wissen. Dieses gefühlte Wissen ist bei manchen seit der Kindheit als Mensch ungetrübt vorhanden. Bei anderen erwächst es aus schweren Zeiten. Doch es steht nicht im Zentrum eures Wirkens. Ihr kamt auf die Erde, um zu verbinden. Verbunden zu sein in der Akzeptanz aller Wesen. Verbunden in der Liebe aller Wesen. Liebend in dem Wissen der liebenden Göttlichkeit in jedem Funken des Universums, wischt ihr Tränen der Vergangenheit aus den Gesichtern der Menschheit, ohne Worte zu vermitteln. Es ist eure Energie, die wirkt, um zu wirken. Es ist euer Antlitz, das strahlt, um zu lieben. Es ist euer Blick, der liebt. Liebend lebend, gebt ihr Liebe. So lebet liebend und strahlt in eurer Liebe.«

Ich: »Diese Worte können wahrhaftig nur gefühlt werden. Der menschliche Verstand möchte Fakten, am besten mit ausgeklügelten Fremdwörtern und wissenschaftlich untermauert. Was ratet ihr uns, damit wir mehr in unser Fühlen gelangen, um das gefühlte Wissen wieder bewusst wahrzunehmen?«

Seraphim: »Singt, um zu sprechen, lauscht der Musik, um zuzuhören. Blickt euch direkt in die Augen, um euch wahrhaftig zu sehen. Umarmt euch, um euch zu verbinden. Gebt euch die Hände, um euch zu vergeben. Sprecht, um miteinander zu fließen.«

Sich mit Engelwesen dieser »Hierarchie« zu unterhalten, ist für den menschlichen Verstand, der jahrelang auf Fakten und Wissenschaftlichkeit trainiert wurde, fast unmöglich.

Ein Gespräch mit Engeln geschieht über das Gefühl. Selbst wenn ich sie sehen konnte und auch die Rückreise auf die Erde sehr lange andauerte, war jedem Gespräch eins eigen: Sie verbinden. Sie heilen durch ihr Verbinden. Immer wieder sehe ich während des Tages diese riesigen Engelschwingen und weiß dann: Es wird alles gut. Sie bringen gefühlt pures Vertrauen ins Gefühl und in jede Zelle. Und hier meine ich nicht nur die physischen.

Die Reise durch all die wundervollen Universen bis zur Quelle des Seins vermittelt einen Blick, bei dem es kaum einen Zweifel gibt, dass die Trennung in Gut und Böse nicht funktioniert. Denn wenn wir alle aus einer Quelle entspringen, dann entspringen wir alle einem Schoß. Wir lieben unsere Brüder und Schwestern, die dem gleichen Schoß entspringen, und wir lieben uns, da wir im puren Sein der Liebe entstanden sind.

Der Mensch selbst erlebt dieses Wissen oftmals auch rein verstandesmäßig, ohne es zu fühlen. Es gibt Zeiten, in denen er dies fühlt, doch durch die Entwicklungsschritte immer wieder in dieses gefühlte

Wissen zurückfinden soll. Als Mensch zu inkarnieren bedeutet, sich immer wieder über das Gefühl in diesem Ursprungswissen einzufinden. Also in einem Wissen, das nicht gedacht, sondern gefühlt wird. Ein Wissen, das ohne seine verbündeten Mitstreiter nicht erlebt werden kann. Denn sich im Verbund und in dieser göttlichen Verbindung untereinander zu fühlen, sich zu erleben, ist die Reise des Menschen, so zumindest meinen es die Seraphim. Ich fragte nach.

Ich: »Warum habe ich allerdings das Gefühl, dass sehr viele heilende Erdenengel den Weg der Einsamkeit wählen, um liebend zu wirken, und eben nicht das Leben mit den Verbündeten ergründen oder eben nur sehr spärlich?«

Seraphim: »Es ist der Weg des Anfangs. Der Anfang ist für euch die Orientierung. Die Orientierung auf der Erde, der Umgang mit eurem intensiven Fühlen. Das Erlernen eures Fühlens, um eure Energien zu bündeln und in Verbundenheit der überquellenden Liebesenergie zu erleben. Im Erlernen dieses Verbundes erlebt ihr die Liebe zu den Menschen, zu allen Menschen, die ihr sehen, fühlen, erleben und spüren möchtet. Da alle wundervoll sind. Sobald dieses Gefühl präsent ist, wandelt ihr euch vom Einsiedler zum Heilenden der Massen.«

Ich: »Schaffen alle diese Entwicklung?«

Seraphim: »Nicht alle, aber doch jene, die es sich ausgesucht haben.«

Ich: »Was heißt ›nicht alle‹? Haben sich nicht alle dies zur Aufgabe gemacht? Warum etwas beginnen, was einen Ablaufplan hat, dann aber nicht das Ziel erreicht?«

Seraphim: »Auf dem Weg, andere daran zu erinnern, dass sie Liebe sind. Auf dem Weg, andere daran zu erinnern, dass sie fühlen. Auf dem Weg, andere daran zu erinnern, dass sie sich umarmen sollen. Auf dem Weg, andere daran zu erinnern, dass sie Liebe sind. Auf dem Weg, andere daran zu erinnern, dass kein Weg an der Liebe vorbeiführt. Und manche dienen als Mahnmal, das Leben zu ehren.«

Ich: »Wie meint ihr das, ›als Mahnmal‹?«

Seraphim: »Manche verlassen plötzlich die Erde. Manche hinterlassen lediglich einen Satz und vollbringen mit diesem Satz ein Wunder bei den Hinterbliebenen. Bedenke eins der letzten Worte deines Vaters an dich: ›Haltet zusammen!‹ – Was hat es in dir bewirkt? Der letzte Satz für einen Hinterbliebenen: Selbst wenn niemand bewusst weiß, dass er oder sie weiterziehen wird, ist dies die Botschaft des Göttlichen an alle Menschen. Manche gaben mehr, als sie genommen hatten, und dies bringt ihre Hinterbliebenen zum Nachdenken, es bringt sie ins Fühlen. Der Tod bewirkt bei euch Menschen viel mehr, als ihr erkennt. Der Tod und der Übergang in andere Dimensionen vermitteln das kostbarste Wissen der Menschheit. In diesen Stunden erkennt der Großteil von euch, dass ihr göttlich und wahre Wunderwerke seid. Ihr erkennt, welche Gaben des Fühlens ihr habt. Ihr erkennt, dass ihr Hellsinne habt. Ihr erkennt, dass die Verstorbenen euch Zeichen senden. Es sind Zeichen dafür, dass sie weiterziehen und nicht einfach tot sind.«

Nach meinem Gespräch mit den Seraphim musste ich die gesamte Energie erst mal sacken lassen. Engel wirken so mächtig. Sie würden sich dennoch niemals über andere stellen, da sie durch *alle* Inkarnationen durchmüssen, um auf die Erde zu gelangen. Sie wissen um die Härte, sie wissen um die Einsicht, sie wissen um Kriege und Raubzüge. Sie wissen um den Tod, sie wissen um die Physis, sie wissen um die Liebe. Sie wissen um die Räte, sie wissen um das Gegen- wie auch das Miteinander. Sie wissen einfach. Und so fließen sie als Seraphim selbst durch die Sternenvölker und bleiben dennoch Wächter in ihrem Sein. Wächter und Hüter des Wissens der feurigen Liebe in uns allen. Sehend, fühlend, wissend in der Liebe in allem Leben. Dies zu fühlen ist kaum aussprechbar.

Aber die Quintessenz für uns alle und auch für mich ist sicherlich folgende (es zeigte sich wieder wie in einem Computerspiel): Wir auf der Erde sind also der »Endboss«. Wir sind jenes Sternenvolk, das die Meisterschaft spielt. Wir sind nicht die viel besagten Loser. Nein. Wir sind die Königsklasse. Sogar Engel inkarnieren sich über unzählige Inkarnationen, um irgendwann auf der Erde eine unfassbare Energie der Liebe zu entladen. Den Seraphim zufolge inkarnieren sie selbst nur sehr selten direkt ohne Umwege in anderen Sternenstaaten und auch nur in sehr schwierigen Zeiten. Doch es werden Menschen sein, die für diese Zeiten geschaffen sind. So fragte ich wieder nach.

Ich: »Was sind das für Menschen, die früher mal Seraphim waren beziehungsweise direkt inkarniert sind?«

Seraphim: »Feurig, wortgewandt, lieblich, mit Charisma. Strahlend schön. Zumeist mit strahlenden Augen. Sie fühlen alle Menschen. Sie sind imstande, alles mit Liebe zu erfüllen, auch die Starre eurer Technik. Man fühlt in ihrer Gegenwart ihre Flügel. Man fühlt, dass sie Millionen von Menschen motivieren werden, sich selbst zu lieben. Man fühlt, dass sie Millionen von Menschen beibringen werden zu fühlen, damit sie erwachen. Man fühlt, dass sie Wunder vollbringen werden. Sie vollbringen allein dadurch Wunder, dass sie viele Menschen in ihrem unperfekten Sein mitnehmen, um ihnen einfach liebevoll in die Augen zu blicken und zu sagen, wie schön sie sind in ihrer Farbenpracht. Nur dieser eine Satz wird Millionen von Menschen berühren. Sie berühren alle, da sie alle aus ihren Inkarnationen kennen. Sie berühren alle, weil sie alle aus der Quelle fühlend erlebt haben. Inkarnierte Seraphim heilen mit ihren Worten, mit ihrem Blick und ihrer Stimme. Sie bewegen die Masse der Menschen in ihrem liebenden Fühlen, ohne Neid und Missgunst zu schüren, sondern indem sie das Mit-Eins-Anders leben.«

Berührt und beseelt, beendete ich das Gespräch, da die Engel mir eine wundervolle Übung zeigten, die jeder Mensch ganz einfach durchführen kann. Und dann erinnerte ich mich an eine Übung mit Christopher, die ich dir zuvor mitteilen möchte.

Wie gesagt spüre und fühle ich Christopher seit meiner Kindheit. Und es zeigte sich, dass mein kleiner, großer Engel mich stets umarmte, wenn ich innerlich zu zerbersten, zu verbluten drohte, da der Schmerz zu groß war. Meistens abends, wenn die Gedanken über einen herfallen wie wilde Tiere über ihre Beute. Ich könnte es auf MK-Ultra schieben – jenes umstrittene Programm der CIA zur Bewusstseinskontrolle in den 1950er- bis 1970er-Jahren –, leider sehe ich den Unterschied in den Energien doch sehr eindeutig.

Wenn es dir einmal so gehen sollte, kannst du die folgende einfache Übung machen.

Übung: Schutzengel-Umarmung bei Trauer

Atme tief ein und aus, während du in deinem Bett liegst. Umarme dich selbst, auch wenn du weinst oder dich gerade ganz und gar nicht ausstehen kannst

Bitte deinen Schutzengel, dich von hinten zu umarmen. Fühle diese Liebe, die über dein Herz-Chakra von hinten zu dir fließt. Genieße die Wärme und Sicherheit, die einkehrt.

Du darfst weinen, du darfst traurig sein. Du darfst dich aber auch liebevoll in den Arm nehmen lassen.

Es gibt Momente, in denen wir warten – als warteten wir auf das Leben, als warteten wir darauf, dass uns »der Retter« erlöst. Ich selbst war auch schon in dieser Phase des Seins, und ich konnte es kaum glauben, dass ich dorthin gelange. Doch wir Menschen lernen ja niemals aus, wie es zumindest scheint.

Lass dir für die folgende Engelübung ruhig ein paar Minuten Zeit. Erwarte nichts – genieße einfach.

Übung: Erweckung des Lebensfeuers

Leg deine Fingerspitzen auf deine Schultern, kreise dann mit deinen Armen um deine Schultern, um sie zu wärmen und zu lockern.

Nun atmest du mit geschlossenen Augen ein weißes Licht über dein Kronen-Chakra ein.

Es fließt deinen Energiekanal entlang der Wirbelsäule hinunter.

Bei den Schultern beziehungsweise im gesamten Brustbereich wird diese Energie intensiver.

Es weitet sich zunehmend im gesamten Energiekanal aus, denn er reinigt sich durch dieses weiß-silber-goldene Licht.

Von oben nach unten, von unten nach oben, und du fühlst, dass dein Brustbereich immer leichter wird.

Verweile in dieser Leichtigkeit und fühle, wie sich die Herzenergie in deinem Brustbereich mit jedem Ausatmen erweitert.

Bitte die Seraphim, dein Lebensfeuer, deine Seelenflamme zu erleuchten und deinen Ursprung in der Quelle zu sehen, zu fühlen: »Ich bitte euch, liebe Seraphim, lasst mich sehen, fühlen, spüren, wo mein Seelenfeuer entsprungen ist. Lasst mich erkennen, wie schön ich bin.«

Beobachte, dass die Seraphim sich womöglich zeigen, wie Vögel, die vor der Sonne fliegen und dich abholen.

Fühle einfach. Denn das ist ihre wichtigste Botschaft.

SeoWa – Die Verbinder der »lieblichen Treue«

SeoWa *sind* die Treue zueinander. Das Miteinander lassen sie fließen, und sie stehen in engem Kontakt mit den Venusiern. Sie heilen die Seelenverbindungen in einer Art und Weise, die doch auch frech und humorvoll anmuten könnte.

Sie sind ein Volk, dessen Augen wie die treuen Augen der Hunde wirken. Das Braun in allen Facetten. Sie stehen niemals still. Als ich einen von ihnen das erste Mal sah, hatte ich plötzlich das Gefühl, vor mir stünde Chewbacca aus »Star Wars« (womit mein hellsichtiger Blick wohl abermals eine Bestätigung bekam, dass bestimmte Filme und Serien sehr oft von medial begabten Menschen verfasst werden).

Energetische Gefängnisse oder »energetische Schubladen« sprengen sie mit ihrer Energie. Sie empfinden es in solchen Gefängnissen sehr eng, sobald sie diese erspüren, vollziehen sie eine Schubkraft. Sie stärken Verbindungen, die nährend für unser Energiesystem sind.

Dieses Wesen kam in einer ruhigen Minute zu mir, und im ersten Moment dachte ich, ich sehe einen verstorbenen Hund. Doch dieser verstorbene Hund richtete sich auf und stand auf zwei Beinen vor mir. Die Hände sahen aus wie Pfoten, aber ohne Krallen. Wenn sie laufen, laufen sie nicht auf allen vieren, sondern bewegen sich in einer Geschwindigkeit, welche die Farben und Energien verschwimmen lässt.

Sie stehen uns bei. In dunklen Stunden treten sie an unsere Seite, ohne groß Worte zu verlieren. Dieser Beistand lässt uns ein Gefühl von Treue empfinden: Ohne Bedingungen zu stellen, sind sie einfach für uns da. Wenn du allein in den Sonnenuntergang siehst, sitzen sie neben dir und erfüllen dich mit Zuversicht.

Es kam wieder mal ein Tag, an dem ich mit niemandem sprechen mochte; ich suchte die Stille und wollte mich zurückziehen. Das ist gar nicht so einfach, wenn man Familie hat. Ich musste also bis abends warten, bis es tatsächlich still im Haus wurde, und setzte mich in den sommerlichen Garten, um in der Ruhe zu verweilen. Da sah ich ihn wieder, diesen hundeähnlichen Körper, der einfach da war. Einfach mit mir in dieser Stille den Himmel ansah. Gemeinsam blickten wir auf zu den Sternen; und irgendwann begann ich, ihm Fragen zu stellen.

Ich: »Wer bist du?«

SeoWa: »Wir sind die Begleiter des Universums, die Zuversicht ins Gefühl des Erlebens bringen. Wir sind die Hüter der Treue zum Gefühl des Erlebens. Wir geben Nähe, wo Distanz überhandnimmt. ›SeoWa‹ ist der Name unseres Volkes.«

Ich: »Seid ihr Hunde? Oder seid ihr irgendwie mit unseren Hunden verwandt?«

SeoWa: »Eure Hunde sind mehr verwandt mit euch, als euch dies gewahr ist. Sohin sind wir euch Menschen ähnlich. Das Äußere, die Erscheinung spielt keine Rolle. Es ist das Gefühl der Verbundenheit, und diese Weisheit vermitteln wir. Schließt die Augen, wenn ihr euch unsicher seid, was ihr für einen Menschen fühlt. Haltet euch die Ohren zu, wenn ihr euch unsicher seid, was ihr hört.«

Ich: »Seid ihr Beschützer?«

SeoWa: »Wir sind gleichermaßen Beschützer, wie ihr es selbst seid.«

Ich: »Für wen im Universum seid ihr da?«

SeoWa: »Wir sind jene, die in der Föderation des Lichts und ebenso bei unterschiedlichen Councils beteiligt sind. Da wir auch die Botschaft der Zuversicht mitschwingen lassen. Faktenüberbringer ist das arkturianische Volk. Wir stehen bei, um den positiven Blick in der Zuversicht zu halten.«

In der Nähe des SeoWa fühlte ich mich, als würde ich diese Energie schon ewig kennen. Wie beim Nachbarshund, nur war es eben kein Hund. Einfach sein. Einfach sitzen und gemeinsam in der Zeit verweilen. Die plötzlich stillzustehen schien. Als würde er die Zeit verändern, als würde er an dem Empfinden von »Zeit« etwas verändern. Deshalb hakte ich nach.

Ich: »Was geschieht hier gerade? Ich habe das Gefühl, ihr verändert etwas in meiner Struktur, auch im Zeitgefühl.«

SeoWa: »Du kennst doch das Gefühl, dass die Zeit verrinnt, wenn du mit einem lieben Menschen zusammen bist. Zeit ist tatsächlich ein Konstrukt. Warum nicht die Zeit anhalten, wenn du mit einem Wesen zusammen bist, das du friedlich und erfüllend fühlen kannst? Warum nicht Zeit mit ihm verbringen, ohne gedrängt zu werden, ohne überhaupt nach der Zeit zu fragen? Die Zeit hält still, da die Liebe des Uni-

versums zeitlos ist. Die Zeit ist eine Illusion wie so ziemlich alles im Universum. Doch ›Illusion‹ ist ebenso ein Wort, das irreführend sein kann. Denn viele Menschen verstehen und fühlen das Wort ›Illusion‹ als eine Art Täuschung, Irreführung, als wäre es nicht real. Doch Illusion ist lediglich Energie. Manifest wird eine Energie, wenn ein Wesen oder mehrere diese Energie als real erachten.«

Ich: »Für mich klingt das Wort ›Illusion‹ wie ›Ich bilde mir das ein‹ – oder als lebten wir in einem Hologramm. Ist das so?«

SeoWa: »Das, was echt und real ist, ist all das, was ihr fühlen könnt. Denn durch euer Gefühl wird es real für euch selbst. Illusion ist keine Täuschung, Illusion ist veränderbar. Ihr zweifelt so oft an der Liebe. An der Liebe zwischen euch Menschen, da ihr dem Betrug und der Missgunst mehr Raum gebt als der Zuversicht und dem Vertrauen. Doch es ist eure Entscheidung, was für euch Illusion ist und was real. Ihr entscheidet, welche Gefühlswelt ihr lebt und erlebt. Die zwischenmenschliche Liebe ist das Wesentliche für euch auf Erden. Die Treue als solche bedeutet aber nicht, dass ihr euch bindet wie Hunde an eine Leine. Die Treue ist eine Seelenverbundenheit, eine Verbundenheit, die kaum in ein menschliches Wort gepresst werden kann. Sie ist fühlbar. Sie ist spürbar. Ihr wisst es einfach, ohne mit diesem Menschen in eine gedrängte und verpflichtende Abmachung einzutauchen. Wahre Seelenliebe ist somit bar jeglichen Drucks, jeglicher Verpflichtung und jeglicher Bestrafung.«

Ich: »Gibt es denn solche Seelenpaare oder nicht? Also gibt es diese überhaupt nicht? Oder gibt es nur sie? Seid ihr dafür verantwortlich?«

SeoWa: »Das, was ihr ›Schicksal‹ nennt, sind Verbindungen auf eurem Weg. Das, was ihr ›karmische Lernpartner‹ nennt, sind Partner, die euch auf eurem Entwicklungsweg behilflich sind. Das, was ihr ›Seelenpartner‹ nennt, sind jene, von denen ihr nichts erwartet, aber alles nehmen könnt, ohne euch zu binden. Möchtet ihr euch binden? Dann verweilt ihr noch in Unsicherheit. Möchte euer Gefährte einfach mit euch sein, ohne dass ihr euch bindet, lebt ihr die Verbundenheit in einer freien Energie des Fühlens.«

Ich: »Ashtar Sheran hat etwas Ähnliches berichtet. Also bestärkt ihr das Gefühl für diese Verbindungen zwischen Menschen?«

SeoWa: »Wir sind nicht nur für euch Menschen da. Insbesondere solltet ihr fühlen lernen, dass ihr auch mal nicht als Mensch inkarniert und deshalb fühlende Verbindungen zu anderen Sternenvölkern hegt, da ihr sie gefühlt kennt und erkennt. Manchen von euch fehlt ihr Leben lang etwas, und sie wissen erst beim Übergang, dass es ein Teil ihres Sternenvolkes war, nach dem sie sich so sehnten. Wir sind behilflich, um dieses Missen in der Menschheit zu klären. So bringen wir fühlende Erinnerungen ins Feld, die zeigen, dass es Sternenvölker gibt, die euch nahe sind. Dass ihr Vorfahren bei anderen Wesen habt. Insbesondere wenn die Venusier sich im Feld des Seins der Erde nähern, sind wir ebenso präsent. Da die Venusier, wie auch wir, die menschlich-seelischen Verbindungen ins Zentrum der Entwicklung rücken. Sie offenbaren den goldenen Seelenweg der Verbindungen, und wir unterstützen das Gefühl der Zuversicht und Treue.«

Ich: »Unterstützen sich Sternenvölker immer auf diese Art und Weise, oder seid ihr da eher eine Ausnahme?«

SeoWa: »Es gibt Sternenvölker, die sind überall und nirgends präsent. Andere fühlen sich zu zwei, drei anderen Sternenvölkern zugehörig. Wieder andere möchten eher außen vor sein. Da es auch so etwas wie galaktische Kriege gab, in denen viele sich für eine gewisse Seite entschieden haben.«

Ich: »Und wie macht ihr das genau, ich meine diese Unterstützung? Einfach da sein und treuherzig schauen?«

SeoWa: »Wir bringen euch Einsichten, welche die innere Wärme in euch emporheben. Es kehren mit uns ruhige, besinnliche Tage ein. Tage der Rückschau, Tage der Reflexion, ohne sich selbst zu verurteilen. Wir begleiten euch bei diesen Einsichten, die dazu führen, dass ihr mehr und mehr lernt, mit dem gefühlten, spirituellen Herzen zu sehen. Denn das spirituelle Herz des Menschen ist ein energetisches Herz, das die Verbundenheit mit anderen Lebewesen eindeutig wahrnimmt. In diesem Jahrzehnt des Erwachens ist das Erwachen des spirituellen Herzens ein großes Themenfeld. Viele werden es als ein Signal empfangen, wenn das spirituelle Herz erwacht. Wie zwei pochende Herzen in einer Brust. Denn es gehört ebenso zu euch. Dieses Wunder wird geschehen, und ihr werdet dann kaum noch fehlgeleitet von Energien, die nicht die eurigen sind. Denn das spirituelle Herz trägt die Eindeutigkeit der Botschaft in sich.«

Ich: »Okay – was heißt, dass das spirituelle Herz besser als jedes ›Navi‹ ist, das wir uns zulegen könnten. Verstehe. Und wie können wir das unterstützen, beziehungsweise wie unterstützt ihr uns nun?«

Kaum ausgesprochen, vermittelte mir SeoWa gefühlt-bildliche Botschaften, die ebenso in einer Übung für uns selbst mündeten.

Übung: Das Erwachen des spirituellen Herzens

Bitte die SeoWa vorab, dich bei deinem Erwachen zu unterstützen. Wähle dafür deine eigenen Worte, die du fühlen kannst, habe Freude an dieser Einladung.

Finde dich ruhig auf deiner Sitzoberfläche ein. Werde ruhig und werde dir im ersten Schritt all deiner Gedanken gewahr. Werde dir bewusst, was du fühlst und was du gerade denkst. Erkenne den Unterschied.

Wenn du fühlst, dass du deinen Gedanken genug Freiraum gegeben hast – das heißt, wenn sie nicht mehr so intensiv präsent sind –, beginnst du, dich mit deiner Atmung in einen leichten Trancezustand zu versetzen.

Du atmest dann in deinen gesamten Brustbereich, füllst immer wieder deine Lungen und lässt bewusst alles abfließen, was sich dort an energetischem Müll angesammelt hat. Wiederhole dies, bis du merkst, dass du freier atmen kannst und dich leichter fühlst.

Danach atmest du die Farbe Pink in deine Lungen ein. Die Farbe Pink wird sich in deinen gesamten physischen und dann deinen energetischen Brustbereich ausdehnen.

In diesem Moment findet sich SeoWa ein. Fühle die Anwesenheit von SeoWa und die Energie der Zuversicht, die sich mehr und mehr in deinem Energiesystem breitmacht.

Die Treue zu dir, zu deinem Selbst, wird aktiviert. Dieses Gefühl der Treue dehnt sich durch deinen Atem aus in alles, was ist.

Die Treue zu allen Bäumen, Tieren. Die Verbundenheit und Treue zu all der Liebe, die in jeder Seele lebt. Die Treue der Liebe in verbundener Freiheit entfaltet sich in allem, was ist.

Die Sichtbarkeit anderer Sternenvölker ist fühlbar. Als würde das gesamte Universum nun dein spirituelles Herz beleben, erlebst du den Pulsschlag der Liebe deines spirituellen Herzens.

Fühle, denn dies ist ein Gefühl!

Caysade – Der lichtvolle Eisheilige erwacht

Wie die Eiskönigin der Universen stand Caysade inmitten des Alls vor mir. Sprachlos, lautlos, fließend. Wärmend trotz ihrer kühlen Farben. Fließend wie aus Seidenbändern ummantelt. Die Leichtigkeit ihres Wesens, ihrer Energie erzeugte eine Leichtigkeit in mir. Sie erweckte mit ihrem bloßen Anblick einen kreativen Schub in mir und meinem Umfeld. Glitzernd weiß-silber-eisblau zeigte sich ihr Farbenspiel. Ihre Haut war weiß, ihre Augen glitzernd, silberblau, aber nicht stählern, sondern wärmend. Abholend, erfüllend. Erlebend. Wunderschön.

Als ich ihr das erste Mal begegnete, nahm sie einfach meine Hand. Und ich stimmte zu. Wir glitten durchs All. Wie auf Eislaufschuhen. Gemächlich und beobachtend. Als würde die Stille eines Schneefalls uns begleiten. Als würde alles stillstehen ob dieser Anmut ihrer Energie. Sie sprach nicht. Ihre Gestik machte mich auf die Schönheiten des Universums aufmerksam. Sie deutete auf einen Planeten, und ich konnte die Liebe darin fühlen. Sie deutete auf ein Sternenvolk, und ich konnte das göttliche Antlitz sehen. Gewisse »Missstände« waren auf so manchen Planeten fühlbar, doch die liebevolle Präsenz stets eindeutiger und größer. Und nach einer Zeit begann sie zu sprechen.

Caysade: »Der Mensch wurde trainiert, das Erwärmende auszublenden, um sich selbst auszublenden. Um sich zu unterdrücken. Doch der Mensch ist ein mächtiges und strahlendes Sternenvolk. Wenn ihr in eurer Gesamtheit erwacht, belebt ihr mit eurer Liebe alle Universen.«

Ich sah sie an und begann, ihre Energie mehr und mehr zu fühlen.

Ich: »Wer bist du? Wer seid ihr?«

Caysade: »Wir sind das Volk der Caysade. Wir deuten. Wir sind Seher, und wir sind die Entwickler der Knoten. Mit unserem offenen Blick ermöglichen wir den Überblick und ent-wickeln Verwickeltes. Wir sorgen für Akzeptanz im gleichen Maße durch die Ent-Wicklung. Wir kühlen einen emotionalen Kopf, damit er fühlend sehen lernt. Vor langer Zeit hatten wir einen Planeten, und auch unser Planet wurde im großen Krieg übernommen. Wir reisten und teilten uns in den Universen auf. Wir lernten, unsere Körper energetisch aufzubrechen. Wir lernten, die Schleier zu lüften, um uns sichtbar und unsichtbar zu machen.«

… sprach sie und war auf einmal nicht mehr sichtbar. Sie war verschwunden. Ich rief sie, und plötzlich war sie wieder da.

Ich: »Wo warst du jetzt? Was ist das?«

Caysade: »Wie erwähnt, lernten wir, uns unsichtbar zu machen. Unsere Schleier sind unsere Verbündeten. Lernt, eure Schleier der Vergangenheit zu lieben, und ihr lernt, eure Schleier als Verbündete anzunehmen und euch zu wandeln, in was ihr möchtet. Wir werden unsichtbar, wenn wir nicht gesehen werden möchten. Wir werden unsichtbar, wenn wir für andere sehen.«

Ich: »Was seht ihr denn?«

Caysade: »Wir geben den großen Überblick über eine Situation. Wir sehen das Schöne in jedem und allem. Wir sehen hinter die Fassade, wir sehen in die energetische Zelle des Seins, um das Sein aufzuspalten, damit es sich tatsächlich sehen kann und seine Wahl trifft. In dieser Aufspaltung kann die Farbe des Universums durchbrochen werden, dies ist für euch Menschen und viele andere physische Wesen ›unsichtbar‹.«

Interessiert fragte ich weiter.

Ich: »Seid ihr nur für physische Wesen wie die Menschen unsichtbar oder für alle anderen auch?«

Caysade: »Im Grunde genommen sind wir auch für euch nicht unsichtbar, denn sobald ihr euer ›Drittes Auge‹ öffnet, euer Hellsehen, werdet ihr uns sehen und fühlen. Nichts und niemand ist unsichtbar. Das weißt du, du siehst die Remote Viewer, die dich manchmal besuchen, auch sie können nicht unbemerkt verweilen, wenn der Blick für alles, was ist, einmal integriert wurde.«

Ich: »Wie weise du bist. Was geschah damals, warum musstet ihr flüchten?«

Caysade: »Auch wir haben eine lange Geschichte. Auch wir betrieben Raubbau an unserem Planeten, bis er vollkommen erkaltete. Doch wir lernten, in der Kälte zu leben. Wir lernten, in der Kälte unsere Wärme zu finden. In der Herzenswärme lernten wir, uns zu organisieren, und wir lernten, dass die Kälte Steine hervorbrachte, die so etwas wie Energieerzeuger waren. Diese Steine haben eine Energie, die Wärme erzeugt und das Energiesystem jedes Wesens eindeutig schwingen lässt.«

Ich: »Gibt es solche Steine auch auf der Erde?«

Caysade: »Nein. Sie waren einzigartig, und die Draconier wussten dies, gleichermaßen wie die Reptiloiden. Die Steine wurden gesehen, erkannt und als wesentlich für ihren Roboterplaneten erachtet. Wir wurden angegriffen, ausgebeutet und der vielen Steine wegen von unserem Planeten vertrieben. Wir zogen weiter als Seher. Wir geben euch die Hände, wie wir vielen anderen ebenso die Hände reichen, weil sich die Hände zu geben die Wärme zueinanderfließen lässt. In der Mitte eurer Handfläche ist euer Tausendfaches zu Hause. Ihr erkennt euch in eurem Tausendfachen, wenn ihr euch aus dem Herzen eure Hände gebt. Tausendfach gelebt, tausendfach geliebt. Unendlichkeit der Liebe. So geben wir anderen Sternenvölkern die Hände, um zu sehen, ob sie unser Tausendfaches fühlen können. Das ist das Zeichen unseres Kontakts. Unsere Hände sind kalt, doch erblüht etwas, was ihr Menschen als ›Kreativität‹ bezeichnet. Das wahre Selbst der Sternenvölker erwacht. Wir ›sehen‹, doch wir geben nur etwas preis, wenn wir darum gebeten werden. Wir fühlen, doch wir geben nur preis, wenn wir sehen sollen. Wir dienen den Universen, um Verwicklungen und Knoten zu entwirren und zu lösen.«

Ich: »Seid ihr der Erde sehr nahe? Beziehungsweise den Menschen?«

Caysade: »Manche von uns lebten und leben auf der Erde. Manche von uns nicht. Doch auch wir sind euch sehr nahe. Nur binden lassen wir uns nicht. Der Menschen neigen dazu, sich zu binden. Euer irdisches Wesen lernt jedoch, etwas ziehen zu lassen, damit sich Liebe verbreitet. Wir sind bei jenen, die kreativ arbeiten. Wir geben den Raum für eure Entfaltung, wir entbinden die Knoten der Vergangenheit, bis ihr lernt, eure Knoten und Verwicklungen selbst in Freiheit zu entbinden, zu entlassen. Haltet nicht fest an dieser Starre. Haltet nicht fest in der Vergangenheit. Fließt durch die Zeit und umgeht den großen Krieg, den wir erlebt haben.«

Ich: »So viele haben diesen großen Krieg erlebt. So viele die Entführungen. Hattet ihr auch Missing Children*?«*

(Caysade hilft ihnen.) Sie projizierte mit ihrer Hand ein Hologramm.

Caysade: »Sieh, sieh, was geschah. Sie nahmen unserem Volk die verspielte Kreativität. Auch wenn die Nachkommen bei Menschen als ›Kinder‹ bezeichnet werden, nannten wir sie ›verspielte Kreativität‹. Wir flossen danach nicht mehr, wir wandelten in der Tristesse. Wir wurden hart, wir wurden ausbeuterisch, und so lernten wir ebenso, das Leben wieder einzuladen, und wurden mutig. Wenn die Liebe geht, erwächst der Mut, um sie wieder einzuladen oder sie zurückzugewinnen. Mut und Tatkraft führten dazu, dass wir lernten, uns ›unsichtbar‹ zu machen, wir ›kryptalisierten‹ uns. Wir lernten, innerhalb beziehungsweise zwischen den Elektronen der elektromagnetischen Felder der Planeten und Ley-Lines durchs All zu springen. Aber wir benutzten sie nicht, damit wir von den Draconiern nicht gesehen werden konnten. Wir lernten Ashtar Sheran kennen, und wir schlossen uns mit ihm zusammen. Denn wir waren es, welche die Kinder unsichtbar machten und ins Schiff schleusen konnten. Die Welle der Erleichterung, der Vereinigung wurde in diesem Moment in allen Universen gefühlt.«

Ich fühlte diese Energie dermaßen intensiv! Diese Hoffnung, die Liebe, das Wiedersehen!

Ich: »War der Krieg dann zu Ende?«

Caysade: »Er begann, der Zenit begann. Denn die Draconier wollten sich dies nicht bieten lassen. Und suchten einen Planet nach dem anderen heim. Sie beuteten aus und vertrieben jene, die sich vertreiben ließen. So auch uns.«

Ich: »Haben sie alle vertrieben? Oder konnten sich manche auch wehren?«

Caysade: »Auch wir Lichtwesen haben Krieger unter uns. Doch wir kämpfen anders. Wir kämpfen still und ruhig. Wir beleben. Wir lernten das lichtvolle Kämpfen.«

Ich: »Wie können wir uns dies vorstellen?«

Caysade: »Wir bewegen viele, damit vieles bewegt wird. So bewegen wir auch auf der Erde oft viele, wenn die Entwicklung der Erde durch Kreativität bewegt werden soll. Es werden sich viele bewegen, damit sich das Gesundheitssystem auf der Erde bewegt. Es werden viele ihre Arbeit niederlegen, damit sie zeigen: Ohne das Individuum stockt die Entwicklung. Viele Menschen demonstrieren auf diese Art ihre Werte, die nicht gesehen werden. Die stille Rebellion ist die lauteste und eindeutigste Rebellion.«

Ich: »Rebellieren alle Lichtkrieger still?«

Caysade: »Nein, dies ist Teil unseres Vorgehens, und auch dieses wird sich stets anders zeigen. Jede Situation, jedes Wesen, jeder Planet trägt seine eigene liebevolle Signatur, nichts ist miteinander vergleichbar, selbst wenn wir alle aus derselben liebevollen Quelle entsprungen sind. Respekt und liebevolles Miteinander erwachsen aus diesem Gesamtbild der Liebe. Das ist die friedliche Rebellion, die ihr ebenso auf der Erde fühlen werdet. Selbst wenn der kriegerische Hasskampf euch noch vorgemacht wird, hat er ausgedient, denn er möchte nicht mehr erlebt werden. Auf Erden wurden so viele Spielchen mit euch getrieben. Der Mensch erwacht, es ist unausweichlich. Ihr werdet sehen, dass diese stille Rebellion bei vielen bereits im Gange ist, nur sprechen die wenigsten darüber. Jene, die der Telepathie mächtig sind, wissen es bereits, sprechen aber ebenso nicht darüber, denn die stille Rebellion entfaltet sich wie ein Glanzlicht des neuen Zeitalters auf eurer Erde.«

Ich: »Vielen Dank für diesen Hoffnungsschimmer. Bitte gib uns eine Übung, die passend für das menschliche Sternenvolk ist.«

Caysade: »Beobachte im Herzen die Schleier der Veränderung.«

Übung: Erlöse die Schleier der Vergangenheit

Atme fünfmal ein und aus.

Drücke mit der rechten Hand deinen linken Oberarm. Drücke mit der linken Hand, deinen rechten Oberarm.

Drücke mit der rechten Hand deinen Nacken. Drücke mit der linken Hand deinen Nacken.

Nun leg deine Handflächen aneinander, sodass du das Fließen der Energie fühlen kannst. Caysade fließt zu dir, sobald du sie zu dir gebeten hast, fühle die Verbindung, die aufgebaut wird.

Bitte nun: »Bitte entwickelt die Knoten und Verwicklungen meiner Vergangenheit.«

Beobachte.

Ein Channeling vor einer Session zu sprechen, zu hören oder zu fühlen kann deine Energie ebenso anheben wie energetische Musik oder Heilsteine. Deshalb wollte dir Caysade ihre Worte vor der nächsten Session mitteilen, die dich berühren und einleiten sollen.

Caysade: »Du lerntest, die Augen zu schließen, um sie wieder zu öffnen. Du lerntest zu sprechen, um auch still zu sein. Du lerntest zu hören, um hinzuhören. Du lerntest zu spüren, um auch zu fühlen. Du lerntest zu stolpern, um wieder aufzustehen. Du lerntest zu leiden, um zu erwachen. Du lerntest zu missen, um zu realisieren, dass du lieben kannst. Du lerntest so vieles, was wie ein Abgrund anmutete und dennoch eine liebevolle Umarmung des Universums war und dich auf deinem Weg leitete. So lerntest du zu atmen, um dich zu nähren.«

Übung: Das Lösen aus Schubladen und von Knoten

So nähre dich mit deinem Atem. Nähre dich bis in jegliche deiner Zellen. Du atmest in all deine Zellen und fühlst die Helligkeit, die in dich einfließt, du fühlst, wie frische Prana-Lebensenergie dich nährt und erhellt.

Dein Atem entspannt deinen gesamten Körper. Deine Knöchel, deine Knie, dein Becken. Deinen Rücken, deinen Bauch, deine Schultern, deine Handgelenke. Und deine Finger lassen los.

Dein Kiefer entspannt sich. Wie auch dein gesamtes Gesicht.

Welche Freiheit gefühlt werden kann! Und so fühlst du dein Sein, dass du atmest, dass du dich reinigst, während aus dem Zentrum des Universums ein bunter Energiestrom zu dir kehrt, der dich klärt und reinigt.

Genieße diese Reinigung.

Lass sie wirken.

Klarer denn je beobachtest du deine Energie, du fühlst einen Schwebezustand, während der bewusste Verstand nochmals weiter zurücktritt.

So gleitest du gefühlt ins Universrum, ins All. Und du spürst deine Begleiter, du fühlst das Sternenvolk der Venusier, die dich begleiten.

Mitten im All zeigt sich eine bunte Treppe. Eine Treppe, deren Stufen jede für sich anders aussieht. Manche dunkel, manche heller.

Du betrittst nun die Stufen und erkennst, dass es Schubladen und Denkmuster sind, in du dich selbst gesteckt hast, doch nun entschwebst du immer höher die Stufen empor, lässt eine Schublade nach der anderen hinter dir und fühlst und beobachtest, was von dir fließt:

Beobachte.

Lass es wirken.

Am Ende der Treppe angekommen, fühlst du deine Befreiung und Vergebung.

Du fühlst die Freiheit, die entstand, und das Universum fragt dich nun: »Bist du bereit, endlich dein Herz zu öffnen?« Gib dein klares Ja. So nähert sich nun Caysade wie eine Eiskönigin der Sinne. Gefühlt in ihrer Wärme und Anmut, schwebt sie herbei und entwickelt, was noch nicht entwickelt ist, Bänder werden zu Seidentüchern, die liebevoll angenommen werden. Für deine Freiheit. Beobachte fühlend.

Lass es wirken.

Befreit und geführt, spürst du die Vibration deiner wahren energetischen Signatur. Die nun beginnt, sich zu zeigen. Deine wahre Natur, dein wahrer Charakter. Und so umarmt sich all deine Energie untereinander, und du beobachtest, was tatsächlich deine Natürlichkeit ist.

Lass es wirken.

In dieser wundervollen Wahrheit erlebst du, wie getragen du bist, geführt und geleitet.

Langsam und sanft fließt du zurück ins Hier und Jetzt.

Du spürst deine Beine, deine Arme, und womöglich bedankst du dich laut bei dir selbst für die Wohltat, die du dir ermöglicht hast.

Council of Golden Light – Heilung mit dem galaktischen Ich

An einem Nachmittag in der Stille und mit der Musik von Hans Zimmer (»Tennessee«) reiste ich in mein Inneres und spürte die Stille in mir und um mich herum in einer Deutlichkeit, dass nichts anderes mehr einen Einfluss auf mich hatte. Viele meiner Erlebnisse fügten sich zu einem großen Gesamtbild zusammen: meine Jenseits-»Reisen«, meine Zeiten, als ich unglücklich verliebt war – und die gab es oft. Meine Zeiten der tiefen Depression, meine Zeiten der Krankheit. Das unverstandene Kind. Das Kind, das ständig in der Opferrolle war und deshalb sehr lange in einer Abwehrhaltung verweilte. In einer Abwehrhaltung, die nicht einmal das Sonnenlicht annehmen konnte. Eine Abwehrhaltung, die eine negative energetische Blase um uns aufbaut. Eine Blase, die bewirkt, dass man ständig im Außen verweilt.

Der Aufenthalt im Außen beginnt, wenn man seine Energie nicht sehen möchte, ständig nur am Optischen arbeitet und nicht erkennt, wie schön die eigene Energie ist, vollkommen unabhängig davon, wie dein Körper aussieht. Welch fantastische Reise es ist, als Mensch hier auf Erden zu verweilen!

Man durchlebt innere Prozesse, um an Punkte der Erlösung, der Vergebung und Selbstliebe zu gelangen. Es sind Wendepunkte. An jenem Tag gab es einen solchen Wendepunkt, und der Rat des goldenen Lichts oder Council of Golden Light (COGL) holte mich ab. Diese güldene Hand, die mich sanft führte, mitten ins All, mich führte und berührte, geliebt, gesehen, vereinigt zu reisen. Lediglich diese Reise hätte mir gereicht, um Glückseligkeit zu empfinden; doch es sollten darüber hinaus einige Informationen für die Menschheit durchfließen. Ich kam an diesem goldenen Ort an, der allerdings nur ein Eingangsbereich war. Begrüßt von dieser Gestalt, die ein purer Fluss aus Gold war, wie ein Wächter, der die Liebe empfängt. In dem Moment, wenn man dorthin reist, fühlt man, wie sehr man selbst Liebe ist. Als Mensch kann man dies kaum glauben.

Danach führte er mich zu einem Portal, das sich öffnete wie ein weiß-blauer Stern, und der helle Saal bot sich mir dar.

»Sieh dich nicht um, verweile hier einfach und schau, was wir dir zeigen und für die Menschheit mitbringen«, sprach meine Prophetin Sybill durch mich, und ich sah mich selbst in meinem Haus sitzen, während ich in Trance war. Ich sah mich selbst inkarniert als Lyrer in Atlantis, ich sah mich selbst inkarniert als Marsianer, ich sah mich selbst inkarniert als Casumfathia, ich erstrahlte als Sunseed, ich war magisch als Mygroy, ich flog und saß bei den Seraphim … und dies alles gleichzeitig.

COGL: »Ihr Menschen sprecht so viel über die Multidimensionalität und vergesst, sie zu erleben. Ihr sprecht über Bewusstsein und vergesst, bewusst zu sehen. Ihr vergesst, dass ihr an mehreren Orten lebt und mehrmals gleichzeitig inkarniert seid. Selbst wenn eure Physis nicht mehr lebt, so lebt ihr woanders weiter. Dies sind keine romantischen Durchgaben, dies ist real. Das, was ihr ›Fantasie‹ nennt, ist für euch das Nichtreale. Doch die Illusion, die Fantasie ist, dass ihr nur einmal lebt, dass ihr nur diesen einen menschlichen Körper habt.

Es ist wie eine biologische Gefangenschaft, die euch erzählt wurde, um euch kleinzuhalten. Die Annunaki begannen damit und installierten dies in eurem Gehirn, was sich bis heute weitergetragen hat und sich in eurem neuen Jahrtausend erlöst. Wir haben uns gebildet, um euch nun als Menschheitsfamilie, als Sternenvolk aufzunehmen in unserem Rat. Ihr wart bisher nicht beteiligt. Doch eure Weisheit kehrt zurück. Ihr habt es geschafft. Der erste Schritt. Und viele weitere Schritte werden dem folgen. Die Jenseitigen sind eure ersten Verbündeten, die euch die Tore öffnen, sie leben. Sie leben als andere Wesen und andere Energieintelligenzen weiter. So lebt auch ihr weiter. Denn nichts ist vergänglich. Ihr erlebt euch immer wieder in allem, was ist.«

Tränen der Erleichterung holten mich aus der Trance, und ich hatte Mühe, mich ob dieser intensiven Seelenberührung wieder in Trance zu versetzen. Später, als ich mich beruhigt hatte und diese Freude mich nicht mehr derart vereinnahmte, hatte ich bereits so viele Fragen, dass sogar diese Pause des Gesprächs einen Sinn ergab. So fragte ich weiter.

Ich: »Was bringt uns Bewusstsein?«

COGL: »Ihr erhebt eure Lichtkörper. Indem ihr euch bewusst werdet, dass ihr nicht klein seid, dass ihr nicht vergänglich seid, erlebt ihr das Leben in seiner vollen Pracht. Ihr steigt aus der größten Angst der Menschheitsgeschichte aus, die sich ›Angst‹ nennt. Angst ist die stärkste Emotion, sie ist vereinnahmend, sie ist zerstörerisch, und sie veranlasst, dass ihr euch versklaven lasst. Doch die karmische Schleife dieser Angstmaschinerie löst sich in diesen Jahren auf. Mehr und mehr Menschen erkennen ihre Multidimensionalität, die so oft von euch besprochen wurde, aber von den wenigsten gelebt wird. Dieses Bewusstsein der Gleichzeitigkeit bewirkt in eurem Energiesystem auch eine Öffnung der Selbstheilung. Ihr seid ebenso galaktische Wesen, die gleichzeitig inkarnieren. Bindet euch nicht an Vorfahren und Ahnen oder an Karma, sodann erlebt ihr pure Heilung.«

Ich: »Was hat es mit dem Karma auf sich?«

COGL: »Karma ist ein Konstrukt. Viele möchten lediglich ein goldenes Karma annehmen, das die positive Seite zeigt. Doch ist auch das goldene Karma, das positive Karma, ein Konstrukt der Einengung. Denn ihr könnt noch so viel mehr, als euer Karma könnte. Karma kann sehr leicht durchbrochen werden. Karma ist lediglich eine Schublade, die erklärt, was sein könnte. Doch es könnte noch viel mehr sein, als dass du dich von einer vererbten Familienkrankheit heilst. Nein, es könnte sogar in der nächsten Sekunde so weit sein. Es könnte auch sein, dass du nicht – so wie alle in deiner Familie – an Geldschulden leiden musst. Steig aus! Jetzt!«

Ich: »Menschen tun sich schwer, aus dem selbst auferlegten Karma auszusteigen.«

COGL: »Es wird ganz von allein geschehen. Denn den Karma-Ausstieg zu forcieren leistet ebenso einen Widerstand. Wenn es unnatürlich und mit Gewalt herbeigeführt wird, rein aus dem Denkprozess heraus, könntet ihr es verstärken. Das Gefühl ist eure Energie, das Gefühl ist das Wesentliche. Fühlst du, dass es einfach nicht stimmt, wenn du dich arm fühlst? Dass das lediglich deine Geburtsfamilie betrifft? Dann ist dies so. Verlasse das Gefühl der Armut und fühle, wie strahlend schön du bist, die Begriffe ›Reichtum‹ oder ›Fülle‹ benötigst du nicht. Diese Begriffe sind umhüllt mit viel Druck und Negativität. Benennt euch in eurer Energie selbst und am besten mit eurem Namen, denn euer Name, gepaart mit eurem Geburtsdatum, ist die pure Liebe, die auf Erden gelandet ist, um Liebe zu vollbringen.«

Es drückte doch eine Frage in mir, da ich selbst Traumata und massive Übergriffe in meinem Leben erfahren hatte – einen Suizidversuch mit Nahtoderfahrung, zwei weitere Nahtoderfahrungen, sexuellen und emotionalen Missbrauch. Und ich sah diese Geschichten über Nahtoderfahrungen à la »Es war so wundervoll« hellsichtig als Lüge.

Ich: »Ich selbst sah, was geschah, als ich starb. Ich kann diese Geschichten von anderen, die behaupten, es sei so wundervoll, einfach nicht bestätigen. Bin ich zu negativ, oder was ist hier los? Ist Suizid eine Illusion?«

COGL: »Die Geschichten sind nicht wahr. Viele Menschen, die so etwas erlebt haben, wollten ihr intensives Erlebnis mit der Menschheit teilen. Doch wenn solch ein Mensch erwachen soll, erlebt er diesen kurzen Blick in die Welt der Energien als Reise, die ihn erkennen lässt, dass die Zeit noch nicht gekommen ist. Würde diese Seele wirklich sehen, wie schön es in der Welt der Energie ist, würde sie nicht wiederkehren. Deshalb sehen die wenigsten dies, so auch du. Du hast gesehen und gefühlt, wie intensiv sich der Abnabelungsprozess zwischen Physis und Energie anfühlt, das war nicht angenehm. Du hast gesehen, dass du deine Energie vom Körper trennen kannst, wenn dein Körper geschändet wird. Zu diesen Zeitpunkten bist du allerdings tatsächlich gestorben. Erinnere dich, es dauerte Jahre, bis du wieder ankamst. Erinnere dich, es dauerte Jahre, bis du dich daran erinnern konntest. Als wärst du danach erwacht. Doch wie viele berichten kurz nach solch einer Erfahrung davon? Zumeist handelt es sich um Träume, die sie mit ihren Begleitern in der Welt der Energie erlebten, aber um keine Wiederkehr.«

Ich: »Das heißt, wenn man als Mensch stirbt und plötzlich in dieses Leben wiederkehrt, zeigt sich uns die Schattenseite, damit wir gewollt hierbleiben? Ist das nicht grausam? Warum ist dies so?«

COGL: »Exakt. Ihr habt eine Aufgabe. Jene, die tatsächlich starben und in den gleichen Körper wiederkehrten, haben die Aufgabe, der Menschheit die Gesamtheit des Multidimensionalen zu vermitteln. Die einen mehr, die anderen weniger. Die anderen, jene, die träumten, hätten nicht den Mut, und dennoch haben auch sie eine Aufgabe; denn die Menschen werden erkennen, dass die Geschichten rund um diesen Übergang an Energie verlieren. Denn ein Traum, in dem ihr mit euren Geistführern, Guides und Energie-Verwandten sprecht, wird sich mehr und eindeutiger auch in eurem Menschsein offenbaren und materiali-

sieren. Auch ein Koma ist kein Koma, sondern ein Ausruhen in der ruhenden Energie. Auch eure Träume sind keine Träume. Eure Körper schlafen, während eure Energie auf Reisen geht.«

Ich: »Meinst du damit unsere luziden Träume, in denen wir etwas erschaffen?«

COGL: »Nicht nur. Ihr seid in euren Träumen energetisch unterwegs, ihr lebt ein eigenes Leben. Ausruhen muss sich lediglich eure Physis, euer Geist – also euer Gehirn. Doch eure Energie nicht. So ist es eurer Energie langweilig, und sie sieht sich um. Jeder von euch, der bereits tatsächlich außerhalb des Körpers reiste, weiß dies. Getraut sich dieses Wissen aber kaum auszusprechen. Ihr erschafft immer das, in welcher Energie ihr seid. So erschafft ihr ebenso in der Nacht eure Energie. Das heißt, tut ihr Gutes und helft und liebt ihr nächtens, werdet ihr diese Energie ebenso während eurer physischen Wachphase erleben.«

Ich: »Aber wie sollen wir diese Energie in der Nacht beeinflussen, wenn viele von uns sich nicht einmal an ihre Träume erinnern können?«

COGL: »Ihr braucht euch nicht zu erinnern, fühlt es. Wenn ihr morgens müde seid, habt ihr womöglich für das Gute gekämpft oder anderen bei ihren Heilungen geholfen. Wenn ihr morgens lächelt, habt ihr energetisch umarmt. Wenn ihr traurig seid, habt ihr womöglich zu sehr geliebt.«

Ich: »Kann man zu sehr lieben?«

COGL: »Der Mensch bezeichnet es als ›Liebe‹, wenn er viel gibt. Viel Liebe zu einem Menschen fließen lässt und nicht fühlt, dass seine gesamte Energie zu einem anderen Wesen abwandert, sodass die eigene Energie darunter leidet. Dies ist fernab von Liebe, doch dies bezeichnen wir als ›zu sehr lieben‹. Das kann geschehen, wenn man abends beim Einschlafen immer und immer wieder nur an einen Menschen denkt und sich nicht auf sich fokussiert, sodann fließt während der gesamten

Nacht die ganze Energie zu diesem Menschen, und ihr erwacht müde und ausgelaugt. Der andere Mensch wird wahrscheinlich strotzen vor Energie. Ihr nährtet nächtens also einen anderen.«

Ich: »Klingt einleuchtend. Was sollen wir unternehmen, dass unsere Physis sich gut erholt und wir in der Nacht das tun, was uns nährt und erfüllt?«

So wurden mir Übungen für die energetische Abendhygiene durchgegeben.

Übung: Energetische Abendhygiene

Achte darauf, dass dein Rücken gerade auf dem Bett liegt. Dein Kopf sollte nicht so gelagert sein, dass dein vorderer Halsbereich eingeknickt ist. Auch auf deinem Scheitel sollte keine Berührung erfolgen, kein Polster oder das Bettende und so weiter.

Nutze zur Abendhygiene gern Musik, die dich energetisch begleitet. Welche, ist deinem Geschmack überlassen.

Aktiviere nun durch deinen Atem deine Hand-Chakras, indem du dir sie vorstellst oder hellsichtig betrachtest.

Sie liegen 5 bis 10 Zentimeter außerhalb der Handflächen.

Atme in deine Handflächen und fühle, wie sie mehr und mehr zu vibrieren beginnen. Nutze für die Aktivierung deiner Hand-Chakras gern die aktivierende Energie von Ashtara.

Atme stets durch die Nase ein und den Mund aus. Irgendwann führt sich die Atmung allein aus.

An diesem Punkt werden deine Hände über deinen Körper geführt werden. Anfangs kannst du womöglich fühlen, dass sie »umherschwirren«. Lass sie einfach irgendwo an deinem Körper landen, dort, wo du am meisten Unterstützung benötigst. Denn hier werden sie am meisten gebraucht werden.

Sobald sie ruhig bei dir sind, wirst du spüren, dass du dich mehr und mehr verbindest: mit der Quelle, mit deinen Guides ... Nenne es, wie du möchtest.

Die Kraft der Liebe wird exakt nun dorthin fließen, begleitet durch deinen liebevollen Blick.

Lass die Hände auf diesen Körperteilen verweilen und beobachte die Situationen und Bilder, die hochkommen.

Atme die Bilder weiter und spüre, wie die Themen sich lösen, bis du ruhiger wirst.

Verwurzele dein galaktisches Ich.

Bevor du beginnst, dein galaktisches Ich downzuloaden, möchte ich dir näherbringen, dass es wichtig ist, dich zuvor in einen tranceähnlichen Zustand zu versetzen, der allerdings nur möglich ist, wenn du ruhig bist. Das heißt, wenn du heute aufgewühlt bist, würde ich dir empfehlen, diese Energiearbeit zu einer anderen Zeit durchzuführen.

Wie immer gilt, dass Energiearbeit nicht zu unterschätzen ist, was auch bedeutet, dass wir uns mit unserer inneren Haltung, da wir täglich lernen, auch Negativität in unser eigenes Energiefeld holen können. Unterschätze auch hier deine Kraft nicht. Denn du kannst das.

Diese Übung ist für jene, die sich bereits mit dem »Unterbewusstsein« verbunden haben. Denn die Brücke zu diesem Bereich deines Wesens werden wir gehen, um das Ganze in dich einzuladen und zu verankern.

Wesentlich für ein Verankern von Energien sind oftmals Starseeds (hier Ashtara), die eng mit der Erde verbunden sind. Sie werden dich dabei so gut wie möglich unterstützen. Sei dir bewusst, dass aber du es in der Hand hast, wie gut die Übung funktioniert. Zweifelst du? Dann arbeite an deinem inneren Zweifler. Bist du zu traurig, ausgelaugt oder zu wütend, um die Übung auszuführen, dann sollst du deine Themen dahinter genau jetzt ansehen. Was triggert dich? Dann kannst du das galaktische Ich »downloaden«.

Übung: Download des galaktischen Ichs

Achte darauf, dass du für die nächsten zwanzig Minuten ungestört bist. Und darauf, dass du während gewisser Stufen, die du nun durchläufst, nicht gedanklich zu hetzen anfängst.

Erreiche einen tranceähnlichen oder Trancezustand (beispielsweise mit deiner Atmung). Kontrolliere deine Energie, ist alles in Ordnung? Muss etwas bereinigt oder ausbalanciert werden? Achte genau auf dich, das ist sehr wichtig.

Dehne dich gereinigt und geklärt ins energetische Feld aus und lass dich von deinen Begleitern, deinen Guides unterstützen. Die Verbindung mit deinen Guides wird nochmals deine Energie anheben.

Gehe von außen als Energie in Richtung deiner Zirbeldrüse. Als würdest du dorthin gleiten. Öffne die Zirbeldrüse durch dein offenes Herz-Chakra oder die Farbe Gold.

Lass es wirken.

Lass diese Energien fließen.

Fühle diese Öffnung der Zirbeldrüse.

Fühle, dass sie so eine Art Portal ist, das sich nun öffnet.

Diese Öffnung führt dich direkt in dein Universum. (Es wird komischerweise »Unterbewusstsein« genannt, doch ist es weder innerhalb noch außerhalb deines Körpers ...)

Dieses riesige Universum. Hier werden sich dir nun Jenseitige zeigen. Lass sie da sein.

Auch deine Guides aus anderen Sternenvölkern zeigen sich. Lass die Energien sich aufbauen und erlebe fühlend diese Öffnung.

Dein galaktisches Ich zeigt sich als strahlendes Licht. Betrachte und fühle dein galaktisches Ich, das Gefühl ist sehr wichtig.

Ist da noch ein Widerstand zwischen dir und deinem galaktischen Ich? Sunseed und die Lyrer helfen dir, diesen Widerstand zu überwinden.

Erwecke die Kraft von Ashtara in dir, so spürst du Ashtara an deiner Seite und in Verbindung mit dir.

Fühle das saftige Grün, das dich begleitet und erfüllt, als würdest du von einer Elfe mit dir selbst verbunden. Dein gefühltes Wissen ist mit deinem fühlenden Körper verbunden.

Zuerst wird dein galaktisches Ich deine energetische Zelle nähren, und du wirst fühlen, dass diese Energie sich nun mit deiner Physis verbinden möchte und zu dir zurückfließt.

So verbindet sich insbesondere dein Wurzel-Chakra mit deiner genährten energetischen Zelle und lässt sie auf Erden landen.

Lass all deine Farbe in dein Wurzel-Chakra fließen und spüre deine Wurzeln, die sich mit der Natur verbinden und dein gefühltes galaktisches Wissen auf Erden verankern.

Du fühlst dieses Ankommen.

Verbinde Zeigefinger und Daumen an beiden Händen und leg sie zur Unterstützung an die Seiten deiner Hüfte.

Als würde sich das Herz des Wurzel-Chakras nun öffnen, fühle einfach.

Beobachte, was geschieht, hör zu, wenn deine Botschaft von Ashtara, der Erde oder dem galaktischen Ich zu dir fließt.

Lass es wirken.

Council of 5 – Der Ausstieg aus der Matrix

In einer Zeit, in der Oberflächlichkeit und Manipulation an der Tagesordnung stehen, sah ich die berühmten »Influencer«, die Kinder, Jugendliche und »trendbewusste« Menschen mitrissen in Tendenzen, die vor Oberflächlichkeit nur so strotzten. Doch meine Optik ist ebenfalls mit optischen Trends verbunden. So zeigte sich auch, dass die Optik – sowohl in der »normalen« wie auch in der »spirituellen« Gesellschaft – eine große Rolle spielt. Bei den »normalen« ist vieles erlaubt, in der spirituellen Szenerie fast nichts und die Verurteilung bei gefärbten Haaren & Co. noch viel schärfer. Eine Verurteilung übrigens, die viele Menschen davon abhält, sich als spiritueller Mensch zu outen. Hier stehen sich also zwei Extreme gegenüber, und womöglich würde es den Rahmen dieses Buches vollkommen sprengen, in eine sehr tiefe Einsicht hineinzugleiten. Deshalb wird dieses Wissen im dritten *Starseeds*-Buch mit dem Thema Liebe erläutert, denn es ist ein intensives Matrix-Konstrukt.

Ich erkannte dieses Konstrukt beispielsweise auch, als ich selbst in Versuchung geriet, etwas online zu bestellen, was mir eigentlich gar nicht gefiel. Ich spürte, dass eine ganz spezielle Energie von dem ausgeht, was uns hier vorgegaukelt wird. Die meisten Influencer zeigen zwar vieles, aber nicht ihr tatsächliches Leben, nicht ihre Energie – zumindest, wenn man seine Hellsinne nicht benutzt. Die Energie der Täuschung ist präsent durch Bilder und Videos, die lediglich den Schein wahren.

Probleme des Alltags werden außen vor gelassen und auch das Grundlegendste: Der Profit, den sie machen, wird einfach nicht erwähnt. Doch es ist legitim in einer Welt, die auf Geld und dem Tauschwert aufbaut, durchaus zu sagen, dass man von etwas leben möchte. Den Profitgedanken ins Zentrum zu stellen ist eine andere Energie als jene, die den eigenen Wert und die Bedeutung der eigenen »Arbeit« oder Berufung in das Blickfeld rückt. Zudem ist Geld durchaus wertvoll, wenn Menschen ihren Reichtum für die Menschheitsfamilie einsetzen und nicht auf ihrem Münzhaufen sitzen wie Dagobert Duck in seinem Geldbunker.

Es ist ein schmaler Grat hier auf Erden, was dieses Thema betrifft. Viele sprechen von der Matrix. Viele sprechen von Profitgier. Gerade in der spirituellen Szenerie ist von Profit und Geld kaum die Rede. Die »Fülle« wird erwähnt. Doch jene, die Fülle lehren, lehren eigentlich den Mangel. Aus einem Mangel heraus Fülle zu erschaffen erschafft Mangel und nicht Fülle. Abermals ein schmaler Grat, gerade wenn man anderen Menschen durchaus helfen möchte, in die Fülle zu gelangen.

In einer Zeit, in der den Menschen das Geld aus der Tasche geleiert wird und viele in prekärer Lage sind, bewegt man sich auf dünnem Eis, wenn man darüber spricht. Die Angst geht um – so möchte ich es betiteln. Bei den einen ist es die Angst des Profit-Einbruchs, bei den anderen die Angst, mittellos »auf der Straße zu landen«.

Somit wird in diesen Jahren eine Urangst angesprochen, die Energie dahinter ist meinem Empfinden nach in der Matrix verhaftet. Es zeigt sich ebenso, dass mit dieser Angst energetisch gespielt wird, denn Menschen sind steuerbar, wenn sie in der Angst leben. Doch eines der größten Konstrukte, wenn nicht der größte Knotenpunkt in der Matrixstruktur, ist die Angst vor dem Tod. Denn sie ermöglicht es gewissen Menschen, andere zu manipulieren, zu behaupten, dass sie bestimmte Produkte erwerben müssten, um gesund zu sein. Ihnen mitzuteilen, dass es keine Welt der Energien gäbe und wir einfach stürben, und dann wäre es vorbei.

Doch dem ist nicht so. Wir ziehen weiter. Wenn sich das Bewusstsein integriert, dass wir weiterziehen und somit energetisch weiterleben, verliert sich diese große Angst, und der Mensch wird wohl in keinem Bereich mehr manipulierbar sein und frei in jeglicher Entscheidung und in jedem Gefühl werden. Der Weg hin zu dieser Befreiung und dem Ausstieg aus der Matrix könnte allerdings schneller eingeschlagen werden, als wir Menschen uns dies in unserer konstanten Opferhaltung eingestehen möchten.

Der Council of 5 ist jener »Rat der Fünf«, der unserer Erde sehr nahesteht. Ich habe in meinem Buch *Starseeds* ausführlich davon berichtet. Zu ihnen gehören Varianz, Rafimojah, Karsunay, Omyron und VibrationZ.

So geschah es eines Abends, dass sie mich einfach abholten. Sie brachten mich durch fünf Portale, die offenbar die unterschiedlichen Matrix-Ebenen verdeutlichen sollten. Ebenen, die alle mit Ängsten zu tun haben und in denen Menschen in vielen Lebenslagen verhaftet sind. Diese Ängste sind oftmals der Grund dafür, dass wir nicht aus unserer sicher geglaubten Komfortzone aussteigen. Doch ob diese wirklich sicher ist, steht auf einem ganz anderen Blatt; denn über kurz oder lang ist es eine energetische Zone, die ungemütlich wird, da wir uns verstecken und nicht mehr fühlen können.

Eine Sicherheitszone wird uns durch viele Stereotype vorgegaukelt: »Wenn du Mann/Frau, Kind, Haus und Nine-to-five-Job hast, bist du glücklich und sicher«, »Tue dies und jenes, und du bleibst gesund!«, »Bildung ist das Wichtigste, um ein erfolgreiches Leben zu führen« …

Ist dem wirklich so? Nicht in jedem Fall! Denn der Mensch und viele Wesen sind so unterschiedlich in ihrem Facettenreichtum, dass jeder für sich selbst erfühlen soll, was ihn glücklich macht. Niemand sollte uns dies vorleben oder -gaukeln. Beginnend mit dem physischen

Aussehen, führten mich die Völker des Council of 5 also durch die Portale hindurch und erklärten sie mir.

Council of 5: »Das Durschreiten des ersten Portals verdeutlicht euch, dass eure Physis lediglich ein kleiner Teil dessen ist, was euch ausmacht. Ihr jagt Idealen hinterher, die ihr nicht seid. Eine große Ablenkung von euch selbst geschieht auf dieser Ebene. Ob Physis oder die Optik nach außen, alles ist Ablenkung davon, euch selbst in eurer immensen Kraft und Größe fühlen zu können.«

Ich: »Das wissen wir doch. Doch was sollen wir tun, um durch dieses Portal zu gehen? Was geschieht da?«

Council of 5: »Entkleidet euch. Entdeckt, dass die Kleidung eurer Physis einen Effekt hat. Tragt ihr Kleidung, die euch nährt?«

Ich: »Wie meint ihr das?«

Ich fragte das direkt die Vegorianz, da sie sprachen.

Council of 5: »Es gibt täglich neue Energien für euch. Für euch ganz persönlich. Der Stoff, die Farbe und Energie eures Outfits treten in Verbindung mit euch. Wenn ihr allerdings Sachen anzieht, nur weil sie im Trend sind, dann kleidet ihr euch mit fremden Kleidern. Ihr beginnt, nicht mehr ihr selbst zu sein. Das ist ein sehr kleiner Schritt, doch ein wesentlicher, damit das Gefühl für eure Physis als energetisches Wissen in euer Energiesystem gelangt. Welche Farbe benötigt euer Energiesystem an diesem Tag? Fühlt euch, indem ihr eure linke Hand auf euer Herz legt. Welche Farbe möchte euch unterstützen?«

Sobald man diese Übung macht und dazu in Trance geht, wird man energetisch durch ein Portal gesendet. Energie und Physis wandeln gemeinsam einen Denkprozess in eine Positivität, da sie gleichermaßen Aufmerksamkeit erhalten.

Council of 5: »Das Durchschreiten dieses ersten Portals bringt die Verbindung zwischen bewusster Wahrnehmung eurer Energie und eurer Physis. In diesem Gefühl wird die Zone der Oberflächlichkeit für ein paar Momente verlassen. Sodann befindet ihr euch auf der zweiten Ebene des Verlassens der irdischen Matrixstruktur. Auf dieser Ebene werdet ihr erkennen, dass viele eurer Gedanken ebenso von einer fremden Energie genährt wurden. Die Energie der Oberflächlichkeit nahm in euren Gedanken Platz, indem ihr euch selbst immer wieder sagtet: ›Was könnten sie von mir denken? Was werden sie dazu sagen?‹ Eure Gedanken kreisen sehr schnell um das, was eure Familien, Freunde, Kollegen sagen oder meinen könnten. Beobachtet nun ganz bewusst durch das Verlassen der ersten Ebene, wie eure Gedanken sich befreien. Lasst sie da sein.«

Ich persönlich nenne diese Übung salopp »Sitzen und blöd schaun«. Aber seine Gedanken vollkommen ehrlich da sein zu lassen, sie nicht zu bewerten und einfach das zu denken, was man möchte, da es niemand anderen etwas angeht, ist eine sehr erhellende Methode, um sich selbst zu erkennen. Die eigenen Gedanken haben einen Wert, diesen Wert anzuerkennen und auch die eigenen Schattenseiten zu umarmen, um sich daraus zu entwickeln, bringt Dankbarkeit sich selbst gegenüber.

Council of 5: »Gewährt euch selbst alles, was ihr seid. Eure Gedanken offenbaren jene Schritte, die nun in weiterer Folge gegangen werden. Denn das Verlassen eines alten Gedankenkonstrukts bedeutet, dass ihr die Gedanken erst einmal da sein lasst. Wenn ihr Gedanken von euch schiebt, da sie euch nicht rein oder hoch schwingend erscheinen, werden sie immer wiederkehren, bis ihr sie ergründet und akzeptiert. Euer Energiesystem reagiert daraufhin mit einem Gefühl der Dankbarkeit. Denn unterdrückte Gedanken wiegen schwer. Diese Schwere ist in eurem Energiesystem fühlbar; und sobald ihr imstande seid, alle Gedanken da sein zu lassen, werdet ihr energetisch leichter, ihr schwingt höher und durchschreitet das nächste Portal. Somit gelangt ihr auf die dritte Ebene der Matrix.«

Daraufhin führten sie mich durch ein Portal, das rot war. Die Orion-Energie spielte hier ebenso eine Rolle wie die des Sirius. Angst und das Empfinden, tief hinabzutauchen, kamen in mir auf. In Trance erlebt man diese Eindrücke aber aus der Vogelperspektive. Ich hatte das Gefühl, dass dies ein Stadium in der Entwicklung des Erwachens ist, was viele in der spirituellen Szenerie erlebt haben, wenn Oberflächlichkeiten des Außen keinen Sinn mehr ergeben, wir eine tiefere Bedeutung suchen und unbewusst die Angst entsteht, von allem getrennt oder allein zu sein. Anschließend ergänzte der Council mein Erleben.

Council of 5: »Auf dieser Ebene des Ausstiegs aus der Matrix erleben viele Menschen Ängste, die aber von ihnen durchblickt werden. Ihr seid nun imstande, eure Gedanken zu beobachten, sie da sein zu lassen. Denn Ängste tauchen aus eurem viel besagten ›Unterbewussten‹ auf. Das Unterbewusste ist allerdings ebenso intensiv durchdrungen von einem Ego-Bewusstsein. Ängste, die im kollektiven Feld der Erde eingespeist wurden, gelangen an eure bewusste Oberfläche, und dies macht sie erlebbar. Orion wird euch hierbei aber unterstützen, sodass ihr in eine Energie des Muts eintaucht. Sirius begleitet euch zwar in die Tiefe dieser Gedanken, lässt euch jedoch ebenso wieder auftauchen.«

Ich musste einfach nachfragen.

Ich: »Und wie lange dauern diese Ängste, und warum haben wir Angst davor, allein und getrennt zu sein von allem?«

Council of 5: »Hier kommen die Themen der Missing Children of the Universe *ins Spiel. Ihr wurdet getrennt. Ihr wusstet immer, dass ihr verbunden seid. Doch in manchen Inkarnationen benötigt ihr die physische Nähe. Eine Nähe, die euch fühlbare Geborgenheit gibt. Diese Nähe könnt ihr jedoch ebenso fühlen, wenn ihr Tausende von Kilometern voneinander entfernt seid. Ihr könnt sie auch zu Wesen fühlen, die ihr von anderen Planeten kennt. Es ist eure konditionierte Angst, die euch etwas anderes weismachen möchte, was nicht der Wahrheit entspricht.*

Denn ihr seid in eurer Multidimensionalität so groß, dass ihr eure Orion-Nachbarn quasi mit der Nasenspitze anstupsen könnt.«

Ich: »Das heißt, das Kollektiv der Erde, die Menschen wissen unterbewusst, dass viele von uns eines dieser Missing Children of the Universe *waren, und wir haben deshalb diese Verlustängste, Angst, allein zu sein – oder auch dass wir von unseren Guides getrennt werden?«*

Council of 5: »Ja.«

Ich: »Das erklärt natürlich einiges, da viele Menschen sagen, sie wissen nicht, wo diese Ängste herstammen. Wer uns diese auferlegt hat. Doch wie kommen wir hier heraus aus dieser Ebene?«

Council of 5: »Durchschreitet das Orion-Sirius-Portal, das wir euch bereits vor einiger Zeit durchgegeben haben. Fühlt dieses Fließen dort hindurch und dass ihr euch befreit von Ängsten, die eurer Energie nicht mehr entsprechen und euch größer und mutiger werden ließen.«

Dieses Portal wurde in meinem Buch *Starseeds* (im Kapitel »Die Portale zur Erweckung deiner Erinnerung«) besprochen, und wir durchschreiten es oft in meinen Kursen.

Ich wurde nun neugierig: »Was geschieht denn auf der vierten Ebene, ist wieder ein Portal zu durchschreiten? Beziehungsweise wie kann dies nun von den Menschen umgesetzt werden?«

Council of 5: »Sobald ihr auf der vierten Ebene angekommen seid, fühlt ihr eine gewisse Energie des Muts. Das Gefühl der Freiheit durchströmt euch. Auf jeder Ebene empfindet ihr anfangs ein befreites Gefühl. Danach geht es weiter in eurer Entwicklung. Was wiederum auch in irdischer Hinsicht ein paar, wie ihr es benennt, Stolpersteine mit einschließt. Gerade auf dieser Ebene, die sich nach einer Erleuchtung anfühlt, und wenn ihr wieder Vertrauen gefasst habt, wird eure Neutralität geprüft werden. Es werden euch zu diesem Zweck Menschen und

Situationen gesendet, beziehungsweise ihr zieht diese an, da ihr euch entwickeln und auch aus einer Ebene rausentwickeln möchtet, die schon eine erweiterte Akzeptanz bringt.«

Ich: »Das heißt, auf dieser Ebene der Entwicklung ist eine ›Trigger-Party‹ angesagt. Wir glauben, wir sind ultraspirituell, werden aber gelehrt, dass dieser Mut, uns so zu zeigen, andere antriggert, die wiederum in uns Themen antriggern, die unsere Menschlichkeit offenbaren? Richtig?«

Council of 5: »Ja. Denn ihr kamt als Menschen auf die Erde und ihr seid dennoch ein liebevolles Bewusstsein als Energie. Das Durchschreiten dieser Ebene bringt bei vielen den ersten großen Schritt in Richtung Akzeptanz und das Überwinden der Polaritäten. Sobald ihr das Spiel von Gut und Böse durchleuchtet habt. Auf menschlicher Ebene gibt es dies. Ihr bewertet, und es bedeutet auch nicht, dass ihr als Menschen dieses Bewerten überwinden könnt. Denn als Menschen, die in der Polarität leben, werdet ihr bewerten. Auch ein Belächeln ist ein Bewerten. Dies ist das Spiel auf Erden. Viel eher dreht sich diese Ebene um die Akzeptanz von allem. Die Akzeptanz, dass ihr bewertet. Die Akzeptanz eurer Persönlichkeit, die Akzeptanz der Unterschiedlichkeiten der Menschen und ihrer charakteristischen Ausprägungen. In dieser unfassbaren Akzeptanz sind euch Ashtar Sheran und die Karsunay behilflich, um einen kühlen Blick zu bewahren. Denn auf dieser Ebene erlebt ihr, dass ihr die Geschichte der Missing Children of the Universe *in eurem Unterbewussten tragt. Das Gefühl, verlassen zu werden, das Gefühl, von allem getrennt zu sein, das Gefühl, keine Heimat zu haben, liegt hier verborgen. Doch es darf nun in euer Bewusstsein gelangen, dass wir alle hier sind. Dass ihr alle hier seid, dass wir uns fühlen und dass wir uns immer wieder begegnen in unterschiedlicher Art und Weise des Mit-Eins-Anders. Ihr werdet immer wieder in eurer Entwicklung in Richtung Bewertung gehen. Es ist ein Prozess. Doch das gefühlt energetische Integrieren dieser allumfassenden Akzeptanz auf allen Ebenen wird mehr und mehr um sich greifen. Bereits bei der Bewusstwerdung, dass ihr vielfältig seid und dass das Bewerten eine Illusion ist, geht ihr auf die nächste Ebene über, da ihr immer mehr Verständnis, Liebe und Freude in dieser Akzeptanz finden könnt.«*

Ich: »Was geschieht dann? Wie sieht die nächste Ebene aus?«

Council of 5: »Die nächste Ebene benötigt euren inneren Frieden. Das dritte Portal, das wir euch bereits durchgaben, vollbringt sich mit Andromeda, ihr durschreitet und erlebt auf Erden, was es bedeutet, inneren Frieden zu fühlen, und was ihr dafür benötigt. Denn manche von euch werden wieder in die Oberflächlichkeit zurückkatapultiert, um am eigenen Leib zu fühlen, dass Oberflächlichkeit euch den inneren Frieden raubt. Auch Freude und Spaß werden auf dieser Ebene erlernt, denn diese schwingen sehr hoch. Selbst in dunklen Phasen des menschlichen Erlebens sein Lächeln zu finden ist Kunst und dennoch die Kunst des Erlebens. Innerer Frieden und Glückseligkeit bringen euch einen energetisch umfassenden Blick.«

Ich: »Was meinst du mit einem energetisch umfassenden Blick?«

Council of 5: »Bereits auf dieser Ebene erkennt ihr, dass es mehr als nur den Menschen und sein Energiesystem gibt. Ihr erkennt, dass die Universen interagieren. Ihr erkennt die Gesetze der Universen und dass das Fühlen das Wesentlichste ist. Ihr fühlt und wisst um andere Wesen in den Universen, und in dieser Zuversicht und des Mit-Eins-Anders verlasst ihr die Matrix-Ebene. Denn ihr wisst somit ebenso, dass der Tod nicht existiert, selbst wenn er für Hinterbliebene auf Erden auch schmerzhaft sein kann. Doch jeglicher Schmerz kann und wird überwunden werden. Ihr fühlt eure Verstorbenen, da sie ebenso auch ohne Physis weiterleben. Doch zu wissen ist das eine, es intensiv zu fühlen und fühlend zu wissen eine vollkommen andere Ebene des Erlebens. Ihr Menschen selbst geht den nächsten Schritt in Richtung der gefühlten Wissensvermittlung, denn jegliches ›alte Wissen‹ – wir ihr es nennt – ergibt keinen Mehrwert, wenn der Mensch nicht anerkennt, was er gefühlt bereits weiß. Die sichtbaren Beweise, die der Mensch für sein Erwachen aus dieser Matrix-Struktur benötigt, erhält er, wenn das Gefühl erwacht.«

Ich: »Gibt es dann noch eine Ebene? Dimension?«

Council of 5: »Im Grunde genommen sind es weder Ebenen noch Dimensionen. Es ist eine energetische Entwicklung, die mit anderen Sternenvölkern im Verbund in Leichtigkeit erlebt werden kann. Je mehr Widerstand, je mehr Profitgier der Mensch hat, desto schwieriger wird es ihm fallen, seine Programmierungen hinter sich zu lassen. Desto mehr Stolpersteine werden in den Weg gelegt werden. Doch der Mensch selbst entscheidet. Es gibt Ebenen und Dimensionen, die sich wiederum ebenso miteinander vermischen. Doch sie existieren. Gewisse Lebensräume von Sternenvölkern sind vermischt miteinander, und doch leben sie als Volk unter sich. Das Getrenntsein in dieser Form des Denkens des Menschen gibt es nicht. Der Mensch weiß das, doch dieses gefühlte Wissen kehrt erst nach und nach zurück. Ihr lernt, liebend zu leben und liebend zu erleben, und dies bedeutet, gefühlt zu leben. Oberflächlichkeiten und Äußerlichkeiten sind euch bis zu einem gewissen Punkt der Erkenntnis wichtig, doch jegliches Denkmuster, jegliches Konstrukt ist ein Konstrukt einer künstlich erzeugten Matrix. Jeder soll sich fühlend erleben. Selbst wenn ihr euch die Haare färbt und teure Klamotten an euren Leib schneidern lasst, es ist euer Gefühl, das zählt, und jeder Mensch entwickelt sich in seinem eigenen Tempo. Wenn es sich für euch nährend anfühlt, ist es eure Nahrung. Liebend erleben ist das Stichwort der neuen Zeit. So akzeptiert, was andere nährt, und ihr nährt euch ebenso in dieser Akzeptanz.«

Ich: »Ist das die nächste Ebene?«

Council of 5: »Diese Ebene ist nahe eurem physischen Tod. Wenn ihr in der Akzeptanz von allem seid, seid ihr nicht mehr imstande, Gut und Böse zu benennen. Ihr fühlt, dass in der Schöpferkraft alles einen Sinn ergibt und im Chaos die Ordnung herrscht. Ihr fühlt, dass alles Illusion ist und die Illusion Realität darstellt. Dass alles und nichts erlebt werden kann.«

Ich: »Wie kommen wir aus dieser Matrix heraus? Aus diesen Denkmustern?«

Council of 5: »Eure Zirbeldrüse ist ein Portal. Die Marsianer haben euch bereits davon berichtet. Es ist jenes Portal, das verschlossen wurde durch die Konstrukte und Denkmuster. Wenn ihr euch energetisch aus den Denkmustern heraushebt, werdet ihr fühlend erleben, dass die Zirbeldrüse euer ›Drittes Auge‹ ankurbelt. Ihr werdet wahrnehmen und spüren, dass das Denken zurücktritt. Denn dies sind Denkmuster, die euch eingebläut wurden. Denkmuster, die euch kleinhalten sollen. Es sind so viele Denkmuster, die ein einzelner Mensch kaum tragen kann, was viele dennoch tun. Sie schränken euch energetisch so sehr ein, dass ihr euch schwer fühlt. Manche Menschen arbeiten täglich daran, aus einem nach dem anderen Denkmuster herauszutreten. Doch sie werden es nicht schaffen, da es zu viele sind. Und es ist auch nicht der Sinn der Sache, an diesem Matrix-Konstrukt zu arbeiten, sondern euch energetisch daraus emporzuheben. Ihr könnt Schritt für Schritt vorgehen, ihr könnt euch auch im Chaos gefühlt leiten lassen, es ist eure Entscheidung.«

Ich: »Deshalb lieben Menschen den schwebenden Zustand der Trance? Weil sie spüren, dass sie außerhalb der Matrix einfach unbeschwert und strahlend sind?«

Council of 5: »Ja. Ihr erkennt und fühlt euch selbst. Ihr könnt diesen Zustand natürlich selbst erfahren. Ihr fühlt, dass ihr Energie seid, und dadurch wird euch bewusst, dass ihr keine Angst vor dem Tod haben müsst. Das größte Konstrukt erlöst sich somit. Der Mensch benötigt allerdings ein wenig Übung, auch im Alltag konstant in der Wahrnehmung und nicht im Denken zu sein. Sobald ihr denkt, nehmt ihr nicht wahr. Sobald ihr die Schubladen der Matrix lebt, denkt ihr. Sobald ihr versucht, die Schubladen zu ›lösen‹, denkt ihr. In eurem Schwebezustand beobachtet ihr aus dem Auge der Liebe. Doch in diesen Schwebezustand der Wahrnehmung zu gelangen bedarf der Übung. Es ist die Übung, die Matrix zu überwinden. Ihr könnt die verschiedenen Portale wie durchgegeben durchlaufen, oder ihr öffnet die Zirbeldrüse, tretet ein in eure Galaxie und entfernt die Denkmuster der Matrix in einem Schritt.«

Ich: »Stimmt es eigentlich, dass unsere Zirbeldrüse verkalkt sein kann und wir hier immer wieder daran arbeiten müssen, sie zu ›entkalken‹?«

Council of 5: »Auch dies ist ein Konstrukt des Opfers. Ihr Menschen und eure Physis seid grundsätzlich imstande, alles in und um euch innerhalb von Sekunden zu heilen. Viele Menschen behaupten, lediglich Physisches könne die Physis heilen. Doch ist nicht alles Energie? Ist nicht alles Liebesenergie, die manchmal durch zu viel Matrix-Energie, durch zu viele Grays, Draconier oder Reptiloiden zu verdunkeln versucht wird? Doch die Liebe ist überall erkennbar. Weder ihr noch jemand anders kann sie im Keim ersticken. So könnt ihr auch eure Heilkraft niemals ersticken, sie ist da. Energiearbeit ist heilsam, da ihr Energie seid. Und wenn Energie fühlbar bei euch präsent ist, darf und wird sie auch Platz greifen. Das Einzige, was euch daran hindert, dass sie sich ausbreiten kann, sind eure Denkmuster der Matrix, die ihr in eurem Zweifel immer wiederholt.«

Ich: »Was können wir also tun, um diesen Zweifler der Matrix mal stillzulegen?«

Council of 5: »Wir werden euch gleich eine Übung zeigen. Es ist für den Menschen wichtig zu üben, um sein Gehirn umzuprogrammieren. Jahrtausende wurdet ihr darin gefangen gehalten, Jahrtausende wart ihr in diesem Opferbewusstsein. Das heißt, selbst wenn ihr euch individuell herausholt, spürt ihr in dieser erweiterten Wahrnehmung den Zweifler der Menschheit. Das ist der nächste Schritt, ›beliebt‹ den Zweifler der Menschheit mit Vertrauen und Liebe.«

Übung/Versuchssession: Ausstieg aus der Matrix und Loslassen der Manipulation

Nimm dir für diese Session zwanzig Minuten Zeit und genieße die Stille zwischen den Worten, sie wird dir ermöglichen, Energie zu empfangen, die dir zusteht. Diese Session ist eine Durchleitung von mit allem, was zu dir gehört und bereits Realität ist. Sie ist eine Hinführung zu allem, was ist. Nichts ist das Höchste, nichts das Niedrigste. Durchlaufe diese Portale und erlebe die Seraphim in ihrer Akzeptanz aller Lebewesen, auch ihrer selbst.

Beginn der Session.

Abschied von gestern.

Abschied vom alten Ich.

Abschied von alter Energie.

Abschied, um neu zu erwachen.

So fließt du in dieser Energie des Abschieds, du betrachtest deine Energie, die du hinter dir lässt, während du atmest und dich in deiner Ruhe erwärmst.

Du erwärmst dein Innerstes auf Seelenebene und beobachtest deinen Abschied.

Wirken lassen.

Niemals hättest du dir diese Entwicklung zugetraut. Doch sie geschah. Welche Hürden da waren, die du gemeistert hast. Sieh deine Energie, die immer da war, die sich farbenprächtiger denn je entfaltet und kräftiger wird.

Womöglich hast du gerade das Gefühl, dass rund um dich ein Schutzpanzer ist, ein Kokon oder ein Gitternetz, doch deine Farbenpracht ist so intensiv, dass sich dieser Kokon langsam, ganz sanft und voller Demut und Dankbarkeit öffnet.

Wirken lassen.

In dieser Öffnung fühlst du die Leichtigkeit und steigst empor.

Du steigst empor und fühlst die Verbindung zu allem, was ist. Zu allem, was du fühlst und was fließt.

Du steigst empor, fließt ins All und siehst dich um, deine Starseeds begleiten dich in frohem Miteinander. Dankbarkeit fließt. Freude fließt. Genieße kurz die Reise und deine Botschaften.

Wirken lassen.

Die Vereinigung deiner puren Liebesenergie ist die Vereinigung mit deinen Guides; spüre diese Kräftigung, die dich noch tiefer ins Universum eintauchen lässt. Als würdest du nun mit Schwung durchs Orion-Portal fließen.

Wirken lassen.

Und nun durchs grüne Portal der Erkenntnis.

Wirken lassen.

Das Andromeda-Portal des Friedens erfüllt dich nun.

Wirken lassen.

Erleichtert, gereinigt und erfüllt im Frieden, wirst du zum Zentrum des Universums geführt und geleitet und kommst nun an einem Ort an, der wie Musik klingt. Die Frequenz der Liebe ist fühlbar. Hell, erleuchtend, und du wirst empfangen von den Seraphim, empfange die Leichtigkeit des Seins.

Wirken lassen.

In allem, was du bist, liegt deine Wahrheit. In allem, was du fühlst, deine Weisheit. In allem, was du siehst, deine Strahlkraft. Fließe durchs Leben und nimm dich mit. Während du zurückkehrst zu deinem Portal, siehst du uns alle fliegen. Uns – in unserer vollen Pracht. Denn wir fliegen miteinander, verbunden, fühlend im Herzen verbunden. Kehren miteinander zu uns nach Hause. Ohm Shanti, Shanti, Shanti Ohm.

Die Seraphim und auch andere Engel dieser Riege sind die Verbinder. Viele waren dort und inkarnierten sodann als sogenannte Aliens, doch die Meisterschaft ist das Menschsein, und dazu entschließen sich nicht alle, nur die Mutigen unter uns.

Seinen Spirit und sein Energiesystem zu erkennen, zu fühlen und zu leben ist das eine, seine energetische Kraft als Mensch für sich und für die Gesamtheit des Miteinanders umzusetzen ist die Meisterschaft des Seins.

Der Rat der Fünf zeigte mir dann Bilder der Ebenen, da beim Interview durchaus auch Verwirrung hätte entstehen können. Einerseits sind es Ebenen, aber in dieser energetischen Sicht war es klar und deutlich, dass man nichts wirklich in Strukturen einteilen kann. Die Vermischung und das gefühlte Erleben stehen stets im Zentrum, wenn es der Wahrhaftigkeit entspricht.

Selbst wenn dies ein Versuch ist, die Ebenen darzustellen, bitte sei dir immer bewusst, dass du ein Individuum bist und die Ebenen sich vertauschen und verschieben können. Wir alle erleben Energien und uns selbst anders. Fühl dich frei, auch eine Ebene mit einer anderen zu verbinden. Freiheit im Gefühl ist die Liebe zu dir im freien Fluss der Universen:

Erste Ebene: Der Ausstieg

Körper: Was nährt mich an meiner Kleidung? Wie nährt mich meine Kleidung?

Die Verbindung zwischen Körper und Energie/Gefühl wird aufgebaut. Die Manipulation und Oberflächlichkeit wird zum ersten Teil verlassen.

Zweite Ebene: Deine Gedanken als wesentlicher Teil deiner selbst

»Sitzen und blöd schaun.«

Lass deine Gedanken da sein, um dich energetisch zu erleichtern und sie zu akzeptieren. Alles, was du gedanklich von dir schiebst, kehrt zurück. Es ist Teil von dir.

Du empfindest sehr tiefe Dankbarkeit durch diese Akzeptanz deiner selbst.

Dritte Ebene: Das Getrenntsein wird überwunden

Die Angst des Getrenntseins wird durchbrochen. Durchschreite das Orion-Sirius-Portal. Dies gibt dir Mut.

Sirius lässt dich tief tauchen und auftauchen. Du verlässt das Trauma der *Missing Children of the Universe.*

Vierte Ebene: Triggerparty

Durchschreite das grüne Portal, das dir alles zeigt, was dich triggert; und lass dich in die Tiefe führen, um zu erfahren, warum du getriggert wirst.

Akzeptiere deine Triggerpunkte. Spüre die Leichtigkeit, wenn du das Gefühl dieser Triggerpunkte da sein lässt.

Du lässt sie hinter dir, und dennoch weißt du um die Dankbarkeit, sie erleben zu dürfen, da sie dich zu dem machten, was du bist: wundervoll.

Auf dieser Ebene wirst du womöglich die Gitternetze sehen oder erleben; beobachte ebenso, ob du um deinen Körper ein Gitternetz hast, und fließe aus der Liebe heraus hindurch.

Fünfte Ebene: Das große Erkennen des Mit-Eins-Anders

Es ist nicht relevant, ob du zu den Seraphim reist oder nicht. Diese Ebene lässt die Polarität der Erde hinter sich. Gut und Böse gibt es in diesem Bewusstsein nicht.

Als Mensch werden wir nur teilweise in diesem Bewusstsein leben. Der physische Tod oder die Schritte zu diesem lassen uns dieses Bewusstsein zu hundert Prozent erfahren.

Der Ausstieg über die Zirbeldrüse

Der Ausstieg aus der Matrix kann auch ganz einfach mit der Zirbeldrüse erfolgen. Bei den Marsianern erfuhren wir, dass sie ein Portal ist; und wenn du imstande bist, durch dieses Portal hindurchzufließen, dann kannst du viele Denkmuster entfernen lassen. Nach meinem Empfinden und in der Arbeit mit Klienten zeigte sich jedoch, dass das Gefühl und die Energie der Menschen einen allerdings immer wieder in die Matrix zurückholen.

Deshalb erscheint dieses Stufenprogramm – eine Stufe, ein Portal nach dem anderen zu durchlaufen, auch mehrmals – sinnvoll zu sein. Denn das Energiesystem lernt zwar schnell, doch die Synapsen im Gehirn wie auch die physischen Zellen des Menschen sind manchmal nicht so rasch wie die Energie selbst. Die Energie geht immer voraus. Und dadurch, dass wir ein liebevolles System sind, sollten wir all unsere Wesensanteile gleichermaßen liebevoll mitnehmen, damit kein Part unserer selbst überfordert wird. Hier gilt, dass dein Gefühl zählt. Und vergewissere dich, dass es dein Gefühl ist und nicht eine Emotion aus der Vergangenheit, die dich zweifeln lässt.

Heilung bei draconischen Übergriffen

Die Draconier sind meinem Empfinden nach eine intensiv kräftezehrende, manipulierende Energie, die sich immer wieder geballt auf der gesamten Erde zeigt. Auf der einen Seite erkennbar, wenn die Friedensenergie Platz greifen möchte und die Liebe präsent ist, auf der anderen Seite begleitet mit Großtragödien, die sich im Nachklang nach dem draconischen Besuch auf der Erde zeigen. Als wären sie nur in der Gruppe stark.

Was mich durchaus verwundert, denn die Draconier selbst sind riesig, muskulös gebaut, schwarz, und sie haben rote Augen. Sie wirken wie aus einem Science-Fiction-Horrorfilm. Hollywood hat in dieser Berichterstattung also wieder einmal gute Arbeit geleistet. Denn alles, was du aus solcherart Filmen kennst, trifft auf die Draconier zu.

Bereits vor über zehn Jahren bemerkte ich in einer Ausbildungswoche, dass bei einem Trance Healing aus dem Energiekörper einer Kollegin eine Energie nach hinten über den Rücken herausschlüpfte. Sie sah in ihrer Form menschenähnlich aus, wirkte dunkel und zäh mit einem Gefühl von Zorn. Im Laufe der Jahre stellte ich fest, dass die draconische Energie immer wieder bei Menschen landet, die zuvor eine Gray-Energie gestreift hat.

Doch die Energien der Draconier können sich nur einlagern, sofern wir unbewusst durchs Leben gehen. Wenn wir uns vergessen, wenn wir uns überarbeiten, wenn wir uns übermäßig betrinken, bekiffen oder in jeglicher anderen Form des Übermaßes leben, um damit unsere blinden Flecken (die ja keine sind!) unsere Sorgen oder Traumata zu überdecken versuchen.

Du bemerkst womöglich gerade, dass da ein gewisser Stufenplan dahintersteckt, der sehr ausgeklügelt erscheint. Auf der ersten Stufe steht das Matrix-Konstrukt, das uns in gewisser Hinsicht alle in die Opferhaltung bringen soll und uns dadurch schwächt. Wenn wir genug geschwächt sind, wir womöglich Süchten frönen, entstehen in der Folge die Energielecks. Durch diese können sich dann Grays einschleichen. Sobald die Grays unbemerkt wirken und sich unter den Menschen verbreiten, tauchen die Dracos auf. Ihre Energie ist sehr aggressiv und zäh.

Grays-, Reptiloiden- oder Draco-Energien suchen sich einen Wirt. Ein Wirt wird nicht nur ausgelaugt, sondern auch als Überträger genutzt, damit sie Negativität ins Feld tragen können. Also gibt es so etwas wie »negative« Medien, die sich noch nicht ganz für ihren Weg entschieden haben. Die Entscheidung eines lichtvollen Weges liegt immer in der Antwort unseres Herzens. Denn die herzliche Energie des akzeptierenden Miteinanders lässt Frieden und Freiheit fließen, ohne zu binden, ohne zu kontrollieren. Frei sein lassen und liebend im Mit-Eins-Anders leben.

In einer Zeit des Übergangs ins neue Zeitalter wurde diese Form der draconischen Übergriffigkeiten von mir und vielen meiner Kollegen sehr oft gesichtet und beobachtet. Daraufhin sind wir zur Tat geschritten. Angst öffnet das energetische System in einer Art und Weise, dass wir bedürftig werden und mehr nach Hilfe suchen, eher in der Opferrolle und mehr im Kopf als im Herzen sind. Dieses Mehr-im-Kopf-als-im-Herzen-Sein ist der Grund, warum solche Energien andocken können.

Wenn du viele Ängste hast, beginne deine Ernährung zu überdenken. Beginne zu meditieren. Beginne, fühlend zu erkennen: Was ist meine Energie und was nicht? Denn wir sind auch hier keine Opfer, sondern sollen zu erkennen und zu fühlen lernen, was wir sind.

Beginne, deine Verurteilungen in Gedanken fühlend zu wenden; denn sie fließen womöglich nicht als Verurteilungen zu dir zurück, sondern als Angst.

Draconische Energien können sich in vielerlei Hinsicht einschleichen, doch es ist wichtig zu wissen, dass ein herzlicher Mensch davon nicht betroffen ist. Denn Herzlichkeit ist für Dracos abstoßend. Das

Einzige, was du tun musst, ist somit, in deine Herzlichkeit einzutauchen. Doch gibt es bei uns Menschen immer wieder Phasen der Transformation, in denen wir vergessen, wie herzlich wir eigentlich sind. Wir sind beruflich erfolgreich und vernachlässigen unsere Herzlichkeit. Wir verlieren Menschen, weil sie auf andere Ebenen weiterziehen, und verlieren während der Trauer ebenso unsere Herzlichkeit. Doch wir finden sie wieder. In diesen Zeiten erfahren wir mehr denn je, dass wir energetische Wesen sind und in unsere Herzlichkeit zurückfinden. Und dabei können wir uns gegenseitig unterstützen.

Wenn ein Mensch mit draconischer Energie zu weit ging oder ein Draconier dir als Wesen erschienen ist, bedarf dies deiner inneren Ruhe und deiner Liebe. Und des Friedens.

Es ist wesentlich zu wissen, dass Alkohol und Drogen beziehungsweise die Ursache, warum du Alkohol oder Drogen zu dir nimmst, negative Energien regelrecht einladen. Und, ja, ich weiß, viele behaupten, dass die Urvölker alle psychotrope Substanzen verwendeten – bla, bla, bla: Das ist meinem Empfinden nach eine Ausrede. Denn ein fühlend wahrnehmender oder weiser Mensch benötigt keine Hilfsmittel, um sich mit der Quellenergie zu verbinden.

Dracos werden dich in solchen bewusstseins*verminderten* Zuständen viel leichter einnehmen können. Sei dir dessen immer bewusst. Und wenn eine Draco-Energie in deinem Energiesystem ist, wirst du es vielleicht erst nach Monaten feststellen können. Ich habe es selbst mehrmals miterlebt, dass bei betroffenen Menschen in ihrem Leben wirklich alles schieflief. Die Draco-Energie legt sich an der Wirbelsäule an und steuert dich in gewisser Hinsicht durchs Dasein. Auch du könntest in deinem Umfeld beobachten, dass solche Menschen wie ferngesteuert durchs Leben laufen.

Manche mögen nun beispielsweise behaupten, dass dies an einer bestimmten Impfung liege; doch konnte ich das nicht in einem einzigen Fall so sehen. Du wirst auch bemerken, dass der betroffene Mensch immer mehr so etwas wie eine spitze Zunge bekommt, sehr zynisch und immer verbitterter wird. Als würde er eine gewisse

Schwere nicht mehr loswerden. Das ganze Leben ist für ihn einfach nur noch mühsam.

Diese draconischen Energien können so weit führen, dass sie Menschen zur Aggression verleiten – und, ja, auch bis zum Mord. Insbesondere wenn sie profitgierig sind, was ja ebenfalls eine Sucht ist, die aus dem Konstrukt der Denkmatrix entstand, ist das Aggressionspotenzial sehr hoch. Sie werden sehr oft als »unberechenbar« bezeichnet. So manche Fälle kommen mir dabei in den Sinn, wo man von Prominenten liest, die plötzlich durchgedreht sind und ihren Lebensgefährten umbrachten. Erst im Jahr 2023 konnte solch ein Fall verzeichnet werden, als eine junge Influencerin ihrem Partner das Messer in den Leib stach.

Dies geschah übrigens zu einer Zeit, als die Draconier sehr intensiv auf der Erde präsent waren, und veranlasste mich dazu, dass ich genau in jenen Zeiten Friedenssessions publizierte und im Jahreskreis kennzeichnete, wann diese Okkupation besonders virulent ist. Doch auch dann muss der Mensch kein Opfer sein. Ich selbst sprach mit einem Draconier, der sich kurze Zeit bei mir eingeschlichen hatte. Ich muss gestehen, dass ich den Kontakt mit solchen Energien immer verbergen wollte, da die spirituelle Szene sehr in der Verurteilung verhaftet ist. Dennoch sind die Informationen wesentlich für alle, damit wir uns weiterentwickeln.

Dieser Draconier hatte sich also an meiner Wirbelsäule festgesaugt; und da ich physisch sehr fit bin, bemerkte ich sehr schnell, dass etwas nicht stimmt, als die Hüfte und der untere Rücken enorm schmerzten. Natürlich steht hier meistens ein Thema im Raum, und, ja, dieses Thema habe ich mir bei einem Trance Healing für mich selbst ebenso zeigen lassen. Beim Freilassen des Themas zeigte sich dann der Draconier. Keine schöne Ansicht, denn Draconier wirken alles andere als wie Teddybären. Als er abermals Schwung holen wollte, um zu mir zurückzukehren, waren Loveletters bei mir und beflügelten mein Herz. Die pure Liebe war ich und beobachtete, dass die Augen des Draconiers ganz weich wurden. Wir sahen uns an und fühlten beide die Veränderung, und ich sprach zu ihm.

Ich: »Kannst du jetzt bitte gehen, ich lasse dich in Liebe los.«

Er sah mich an und bewegte sich nicht. Deshalb fragte ich nach.

Ich: »Warum bist du hier? Du hast doch sicher etwas Besseres zu tun, als dich bei den Menschen vollzusaugen wie eine Zecke. Sieh dich an, wie kraftvoll du bist, das kann doch keinen Spaß machen.«

Draconier: »Wir führen Befehle aus. Was bedeutet Spaß?«

Ich sandte dem Draconier ein Gefühl von Freude, während ich Liebe war, und er zog weiter. Irgendwie habe ich bis heute das Gefühl, dass sich in ihm etwas veränderte; und bis heute fühle und weiß ich, dass jeder, auch jedes Sternenvolk, das Potenzial hat, sich an die Liebe zu erinnern. Somit erklärt sich das Mit-Eins-Anders nochmals: jedem und allem die Chance zu geben, sich in seinem eigenen Tempo an die liebende Quelle des Seins zu erinnern.

Wenn du das Gefühl hast, du wirst energetisch angegriffen, hier eine Übung für dich.

Übung: Energetische Angriffe erkennen

Begib dich in Trance oder zumindest in einen ruhigen energetischen Zustand. Du kannst hierfür Musik, Steine oder Düfte als Hilfsmittel heranziehen, wenn du noch nicht fortgeschritten in der Energiearbeit bist.

Beobachte deine Energie: Wie fließt sie? Fließt sie gleichmäßig?

Gehe all deine Hauptchakras durch. Vom Wurzel- bis zum achten Chakra. Fließen alle im Uhrzeigersinn? Fließen sie leicht und strahlend? Fühlen sie sich erfüllt an? Falls nicht, kannst du sie mit deinem Atem und deiner Aufmerksamkeit wieder in Fluss bringen.

Fühlst du, ob sich irgendwo in deiner Aura eine Unstimmigkeit befindet? Gehe zu dieser Unstimmigkeit.

Nun bitte einen lichtvollen Guide an deine Seite, beispielsweise ist Sunseed hierbei ein sehr guter Begleiter.

Lass diese »Unstimmigkeit« oder »dunkle Energiewolke« abfließen, als würde sie über deine Füße, deine Fußsohlen der Erde übergeben.

Falls dir das nicht möglich ist, lass die Energie nach hinten abfließen. Lass die Energie so lange abfließen und reinigen, bis du das Gefühl hast, dass deine gesamte Aura wieder klar und farbenfroh ist.

Falls du es nicht allein schaffst, deine Energie von dunklen Energien zu befreien, frage eine Energetikerin, Heilerin oder ein Starseed-Medium (Coach) um Hilfe. Sie wissen, was zu tun ist; und es ist auch nicht schwierig, solche Energien zu befreien. Lediglich die Auffassung religiösen Ursprungs, dass solche Energien nur durch Initiierungen oder intensive Rituale entfernt werden könnten, ist ein Irrglaube. Eben ein Glaube und kein Wissen. Glaube ist nett, Wissen ist wahrhaftig. Es ist das selbst gefühlte Wissen, das wahrhaftig ist, und nicht die von anderen geäußerten Informationen oder ein dem Verstand entsprungenes Wissen. Wir lernen wieder zu fühlen. Tausende Zuhörende und Teilnehmende an meinen Workshops, Vorträgen und Kursen berichten mir, wie intensiv meine Kurse sind, und die meisten, dass sie dankbar sind, hierdurch wieder ihre Gefühle besser kennenzulernen. Dieses Geschenk eröffnet ein vollkommen anderes Leben und auch den Zugang zu deinen Hellsinnen.

Wenn du das Gefühl hast, dass jemand dich manipuliert oder energetisch bei dir übergriffig wird, kannst du auch energetisch für dich arbeiten. Es ist wesentlich zu verstehen, dass du *an dir* arbeitest und nicht am anderen, denn das wäre ebenfalls übergriffig. Du würdest also in die Energie der Draconier eintauchen und gleichermaßen handeln wie sie. Schlimmer noch, du würdest durch dieses Handeln draconische Energien einladen, was dich mehr und mehr von dir und deiner Seelenessenz abwenden würde.

Also Obacht! Es liegt immer an dir, wie du dich entwickelst, selbst wenn Meilensteine gesetzt werden. Das *Wie* ist die menschliche

Entscheidung: *wie* ich es gefühlt erlebe, *wie* stark ich in meiner Sicherheit des Gefühls bin, *wie* eindeutig ich erkennen kann, ob ich lediglich in der Erinnerung einer Emotion der Vergangenheit festhänge oder doch den Moment fühle und die Sinnhaftigkeit erspüren kann. Denn viele Meilensteine im menschlichen Erleben sind oftmals auch »negativ«, doch exakt diese sind einprägsam wie auch lehrreich.

Draconisch-menschliche Manipulation mit Liebe erlösen

Du fühlst dich fremdbestimmt.

So nimm dir Zeit.

Atme in dich hinein.

Atme dich in die Ruhe.

Dehne deine Herzenergie aus.

Bitte Latinreh, dir dabei zu helfen.

Du fühlst deine herzliche Energie.

Egal, in welcher Situation du dich befindest, du kannst dies tun. Du wirst sofort spüren, wenn du gegen deine Seele gehandelt oder Worte gewählt hast, die nicht die deinen waren.

Doch bleibe in der Herzenergie.

Sag deinem Gegenüber: »Ich sehe dich.« Entweder direkt oder energetisch. Und sieh den Schmerz, das Leid, die dieser Mensch erlebte.

Sieh die Beweggründe, die dieser Mensch erlebte, dass er auf diese Art und Weise handeln zu müssen glaubt, um sich groß zu fühlen. Schenk ihm deine Liebe und Aufmerksamkeit. Nur für diesen Moment.

Du wirst spüren, wie sich die gesamte Situation verändert.

Insbesondere, wenn du deine wundervolle Herzenergie spürst und ruhig in dir fließend und liebend bleibst.

Menschen sind mächtige energetische Wesen, so sind wir auch imstande, andere zu beeinflussen. In Träumen kann es vorkommen, dass dich andere beispielsweise sexuell verführen möchten. Viele machen dies allerdings nicht mit Absicht. Das sollte hier nochmals betont werden. Es gibt tatsächlich Leute, die dehnen die sexuelle Energie mit ihren Gedanken und Wünschen an einen Wunschpartner so intensiv aus, dass es energetisch übergriffig beim anderen ankommt und der sich fühlt, als wäre er missbraucht worden.

Auch anzügliche Blicke von Fremden können von einem sehr hellfühligen Menschen so wahrgenommen werden. Zudem liegt eine Übergriffigkeit vor, wenn man beim Sex an jemand anders denkt: an einen Menschen, der in den Akt nicht involviert ist. Als würde man den Partner, mit dem man gerade zusammen ist, nur als Puppe missbrauchen. So hat man drei Übergriffigkeiten auf einmal: den Missbrauch des Körpers der gegenwärtigen Person, wobei hier natürlich auch die Seele verletzt wird, und den Missbrauch der Energie der abwesenden Person – auch hier werden schlussendlich Körper und Seele leiden. Und schließlich ist es auch eine Verletzung der eigenen Seele, wenn ein Akt der Liebe auf solche Art und Weise ausgelagert wird. Denn der Mensch möchte die Liebe authentisch leben und nicht ferngesteuert ausführen. Und Sex ohne Liebe ist auch in physischer Hinsicht Missbrauch seiner selbst.

Ähnliches geschieht im Übrigen, wenn man sich durch Pornografie in Fahrt bringt. Denn dabei geschieht Folgendes: Der Zusehende spürt die darstellerische Energie des Protagonisten, dessen sexuelle Energie nicht mit Liebe gekoppelt ist und lediglich dem Profit oder der sexuellen Sucht verpflichtet ist. Wenn nun ein Mensch immer wieder Pornografie benötigt, um sexuell aktiv zu werden, wird die ureigene Lust vollkommen überschattet. Die sexuelle Energie ist ja auch Lebensenergie und wurde uns gegeben, um Liebe physisch zu leben und zu erleben. Durch den Konsum solcher Videos gibt man seine sexuelle Lebenskraft ab und stumpft in Sachen Liebe ab.

Was kannst du also tun, um deine Träume erfüllend zu erleben, ohne dich durch Schutzmaßnahmen energetisch zu begrenzen? Das Schutzbedürfnis ist stets aus Angst geboren, jegliche Angst zieht negative Energien an. Deshalb ist es immer gut, seine Liebe zu finden und in dieser Quell-Liebe seine strahlende Göttlichkeit zu leben. Das ist der Ursprung, der sich sodann in alle Bereiche deines Seins ausdehnt.

Folgende Übung könntest du durchführen, bevor du dich abends schlafen legst.

Übung: Übergriffigkeit im Traum oder in der Einschlafphase aufspüren

Atme wieder in dein Herz, und sei ganz bei dir. Liebe dein Fühlen. Liebe deine Präsenz.

Aus dieser Liebe heraus sage laut und durch deine Herzenergie: »Ich liebe und bin Liebe, so liebe ich mich, und ich liebe meine Freiheit. Ich sehe dich, doch nun fließe aus meinem Energiefeld.«

Fühle, wie die Energie dieses Menschen abfließt.

»Ich erlaube es dir nicht, meinen Körper, meinen Geist, meine Energie, meine Seele zu benutzen. Niemals.«

Bleib konstant im herzlichen Fühlen, bis du eindeutig wieder deine Freiheit und Reinheit fühlen kannst.

Holas – Der kreierende Magnetismus

Die Holas wurden von vielen Menschen bereits hellsichtig erkannt. Ihre Augen erinnern an Eulen. Doch sie haben keine Flügel wie Vögel, ähneln in ihrem Körperbau aber anderen physischen Wesen mit Rumpf, Armen und Beinen. Ihr Gesicht und viele Stellen des Körpers scheinen behaart zu sein. Sie informierten mich über ihre Funktion: Sie sind auf Raumschiffen quasi »angeheuert«, um zu beobachten, aber nicht, um zu bewerten oder einzugreifen.

Während eines Flugs sehen sie beispielsweise einen Asteroiden und warnen, dass dieser auf das Schiff zukäme. So können die »Piloten« in Windeseile eingreifen. Holas steuern nicht, sie berichten, was sie sehen. Wie die ultimativen Seher. Sie sehen durch Galaxien und alle Universen. Distanz ist ihnen fremd.

Um ihre braun-grünen Augen legt sich ein goldgelb schimmernder Ring. Er wirkt wie der Eintritt in andere Dimensionen. Und diese Funktion hat er auch. Die Holas zeigten mir, dass man in Verbindung mit ihnen Situationen von außen betrachten kann. Durch sie gelangt man in eine vollkommen neutrale Position. Sie verbinden sich dadurch – was die Menschheit anbelangt – sehr oft mit The Eye, jener Oringweh-Energie, die ich schon in *Starseeds* beschrieben habe. Sie sind also energetisch mit The Eye verbunden und offenbar in so etwas Ähnlichem wie derselben Galaxie »beheimatet«. Als ich sie fragte, wo ihre Heimat ist beziehungsweise wie sie aussieht, bekam ich allerdings kein Bild, sondern folgende Antwort.

Hola: »Wir sind nicht heimatlos, doch wir sind nicht fixiert. Wir sind ungebunden und dennoch verbunden. Wir sind die Wieder- und Heimkehrer, wir sind jene, die sehen, was Heimat ist und wie Heimat entsteht. Wir sind die Beobachter des Tatsächlichen und des Nichts. Wir wissen alles und nichts.«

Ich: »Auch menschlicher Sicht bedeutet dies also: Ihr seid alles und habt keine Heimat, da ihr überall beheimatet seid?«

*Hola: »Wir beobachten, und wer uns fragt, erhält eine Antwort, was wir beobachten. Wir sind Kund*geber, *nicht ›Kund*nehmer*‹.«*

Ich: »Was bewegt euch denn? Wenn ihr neutral seid, habt ihr dann überhaupt einen Antrieb, euch irgendwohin zu bewegen; beziehungsweise … ihr habt doch gar keinen Grund, euch an einem bestimmten Ort niederzulassen, oder?«

Hola: »Im gesamten Universum bewegen wir uns im Magnetismus. Uns zu rufen bedeutet, den Magnetismus einzusetzen. Der Herzmagnetismus in seiner Neutralität liebt. So öffnet ihr eure Herzen in der Vollkommenheit der Universen, so liebt ihr alles, und der Magnetismus der Vollkommenheit öffnet sich.«

Ich: »Doch Menschen stecken oftmals in einer Misere und würden eure Beobachtungsgabe aus der Neutralität heraus benötigen, wenn sie in emotionalen Schwierigkeiten stecken. Wie können sie euch dann rufen?«

Hola: »Ihr Menschen seid imstande, euch selbst in emotional niedrig schwingenden Zuständen in einer höheren Frequenz einzufinden. Beginnend mit eurem Körper, den ihr in den Ruhezustand versetzt, wonach ihr euren Geist beruhigt und eure energetische Frequenz erhebt, erzeugt ihr ein erhöhtes elektromagnetisches Herzensfeld. In diesem Herzensfeld sind wir deutlich sichtbar und leihen euch unsere fühlbaren Augen.«

Ich: »Ah, du meinst einen Trance- oder meditativen Zustand, oder?«

Hola: »Ja.«

Ich: »Ihr leiht uns eure Augen also im metaphorischen Sinne?«

Hola: »Nein, es ist möglich, dass ihr durch unsere Augen seht, wie ihr euch elektromagnetisch verhaltet und bewegt. Neutronen bilden sich um euch, je nachdem, wohin ihr euer elektromagnetisches Feld des energetischen Blicks richtet, wird sich euer menschlicher Weg hinbewegen.«

Ich: »Ich muss mir deine Worte ein wenig zurechtrücken. Du meinst also, dass es Neutronen um uns herum gibt, für jeden Weg oder Lebensthema also mehrere Möglichkeiten; und je nachdem, worauf wir unsere Aufmerksamkeit richten, gehen wir den entsprechenden Weg?«

Hola: »Ja.«

Ich: »Was ist dann mit den Meilensteinen in der Zukunft?«

Hola: »Die habt ihr euch selbst gegeben, bevor ihr auf die Erde kamt. Dennoch bewegen sich elektromagnetische Felder. In diesen Feldern wählt ihr, welches Gefühl ihr entwickelt und auch wie die Meilensteine sich gestalten.«

Ich: »Kannst du uns ein Beispiel geben, wie du dies genau meinst? Also eins, das für Menschen verständlich ist?«

Hola: »Womöglich habt ihr als Seele vor eurer Inkarnation festgelegt, dass ihr drei verschiedene Liebespartnerschaften haben möchtet. Was bedeutet, dass ihr zwei Trennungen durchlaufen werdet. Dies sind die Meilensteine. Doch was ihr nicht festgelegt habt, ist, wie ihr diese Meilensteine durchlauft. Das konntet ihr nicht, denn das Leben als Mensch ist eine Meisterschaft unter den Sternenvölkern. Die Meisterschaft des Gefühls, der Emotionen und der Liebenden. So lernt ihr im Laufe der Zeit zu steuern, wie ihr euch fühlt und wie sich die Taten, Worte, Mitmenschen und Situationen in eurem Erleben ermöglichen. Ihr könnt beispielsweise eine Trennung durchleben, die durchaus einen Sinn für euch ergibt und aus der ihr genährt und gestärkt hervorgeht beziehungsweise für die nächste Partnerschaft lernt. Oder ihr erlebt die erste Trennung als zermürbend, sodass ihr all euren Schmerz und euer Leid in eine niedrige Schwingung einbettet. Dann werdet ihr diese niedrige Schwingung aussenden, ihr lebt sie. In dieser Schwingung durchleidet ihr die nächsten Partnerschaften ebenso. Magnetismus ist Energie.«

Ich: »Können wir radikale Kehrtwendungen machen in unserem Magnetismus?«

Hola: »Ja. Der Mensch lernt sehr schnell. Eure Vorstellungskraft ist keine Einbildung. Nur sie ist real. Wenn ihr es schafft, aus der Glaubwürdigkeit und Beeinflussung des Außen auszusteigen. Auszusteigen aus allem, was euch von anderen als Realität vorgegaukelt wird, kreiert ihr euer Leben. Doch dies bedeutet für euch Menschen, dass ihr tatsächlich lernt, mit Magnetismus, also mit euren Energien umzugehen. Dies bedeutet, zu wissen, zu fühlen, zu erkennen, dass ihr, wenn ein Magnetismus euch anzieht, die Wahl habt, ob ihr aus diesem Magnetismus aussteigt oder nicht, wenn eine Entwicklung im Gang ist.«

Ich: »Okay. Wenn wir beispielsweise erkennen, dass wir abermals einen toxischen Partner anziehen, wenn wir erkennen und fühlen, dass sich ein altes abträgliches Muster wiederholt – bedeutet dies, dass wir dann sehr schnell aus jenem Magnetismus aussteigen können? Steuern unsere Gedanken den Magnetismus?«

Hola: »Nicht nur. Ihr habt eure Gedanken, ihr habt euer Gefühl, ihr habt eure Erlebnisse und Erinnerungen. Selbst aus den Erinnerungen könnt ihr aussteigen. Stellt euch vor, dass die Erinnerung anders erlebt wird, und prompt wird sich euer Jetzt verändern. Doch nur die Vorstellung allein reicht nicht. Ihr sollt es fühlen. Denn im Gefühl des Erlebten wird es real. Die Gedanken sind auch Magnetismus, aber nur ein kleiner Teil davon. Das Gefühl potenziert die Energie beziehungsweise den Magnetismus.«

Ich: »Die Menschen interessieren sich sehr dafür, wie sie ihr eigenes Leben in Glückseligkeit gestalten können. Sie möchten glücklich sein. Es ist auch unser Geburtsrecht, oder?«

Hola: »Ja. Glücklich zu sein allerdings auch in Phasen des Erlebens, in denen ihr lernt. Manchmal fühlt sich eine menschliche Lernphase etwas ungemütlich an; und dennoch kann diese Episode ebenfalls glücklich erlebt werden. Wesentlich ist für euch, dass ihr diese Entwicklungsphasen nicht verdrängt. Denn dann würde unweigerlich Stagnation eintreten. Ihr habt diese Macht. Wählt also.«

Ich: »Was würde geschehen, wenn wir stagnierten?«

Hola: »Ihr habt die Macht, dass ihr den Magnetismus zum Stillstand bringen könnt. Wie Energie, die nicht mehr fließt. Energie, die nicht mehr fließt, erstickt sich selbst und verliert weiter an Energie. Euer Geist wie auch eure Physis würde in gewisser Hinsicht implodieren wie ein schwarzes Loch. In ein solches schwarzes Loch würdet ihr auch andere Energien mit hineinziehen.«

Ich: »Mit Verlaub, das passiert auf Erden doch auch sehr oft. Menschen, die sich aus ihrem Sicherheitsbedürfnis heraus in ihrer Komfortzone bewegen, steuern sehr oft in Richtung physischer und/oder psychischer Krankheit. Auch das Umfeld leidet unter diesem Zustand.«

Da ich keine Antwort bekam, wurde mir schlagartig klar, dass die Holas immer eine Frage benötigen, damit eine Antwort fließt. Also fragte ich nach.

Ich: »Heißt das, wenn wir bemüht sind, in unserem Sicherheitsbedürfnis zu verweilen, werden wir krank? Bedeutet dies auch, dass es gut für unsere Gesundheit ist, wenn turbulente Ereignisse oder Neuigkeiten zu uns kommen?«

Hola: »Ja, das ist gemeint. Es ist ein Antrieb für eure Energie, die fließen möchte. Ihr seid energetisch-elektromagnetisch ständig im Fluss. Wenn euer Geist, eure Physis oder auch euer Magnetismus zum Stillstand gebracht sind, so werdet ihr dies erleben. Ein Erlebnis, das ihr noch nicht kanntet, ist Bewegung für euch, die euch wohltut.«

Ich: »Und wenn es ein negatives Erlebnis ist? Mal ehrlich, wir Menschen neigen dazu, negative Erlebnisse zu verachten. Ist ein negatives Erlebnis tatsächlich eine Wohltat?«

Hola: »Negativität ist das, von dem ihr festlegt, dass es negativ ist. Ihr habt die Wahl, wie ihr etwas fühlt und erlebt. Wie gesagt: Ihr wählt den Magnetismus, in dem ihr lebt. Und wenn er euch nicht wohltut, so habt ihr die Macht, den Magnetismus umzupolen.«

Ich: »Was meinst du damit: ›umzupolen‹?«

Hola: »Stellt euch vor, ihr seid zwei Pole. So habt ihr einen negativen und einen positiven Pol, und das ergibt einen Magnetismus. Ihr wählt, in welchem Pol ihr lebt.«

Diese Erklärung löste in meinem Magnetismus eine Art Nullpunkt aus.

Die bildliche Beschreibung der Bedeutung des Magnetismus ist wesentlich, um zu verstehen, dass wir unsere Realität tatsächlich erschaffen. Doch wir Menschen neigen dazu, dass wir es nicht als real erkennen oder fühlen können, wenn wir es nicht erleben. Wir nennen es »Wunder«, wenn Synchronizitäten auftreten oder unsere Medialität funktioniert.

Das Wort »Manifestation« möchte ich hier allerdings nicht in den Raum stellen. Denn beim Manifestieren läuft vieles schief. Meist manifestieren Menschen etwas – und, ja, ich spreche aus eigener Erfahrung – aus einem Mangel heraus. Wir gehen ins Manifestieren, wenn wir einen Wunsch haben. Wir wünschen und manifestieren, da wir zu wenig Geld haben, gern einen (anderen) Partner hätten oder uns Gesundheit wünschen, weil wir krank sind. Doch wir sollten in Hochphasen oder, wie die Holas es nennen, im »positiven Magnetismus« kreieren.

Natürlich bin ich nicht die Erste, die mit einer derartigen Erkenntnis aufwartet. Doch ist es meinem Dafürhalten nach notwendig, eine andere Wortwahl zu finden, da auch unsere Stimme sowie das Aussprechen eines Wortes jeweils eine Energie oder einen Magnetismus mit sich bringen. Ein Wort selbst trägt Energie. Abes es ist nicht die semantische Bedeutung, welche die Energie bringt, sondern

- die Bedeutung respektive Energie, die *wir* dem Wort als Erschaffende geben,
- die Energie, die sich um dieses Wort in der gesamten Menschheit kreiert hat, sowie
- die Energie der Meta-Ebene, die sich weiterentwickelt, da die Menschheit sich weiterentwickelt.

Unser »Dialog« setzte sich wie folgt fort.

Ich: »Was hindert uns daran, unseren eigenen Magnetismus zu gestalten?«

Hola: »Unsere Beobachtungen zeigten, dass euer Planet ein magnetisches Feld der extremen Polaritäten hat. Sohin ist Magnetismus für euch Erdlinge besonders wertvoll. Eure Inkarnation bedeutet, sich mit den Polaritäten vertraut zu machen. Sie zu fühlen, sie zu erforschen. Ihr könnt die Polaritäten erproben, in sie einsteigen oder sie lediglich beobachten. Jegliche Ausformung wird funktionieren. Was euch hindert, ist lediglich in eurem Geist, eurer Denkweise verankert. Das Sklaventum ist in euch noch präsent. Doch es löst sich. Das Gefühl der Freiheit ist das Gefühl, dass ihr euch frei entwickelt. Dies bedeutet ebenso, dass ihr euch nicht von anderen Magnetismen – ob mit physischem Auge sichtbar oder nicht – beeindrucken lasst. Dies bedeutet, dass ihr zuvor eine gewisse Geisteshaltung benötigt. Die Ver- und Beurteilung ist allerdings die Denkweise der Sklaverei. Denn sobald ihr urteilt und verurteilt, seid ihr in diesem Magnetismus verhaftet. Akzeptanz ist eine weitere Ausprägung im Gefühl, die einen erhöhten Magnetismus bewirkt. Erlebt ihr das Gefühl der Akzeptanz, erhöht ihr die Reichweite eures Magnetismus.«

Ich: »Klar. Aber was hindert uns daran, dies zu tun?«

Hola: »Es gibt Magnetismen auf der Erde, die euch noch in dem niedrigen Magnetismus der Sklaverei halten möchten. Ihr nennt es ›Konsumverhalten‹. Konsumverhalten an sich ist allerdings nichts Negatives, sondern sein Ausmaß und seine Wirkung auf den Magnetismus.«

Ich: »Werden wir manipuliert in unserem Magnetismus?«

Hola: »Der Versuch der Manipulation ist durchaus real. Doch ihr wählt, ob ihr manipuliert werdet. Ihr habt die Wahl. Es bedeutet, dass ihr euren Magnetismus selbst erschafft und steuert. Schuld gibt es dabei nicht.«

Ich: »Kannst du mir ein Beispiel nennen?«

Holas: »Es ist wie bei Eltern, die versuchen, Kinder zu erziehen. Doch ein starkes und bewusstes Kind geht seinen Weg, eine Erziehung ist kaum möglich.«

Ich: »Kannst du uns zeigen, wie wir aus diesem manipulierenden Magnetismus aussteigen?«

Ich fragte des Weiteren, wie wir erkennen könnten, dass wir in einer menschlich-manipulierten Magnetismus-Energie schwingen beziehungsweise schwimmen, und die Antwort fiel wie folgt aus.

Hola: »Ihr könnte die Wellen, die Frequenzen, die Energie des Magnetismus fühlen oder sehen. Eure Hellsinne sind unterschiedlich ausgeprägt, so prüft zuerst, was bei euch der Fall ist. Sodann empfindet ihr entweder das Gefühl des Zwangs, oder ihr seht eine Schlammfarbe, die eine lichtvolle Farbe verunreinigt. Wenn ihr gut hört, ist der Ton eher dumpf und unstimmig.«

Insbesondere, wenn du in einer Pechsträhne hängst oder zum Überkonsum neigst, dürfte dies der Fall sein. Dann könntest du nach deiner Erkenntnis folgende energetische Übung machen.

Übung: Der Ausstieg aus manipuliertem Magnetismus

Für das Erkennen, ob du in einem manipulierten Magnetismus lebst, sorge für Stille und beobachte deine Hellsinne.

Verbinde dich mit Holas: Schließ deine Augen. Dehne deine Energie aus. Fokussiere dich auf deinen positiven Pol.

Die Augen der Holas werden dich während dieses Prozesses empfangen. Sie zeigen dir beide Pole. Du wirst sie fühlen, sehen oder hören können.

Lass dich leiten beim Erkennen deiner Pole. Lass dich leiten beim Erkennen deiner Erkenntnisse zu deinen Polen.

Fühle nun, wie dein Herzensmagnetismus sich weitet und einsetzt. Dieser führt dich zu jenem Pol, der sich für dich herzlich und stimmig auf Seelenebene anfühlt.

Fühle dich dort ein.

Du wirst erkennen, dass deine Energie sich anhebt und du dich aus einer Frequenz der Manipulation erhebst.

Diese Frequenz könnte sich an deinen Knöcheln und/oder Handgelenken angeheftet haben, fühle und spüre. Spüre, wie diese Frequenz von dir ablässt und auch aus deinem Körper abfließt.

Nach dieser Befreiung fühlst du dich leichter, und auch deine Handgelenke und Knöchel werden womöglich beweglicher sein.

Wenn du diese Übung ausgeführt hast, gib dir bitte Zeit, damit sich die neue Situation entfalten kann. Wie lange, bleibt dir überlassen. Vertraue auf dein Gefühl.

Sobald du bereit bist, kannst du beginnen, deinen lichtvollen Magnetismus in allem, was du bist, mit der folgenden Übung zu verankern.

Übung: Die Verankerung des lichtvollen Magnetismus

Du solltest darauf achten, dass dich keine Störquellen bei deiner Übung unterbrechen (du legst selbst fest, was für dich als Störquellen gilt).

Finde dich wieder in einer bewussten Energie ein (Trance oder Meditation). Fühle, ob du tatsächlich noch bei jenem Pol bist, der sich für dich als stimmig auf Seelenebene anfühlt. Zur Unterstützung kannst du wieder die Holas heranbitten, sie sind grandiose Beobachter.

Sobald du dich energetisch wieder im lichtvollen Pol eingefunden hast, genieße erst mal die Energie. Es wird dir gezeigt (oder durch ein Gefühl vermittelt) werden, dass dieser Magnetismus wellenförmig von dir ausstrahlt und auch zurückkehrt. Beobachte dieses liebliche Spiel.

Nun beobachte, welch liebliche Wellen zurückkehren. Auch wenn du nicht genau sehen kannst, von wem oder welche Situationen zu dir zurückkehren, fühle die Gewissheit.

Genuss, Freude, Dankbarkeit dehnen sich aus.

Zur Unterstützung helfen dir die Halos auf deine nächste Ebene des lichtvollen Magnetismus, fühle einfach.

Falls andere Starseeds dich unterstützen, genieße auch das.

Solche Übungen sind tatsächlich effizient. Falls es dir schwerfällt, an deiner Energie zu arbeiten oder sie zu fühlen, versuche, einen Energiearbeiter zu finden, der dies bereits erlebt hat (suche im Internet beispielsweise nach Starseed-Coach/-Heiler nach Birgit Fischer).

Ich möchte allerdings noch mal darauf hinweisen, dass kein Energiearbeiter und kein Starseed-Coach perfekt ist. Wir alle sind Menschen und unterstützen einander in unserer Entwicklung. In Sachen Energiearbeit oder Magnetismus haben wir aber durchaus womöglich schon eine intensivere Arbeit hinter uns und können dich energetisch begleiten und beraten. Dies ist der Sinn einer solchen Begleitung: dir helfen, etwas selbst zu tun. Manchmal ist es eine Hürde, Hilfe anzunehmen, und dennoch darf es sein!

Achschawah – Die Kraken

Ob wir sie »Kraken« nennen oder anders, sei ihnen »egal«, sagten die Achschawah, als ich sie zum ersten Mal sah.

Achschawah: »Wir sorgen dafür, dass die ›Geister der Vergangenheit‹ ins Zentrum treten, damit sie aufgelöst werden.«

Was aus menschlicher Perspektive zunächst ein wenig spooky erscheint, ergibt schlussendlich einen Sinn.

Vertreter dieser Starseeds sind blaue, manchmal in türkisen Schattierungen und eher nach links und rechts taumelnde Wesen, die insbesondere in der Dunkelheit auf mich zukamen. Abends saß ich da, betrachtete den Mond und sah in der Ferne diese vielen Gestalten, die sich gerade um einen Krebs-Vollmond herabließen und wie Wellen durch die Menschheit fuhren, um ihnen beizubringen, dass die Vergangenheit lediglich ein Schatten ist, der zwar kurz betrachtet werden kann, aber nicht immer wieder durchlebt werden muss.

Links und rechts haben sie so etwas wie Arme, die aber so aussehen, als hätte ein Dreijähriger diese Arme gebildet: Die Schultern fügen sich nahtlos an den Hals an und führen zum Ellenbogen steil herab, doch sie haben keine Finger, sondern Hände, als würden sie Fäustlinge tragen.

Ihr Gesicht ist nicht vollkommen erkennbar und wirkt dennoch bereit, mit anderen zu kommunizieren. Sie betreiben eher einen zähen Austausch, sie wanken an einem vorbei und hinterlassen Botschaften. Doch sie bleiben nicht stillstehen. Sie gehen wieder und wieder durchs Bild.

Sie zeigten mir, dass ihr Transportmittel ein Raumschiff sei. Dieses Raumschiff sah ich tatsächlich einmal während des Tages und auch abends. Es ist wie eine Scheibe, die oben eine dickere Scheibe aufgesetzt hat. Auf der Unterseite sieht man ein Gitter, durch dieses Gitter fließen Wellen, aber kein Licht. Mit diesen Wellen werden sie in unsere Atmosphäre transportiert. Das Raumschiff selbst ändert seine Farbe, aber eher wie eine fließende Projektion. Als wären es programmierte Lichtspiele.

Das Gespräch mit ihnen verlief ganz anders als bei den übrigen Starseeds. Sie antworten in einem Fluss aus mehreren Stimmen, die an mir vorbeizogen – wie eine Einheit, die Energien transportiert.

Ich: »Wer seid ihr?«

Achschawah: »Wir vollbringen Heilung in unserem Durchmarsch. Wir durchfahren Materie wie Nichtmaterie. Wir erinnern, wir vollbringen.«

Ich: »Was vollbringt ihr denn?«

Achschawah: »Auf euren Zeitlinien können sich energetische Anhaftungen vollziehen, die euch wie ein klebendes Band gedanklich und energetisch in der Vergangenheit halten. So vollzieht ihr immerzu die Vergangenheit. Ihr altert. Doch ihr lebt stets in der zurückliegenden Realität. Wie eine Einheit von Soldaten, die euch zurückhält, um euch selbst neu zu erfahren. Wir erinnern eure Zellen, energetische wie auch physische Zellen, dass so manche Erinnerung der Vergangenheit sich festsetzt, bis ihr gewillt seid, euch in eurer neuen Realität einzufinden.«

Ich: »Wann sind wir denn gewillt, uns dort einzufinden?«

Achschawah: »Es ist nicht nur der Wille, es ist die Tatkraft des Menschen, die aus euren Zellen vieles bis alles befreien kann. Doch zahlreiche Menschen möchten in der Vergangenheit verhaftet bleiben, da sie Angst haben, sich selbst in der Zukunft zu verlieren. Dabei ist es euer Finden, nicht euer Verlieren, das ihr erhaltet, wenn ihr den nächsten Schritt in eurer Tatkraft geht. Denn euer neues Ich ist ein Ich, das anders denkt, fühlt, spricht, sich gebärdet und dennoch im Herzen und der Seele die Einheit der Liebe bildet. Das Gefühl für euch selbst ist stets der wesentliche Part, den ihr vergesst. Zu verharren, zu verweilen ist nicht der Sinn des menschlichen Lebens.«

Ich: »Woher weißt du so viel über die Menschen?«

Achschawah: »Wir sind Gesandte der Galaktischen Föderation des Lichts. Wir unterstützen den Fortschritt.«

Ich: »Nur hier auf der Erde?«

Achschawah: »Nein. Überall, wo Leben besteht, erfüllt sich Zeit. Überall, wo Energie imstande ist, sich zu materialisieren oder vielmehr sich in einem Gefäß einzufinden, dort weilen und walten wir.«

Ich: »Das heißt dort, wo andere Starseeds einen physischen Körper haben?«

Achschawah: »Ja.«

Ich: »Habt ihr keinen physischen Körper? Kein Gefäß?«

Achschawah: »Nein. Alle Sternenvölker sind anders. Selbst jene, die den Menschen ähneln, sind anders. So dienten die Karsunay einem vergleichbaren Konzept wie ihr. Und dennoch sind sie in gewisser Hinsicht weiter entwickelt. Doch in mancher Hinsicht eben auch nicht. Aus unserer Perspektive benötigen die Karsunay unsere Hilfe nicht mehr. Sie benötigen in anderer Form Hilfe, doch diese zu erklären, würde für euch Menschen keinen Sinn ergeben, ihr versteht vieles noch nicht und manches mehr als andere Völker. Mit-Eins-Anders bedeutet auch, dass jedes Sternenvolk anders geprägt ist. Entwicklung in unterschiedlichen Ausprägungen und Formen. Entwicklung in allem, was ihr seid.«

Ich: »Wie macht ihr das? Wie zeigt sich euer Wirken beispielsweise für die Menschen? Wie fühlen oder erleben wir diesen Entwicklungsschub mit euch? Und wann?«

Achschawah: »Wir sind verbunden mit VibrationZ. Die Erde, eure Heimat, sendet für eure kurze Zeit ihre Frequenzen, wenn sie bereit ist für ihren nächsten Entwicklungsschub, und diesen senden sodann VibrationZ zu uns. Doch die Erde ist nicht einfach bereit, sondern wir gehen diese gemeinsamen Schritte im Verbund aller Universen. Niemals allein, niemals entzweit. Jeder für sich, jeder auf seine Art und Weise, ohne Ende, aber immer wieder in allem, was uns verbindet. Denn die Liebe verbindet uns alle in allem, was wir sind. Alle. Jedes Volk. Jedes Wesen. So erleben und sind wir gleichsam gleich, wenn auch anders. Erlebt diese Fülle, indem ihr sie einatmet und fühlt. Denn diese Fülle ist pure Liebe. Eine Liebe, die ihr Menschen vergessen habt, als ihr auf die Erde kamt. Eine Liebe, welche die Dualität immer wieder vergessen lässt und umgekehrt. Alles, was ihr wähltet, ist die Liebe, und ihr kamt auf Erden, um sie wieder zu fühlen, nicht zu finden, denn sie ist immer in und um euch herum.«

Ich: »Wow. Und wie fühlt sich euer Wirken nun für uns Menschen an? Beziehungsweise ist das nicht übergriffig?«

Achschawah: »Wir fließen durch euch durch. Wir fließen durch eure alten Zellen, die längst bereit sind weiterzuziehen, doch euer Verstand belebt sie immer wieder. Diese alten Zellen sind müde. Bei jeder Wiederbelebung erwecken sie die Erinnerungen an Altes. Doch es will nicht widerbelebt werden, sondern scheiden. Es möchte weiterziehen, sterben.«

Ich: »Doch wir Menschen werden immer wieder in Situationen geführt, die uns an Traumata oder wunde Punkte erinnern. Beleben wir wieder, oder scheiden wir dann?«

Achschawah: »Wir helfen euch, dass ihr nicht wiederbelebt, sondern scheiden lasst, indem ihr in die tiefe Verbundenheit und Ehrlichkeit zu euch selbst eintaucht, denn nur auf dieser Basis fühlt ihr, dass die Weisheit der Liebe in euch wohnt. Diese Weisheit vollbringt Freude am Entdecken des menschlichen Lebens und an euch selbst. Die Entdeckungsreise all eurer unentdeckten Zellen ist die Freude am Leben. Erforscht euch selbst! Das ist die menschliche Lebensfreude. Viele Sternenvölker inkarnieren auf der Erde, um diese Erfahrungen zu machen. Wir sind der Anstoß, damit ihr diesen Widerentdeckungspunkt erneut erkennt, fühlt, belebt und euch erinnert, dass ihr nicht auf die Erde kamt, um zu stocken und zu stagnieren. Der Genuss der Liebe auf Erden ist der Genuss eurer selbst. Der Genuss, euch selbst in eurer Entwicklung zu betrachten, selbst wenn sie noch so unwahrscheinlich anmutet. Ihr seid dieses Wunder, das geboren wurde, um in Liebe zu wirken.«

Ich: »Wie wundervoll. Wie gehen wir vor? Erzähl mir mehr.«

Achschawah: »Wir rütteln euch wach. Wir machen eure physischen Zellen wach. In jenen Zellen, in denen ihr Schmerzen habt, belebt sich ein alter Schmerz aus der energetischen Zelle. Diese schrie bereits, doch ihr überhörtet diese Signale, und so belebten wir gemeinsam mit eurem Gefäß euer Sein. Ihr sagt, dass der Körper schreit, wenn die Seele überhört wird, dies ist der Fall. Doch wir rütteln nicht nur an der Zelle, wir sind bestrebt, das Alte zu transformieren, es einfach mitzunehmen.«

Ich: »Was ist, wenn ein Mensch nicht gewillt ist loszulassen und immer wieder in den Schmerzen der Vergangenheit hängenbleibt?«

Achschawah: »Teile von uns können auch in eurem System hängen bleiben. Die Hellsichtigen unter euch werden uns dann sehen. Wir rütteln und schütteln nämlich weiter, und dies kann Kräfte rauben. Wir wissen darum, dass so mancher hellsichtige Mensch uns deshalb bereits verurteilte, doch wir handeln aus Liebe.«

Ich: »Wie sieht es aus, wenn ihr hängen bleibt?«

Achschawah: »Ihr seht uns wie eine Krake in Blauschwarz. Manche von euch sehen uns auch mit physischem Auge. Diese kleinen dunklen Ausprägungen, die in eurer ›Luft‹ zu sehen sind. Doch das sind nicht nur wir. Wenn ihr uns so seht, ist es Zeit hinzusehen. Es ist Zeit voranzugehen. Wir warnen nicht, wir berichten euch aus eurem System.«

Ich: »Wenn wir Menschen uns stetig weiterentwickeln, dann trifft dies doch auch für die Erde zu, oder?«

Achschawah: »Ja!«

Ich: »Wenn das so ist, dann seid ihr doch ständig präsent, oder nicht?«

Achschawah: »In unserer Lebensform gibt es kein Ständig, es gibt kein Morgen, kein Gestern. Wir fließen und wissen dennoch um eure Zeiten, denn für etwas Vergängliches wie eure Physis ist Zeit ein Bemessungsfaktor.«

Ich: »Kann Zeit aufgehalten werden?«

Achschawah: »Ja. Wenn ihr den Tod als Gefühl nicht mehr fühlt, werdet ihr den Schmerz des Verlustes eines Gefäßes nicht mehr fühlen. Für einen Menschen bedeutet es, eine große Hürde zu überwinden, will er das verstehen. Denn der Schmerz ist etwas Wesentliches, um euch zu entwickeln. Ihr entwickelt euch am meisten in solch schmerzhaften Zeiten. Ihr werdet gelassener, ihr werdet besinnlicher, ihr kehrt zu euch zurück. Ihr werdet geduldiger, tiefsinniger, ihr werdet echt.«

Ich: »Klingt sadistisch, entspricht aber auch meiner Erfahrung nach der Wahrheit. Ich wuchs am stärksten, als mein Vater starb. Auch wenn ich ihn sehe und fühle, auch wenn ich mit ihm spreche. Meine Zelle erinnert sich an ihn, als ich ihn umarmen durfte, so weint mein Gefäß, weil es umarmen möchte und dies nicht mehr funktioniert wie gewohnt.«

Achschawah: »Ja, das ist es. Wenn es nicht mehr ist wie gewohnt, leidet ihr. Akzeptanz ist der Schlüssel. Akzeptanz der Veränderung. Annahme des Schmerzes. Loslassen der Gewohnheit.«

Ich: »Einen geliebten Menschen gehen zu lassen tut verdammt weh! Manchmal würde ich es euch gern fühlen lassen, damit ihr das versteht.«

Achschawah: »In den Sternen geboren, um als Mensch Wunder zu vollbringen. Das Aushalten und Ertragen solcher gefühlten Schmerzen ist ein Wunder. Viele von den Sternenvölkern getrauten sich noch nicht, als Mensch zu inkarnieren. Denn es ist eine Meisterschaft an Intensität. Ein Hin und Her zwischen Dunkel und Hell, zwischen Gut und Böse, zwischen Liebe und Hass, zwischen Tod und Geburt. Vergegenwärtige dir die Worte nochmals, und du fühlst die Extreme, die eure Inkarnation mit sich bringt. Extreme energetische Zustände, die all euer Sein ins Wanken bringen können, und die Aufgabe ist dennoch, euch wieder in euch zu vereinen.«

Ich: »Die Menschheit fragt sich bei solchen Aussagen stets: ›Wie?‹«

Achschawah: »Ja, und sobald ihr fragt: ›Wie?‹, gestaltet ihr euer Jetzt und eure Zukunft ebenso wieder in Verbindung mit der Vergangenheit. Das Verhaften in der Vergangenheit ist ein Drehen im Kreise, es ist ein bewusstes Gefangenhalten eures Seins. Ihr seid so liebevolle Wesen, dass ihr jederzeit imstande seid, euch immer wieder neu zu erfahren. Ihr seid dazu in der Lage, jeden Tag vollkommen anders zu gestalten. Es erfordert lediglich euren Mut, dies zu tun.«

Plötzlich begannen die Achschawah zu tanzen. Ich sah, wie sie sich drehten wie in einer Choreografie.

Ich: »Was macht ihr da?«

Achschawah: »Du wolltest uns so sehen. Stupide wie ausführende Wesen, die keine Intelligenz besitzen, doch sind wir Wesen, die eigenständig helfend in Liebe unterstützen, und die stupide ausführende Sklaverei ist uns nicht eigen. Wir wollten dir zeigen, wie leicht ihr Menschen euch selbst beeinflussen könnt. Auch in dem, was ihr hellsichtig seht. Ihr gebt anderen, dem ›Bösen‹, gern schon mal die Schuld. Doch das braucht ihr nicht. Auch das ist ein Feststecken. Denn niemand benötigt die Energie von Schuld. Schuld ist ein Klebstoff. Als würdet ihr euch in Honig tauchen und in den Dreck werfen. Ihr benötigt weder den Honig noch den Dreck. Ihr braucht keine Verschönerung von außen, so auch nicht eine Verschmutzung. Ihr seid wundervolle, kraftvolle Wesen, die alles selbst bestimmen können. Alles, was ihr möchtet. Daran hindert euch nur ihr selbst. Sonst niemand.«

Ich: »Meinem Gefühl nach wird das Feld der Erde manchmal aber durchaus bewusst mit negativen Energien gespickt. Es ist als noch lernender Mensch zuweilen allerdings nicht so einfach zu erkennen, was wir fühlen und was uns geschickt wurde. In jenen Momenten des Erwachens, der Trauer, der Sehnsucht fühlen wir uns kaum kraftvoll. Ist dies ein Bewusstseinszustand? Ist dies eine falsche Energie? Was ist es?«

Achschawah: »Es ist eure Entwicklung. Selbst in solchen Zuständen des Nichtseins *seid ihr kraftvoll. Denn ihr kreiert. Manchmal sollt ihr solche Zustände erreichen, damit ihr erkennt, dass ihr dann exakt solche Menschen anzieht. Dass, wenn ihr euch scheiden lasst, ihr Freunde anzieht, die sich ebenso scheiden lassen. Wenn ihr schwanger seid, seht ihr auf einmal nur mehr Frauen, die schwanger sind. Bewusstsein ist lediglich die Beobachtungsgabe. Zu kreieren bedeutet, mit dem Gefühl der Energie fließend das Leben zu erschaffen. Dies ist ein vollkommen anderes* Sein. *Auch das energetische Kreieren geht sodann einen nächsten Schritt, den ihr Menschen benötigt, es ist die Tatkraft.«*

Ich: »Wenn ich kurz zusammenfassen darf, wie unsere Entwicklung sich zeigt:

- *Bewusstsein als Beobachtungsgabe und Erkennen des Selbst,*
- *energetisches Kreieren und Selbstheilung sowie*
- *menschliche Taten und Handlungen als Manifest der universellen Liebe für die Menschheit.«*

Achschawah: »So könntest du es ausdrücken, ja. Denn ohne die menschliche Tatkraft ist es lediglich eine Energie, die umherschwirrt. Hierfür seid ihr nicht inkarniert. Denn der Mensch vollbringt seine Aufgabe, wenn die Tatkraft als Manifest der unendlichen Liebe auf den Erdboden gebracht wird. Jeder Mensch hat eine Aufgabe. Die Aufgabe kann gewusst beziehungsweise gefühlt werden. Doch wenn der Mensch sodann keine tatkräftigen Schritte unternimmt, wird die Aufgabe nicht wahrgenommen, und der Druck in eurem Gefäß wird größer, bis die Seele laut schreit oder auch weiterzieht.«

Ich: »Heißt dies, dass die Seele so laut schreien kann, bis der Körper stirbt?«

Achschawah: »Ja.«

Ich: »Und wir alle haben eine Aufgabe?«

Achschawah: »Ja. Doch die meisten Menschen in eurer Zeit verwechseln ›Aufgabe leben‹ mit ›reich und berühmt sein‹. Dies ist nicht das Gleiche. Die Bemessungsgrundlage auf Erden sollte gefühlt überdacht und tatkräftig anders in Szene gebracht werden. Selbst wenn jemand von euch viele Menschen mit seiner Tatkraft erreicht, sollte dieser Mensch zwar mit Achtung behandelt, doch niemals als König getragen werden. Tragt euch selbst in eurer Liebe und Würde, so werdet ihr gemeinsam gehen. Hand in Hand. Herz in Herz. Die Wende auf Erden ist da.«

Ich: »Was bedeutet diese Wende?«

Achschawah: »Es wird dieses Er-tragen nicht mehr geben. Doch es benötigt noch eure irdische Zeit. Auch der Weg dorthin ist ein wundervoller Weg. Viele Menschen wünschten, es sei bereits so weit, und vergessen, dass sie geboren wurden, um diese neue Erde zu erschaffen. Sie sind der Kreator. Sie sind Schöpfer, und dies ist die Lebensphase, die zu erfassen ihr hier seid. Es sind Umsetzungsphasen. Bereut nicht, dass ihr jetzt hier seid. Seid erfüllt von dieser Aufgabe. Die Aufgabe ist nicht, die Menschheit zu erwecken, sondern das Erschaffen zu vollbringen. Wenn ihr euch erschafft, so erschafft ihr das Wissen und Staunen bei anderen Menschen. Dieses gefühlte Wissen und Erstaunen bewirkt eine Energie der Euphorie, die ihr erleben möchtet. Denn der Mensch kreiert die Energie. So viele eurer Spezies staunen, wozu sie imstande sind. Doch es braucht für euren Verstand die Vorreiter, die spirituellen Lehrer, die keine Lehrer sind, sondern Gefährten und Pioniere. Pioniere werden niemals nur eine Stimme über sich vernehmen, sondern zumeist zwei Seiten. Pioniere erbringen Neues. Neues, um die Menschheit in die Entwicklung zu führen. Bewertungsfrei.«

Das Gespräch mit den Achschawah eröffnete in mir eine Weisheit, einen Weitblick, der rein gefühlt ein Thema nach dem anderen mit sich nahm. Als würde blaues Blut durch mich hindurchfließen und das abtransportieren, was schon längst fällig war. Als würden sich alte Hautschuppen entfernen. Doch all dies sanft so sacken zu lassen, wie es bei vielen anderen Gesprächen mit Starseeds der Fall ist, war hier anders. Sie zogen gemächlich weiter. Mit ihnen meine Themen zu besprechen, die nun abziehen dürfen, war sicher das Heilsamste dabei. Sie durchfließen zu lassen, meine Erlaubnis dafür gegeben zu haben, das dürfte wohl die Übung gewesen sein.

Denn ich sah ihnen hinterher und hatte sie um eine Übung bitten wollen, doch sie zogen still weiter, ohne sich umzudrehen oder eine ähnliche Geste zu zeigen. Natürlich war ich nicht gekränkt, da ich das Gefühl hatte, sie kommen tatsächlich dann, wenn es angezeigt ist. Dennoch fand ich es schade.

Allerdings möchte ich hier noch einmal betonen, dass bei der energetischen Arbeit immer wieder auch solche Vertreter dieses

Sternenvolks in der Art der Kraken gesehen werden. Die Achschawah werden oftmals negativ betitelt und beurteilt. Ich wäre dir als Energiearbeiterin sehr dankbar, wenn du auch hierfür die Dualität aufhebtest. Denn wenn wir uns alle mit einer bestimmten Aufgabe erkennen, erkennen wir gefühlt, dass es kaum Sinn ergibt zu urteilen. Es fühlt sich auch niemals stimmig an zu urteilen. Jedes Mal, wenn man mit Freunden zusammen ist und abfällig über andere spricht, hinterlässt es körperlich und im übertragenen Sinne einen bitteren Beigeschmack. Dieser bittere Beigeschmack könnte sich auf der Körperebene als Sodbrennen oder Aufstoßen äußern …

2.

Heilung spezifischer Unstimmigkeiten

Der Heilerkatalog: Galaktische Punkte und Techniken für den Menschen

Dieser Heilerkatalog ist eine kurz gefasste Sammlung von Informationen zum Verständnis von Unstimmigkeiten, die der Mensch als »Krankheit« bezeichnet, sowie von Punkten und Techniken zu deren Behandlung. Doch die Welt der Energien, die ich gern »Agency« nenne, erläutert immer wieder, dass wir niemals krank sind, dass es so etwas wie Krankheit nicht gibt. Dass wir »ALL-E« sind – wie das Wort »ALL« und hinzugefügt der Buchstabe »E«, der für mich »Engel« bedeutet. Wir sind »in uns« die Liebe des Universums, das All der Engel, die mit der Weisheit der Liebe die Erde als Manifest der Liebe kreieren.

Die »Heiler« in meinem Team zeigten sich in diesem wunderschönen Kreis der Heilung und schenkten mir folgende Durchgabe:

»Ihr Menschen seid komplexe multidimensionale Wesen. Ihr habt an euren Körpern Punkte, die ihr betätigen könnt, um im Windeseile Reinigung und Erleichterung zu erfahren und zu lernen. Im Verbund mit den Sternenwesen, zu denen ihr intensiven Zugang habt, heilt ihr in eurer Erinnerung, dass wir alle eins sind. Ihr heilt um euch herum das Konstrukt der Matrix. Ihr heilt euer Opferdasein durch die Liebe, die ihr seid, sobald ihr Liebe seid.«

Und so ergaben sich dieser Katalog von galaktischen Heilungspunkten für den Menschen sowie die Vorschläge zur Heilung bei bestimmten Symptomen. Vorab möchte ich noch erwähnen, dass es ein wenig dauert, bis man mit den Starseeds energetisch arbeiten kann beziehungsweise ihre Intensität spürt. Es ist eine schrittweise Entwicklung. Ich empfehle dir, falls du noch niemals energetisch gearbeitet hast, dir unbedingt den Unterschied zwischen medialem und sensitivem Heilen und »Lesen« anzueignen, und zwar gefühlt.

»Sensitiv« meint die Energien zwischen Menschen. Es sind irdische Energien. Auch das Aura-Lesen ist lediglich ein sensitives Lesen. Mediales Lesen kann in die Zukunft sehen, und im medialen Heilen heilen wir im Verbund mit dem gesamten Universum. In den medialen Energien und wenn wir mit ihnen verbunden sind, heilen wir mit Guides und erhalten von ihnen auch Botschaften. Das Gefühl bei diesen beiden energetischen Zuständen ist ein vollkommen anderes. Medial bedeutet Leichtigkeit, während sensitiv durchaus immer wieder eine Schwere mit sich bringt.

Durch die Trance-Atmung beschäftigst du deinen »Denker«, der das Ego repräsentiert, und er darf sozusagen mitspielen und wird nicht ausgeschlossen, was abermals einen Widerstand hervorrufen würde und womit das Denken präsenter wäre. Wir umgehen mit der gezielten Atmung den Widerstand und beschäftigen das schnell eingeschnappte Kind namens Denker/Gehirn. Zudem ist es wesentlich, dass du – gern in einem meiner Kurse – lernst, Energien zu lesen, um zu erkennen: Was ist meine Energie und was deine? Beziehungsweise um zu fühlen, wenn eine schöne Energie bei dir ist.

Das Erkennen und Fühlen in der Beobachtung ist der Startpunkt für deine energetische Hausapotheke. Du wirst im Folgenden Erläuterungen finden und die wesentlichen Heiler-Intelligenzen, die immer wieder zur Anwendung kommen werden. Die Heilenergie selbst stammt stets aus dem Zentrum des Universums und wird von den entsprechenden Intelligenzen, die unterschiedliche Gaben haben, im Dienste des Mit-Eins-Anders zu uns Menschen weitergetragen. Die Heilenergien schlummern zwar auch in uns, sie sollen allerdings erweckt werden.

Die Farbstrahlen aus dem Zentrum des Universums verdeutlichen den »Starseed-Spediteur« in seiner Farbgebung. Diese Heilmethoden habe ich im Laufe der letzten Jahre als »Colour Healing« und »Starseed-Coaching – Birgit Fischer powersoul®« bereits an sehr viele Schüler wie auch Klienten weitergegeben. Sprich, wir haben bestätigte Rückmeldungen über ihren heilenden Erfolg, die sich decken. Auch wenn Heilung niemals versprochen werden kann, werden wir nicht müde zu betonen, dass die Kraft der Seele, *deiner* Seele, das pure *Sein* der Liebe ist und Liebe die stärkste Energie im gesamten Universum, die niemals manipuliert oder kontrolliert werden kann.

Falls du also noch ein Kontroll- oder Leistungsthema mit dir herumträgst, arbeite daran, diese Denkmuster loszuwerden. Menschen mit Kontrollzwang haben meiner Erfahrung nach die häufigsten Probleme, Heilung anzunehmen oder fließen zu lassen. Wenn du für deine Familienmitglieder energetische Begleitungen ermöglichen oder sie selbst durchführen möchtest, sei dir bitte bewusst, dass es hierbei am schwierigsten ist, das *Ego* auszuschalten – also den Willen, unbedingt zu helfen. Deshalb zeigen sich die Themen »Trance« und »Trance Healing« beziehungsweise in weiterer Form dann ausgebildete Starseeds-Healer und -Coaches als geniale Tools. Denn in Trance verlassen wir den bewussten Verstand, verlassen die Matrix und erfahren uns von einer erhöhten Schwingung, von der aus alles möglich ist.

Jede Übung ist auch energetisch umsetzbar. Jede Übung ist nur ein Impulsgeber. Spüre und fühle stets für dich. Was ist für dich fühlbar? Welche Starseed-Energie für dich stimmig? Du zählst. Achte dich, denn das ist pure Heilung.

Punkte für verschiedene Heilzwecke

Heilungspunkt bei depressiven Verstimmungen

»Drücke mit den Zeigefingern oberhalb deiner Augenbrauen die Punkte in der Mitte der Augenbraue. Kreise von innen nach außen, und spüre, dass die Marsianer euch nahe sind, denn sie bringen die pure Freude ins Erleben.«

Heilungspunkt bei Einsamkeit

»Auf der linken und rechten Seite unterhalb der Schlüsselbeine, in eurem Herz-Chakra-Bereich. Drückt links und rechts die Punkte gleichzeitig mit euren Mittelfingern. Beobachtet und fühlt die Weite, und erlebt, dass sich Orion oder Latinreh nähert, um euch in die Verbundenheit zu öffnen.«

Heilungspunkt der Nervenstärke

»Drückt mit euren linken Daumen auf das untere Ende des rechten Daumens in eurer Handinnenfläche und fühlt die wohltuende Massage, während Ashtara euch mit der Farbe Grün und der nährenden Energie versorgt, die eure Nervenbahnen stärkt.«

Heilungspunkt der Öffnung und Medialität

»Massiert in eurem Nacken beim rechten und linken Strang gleichzeitig mit den rechten sowie auf der linken Seite mit den linken Fingerspitzen. Ob Mygroy, Lyrer oder Sunseed: Sie öffnen eure Schranken und erweitern die Möglichkeiten gleichermaßen wie den erweiterten Blick fürs Erleben und die Medialität.«

Diese physische Massage ist nicht nur wohltuend, sondern energetisch gesehen befreiend, da der Nacken das Tor zur Medialität betrifft, was deine Physis anbelangt. So kannst du die Lyrer bitten, mit dir zu arbeiten; sie werden dir bei deinem Kronen-Chakra eine Art energetische Krone aufsetzen, um deinen Energiefluss zu erweitern.

Sehr oft erleben Menschen Migräneanfälle, wenn sich ihre Energie im Bereich des Nackens und des Kronen- wie auch des Stirn-Chakras (»Dritten Auges«) staut. Eine bewusste Öffnung auch im Verbund mit Starseed-Energien könnte Abhilfe schaffen und erweitert zudem die Wahrnehmung von Energien wie auch die Hellsinne.

Heilungspunkt zur Entlastung bei Trauer

»Einen geliebten Menschen in andere Sphären weiterziehen zu lassen bedeutet für euch Menschen, sie auf allen Ebenen gehen zu lassen. Eure Finger stehen für alle Bereich eures Lebens, sie stehen für eure Feinfühligkeit wie auch für eure Multidimensionalität. So massiert bei jedem eurer Finger mit jeweils zwei anderen Fingern nacheinander die Fingerkuppen und spürt, wie dann das Loslassen des Schmerzes über eure Fingerkuppen abfließt. Danach fließt die Positivität vom Silbernen Schein der Omyron zu euch. Genießt diesen Fluss.«

Heilungspunkte für energetische Reinigung der Physis

»Die Physis des Menschen ist wesentlich. So fühlt, dass eure Knie Punkte haben, die euren Selbstwert im Solarplexus aktivieren. Drückt gleichzeitig bei beiden Knien, während ihr sie abwinkelt. Wie ein Klammeräffchen, das seine Knie ein paar Sekunden drückt und dann wieder loslässt. Verwendet hierfür einen Morse-Code: fünfmal kurz drücken und wieder loslassen. Fünf Sekunden Pause machen. Dies wiederholt ihr fünfmal.

Spürt nun, wie Sunseed sich nähern und gleichzeitig euer innerster Selbstwert sich nährt. Ihr strahlt euch gegenseitig an. Als würdet ihr euch grüßen. Gleichermaßen strahlend und fröhlich in eurer Strahlkraft.«

Heilungspunkte der Sexualität

»Eines der größten Traumata der gesamten Menschheit ist das Trauma eurer Sexualität. So erfüllt euch mit liebender Sexualität. Erfüllt euch, und drückt mit rechtem und linkem Daumen auf beiden Seiten:

Frauen auf beiden Seiten der Eileiter (Höhe Sakral-Chakra).

Männer auf beiden Seiten neben der Samenblase (Höhe Sakral-Chakra).

Spürt, dass nach einem längeren Gedrückthalten dieser Punkte angestaute Energie über eure Beine und Füße abfließt. Gemeinsam mit der heilsamen Energie in Orange, die euch aus dem Zentrum des Universums begleitet.«

Bei dieser Übung wurde mir keine Starseed-Energie gezeigt, da sie meinten, dass die Form der Sexualität, wie wir sie hier auf Erden leben, von anderen Sternenvölkern entweder anders oder gar nicht praktiziert wird, eine Begleitung sohin in der Meisterschaft der Menschen liegt, die ihnen nicht obliegt.

Heilungspunkt für Traumata durch physische Gewalt

»Drücke mit beiden Zeigefingern an deine Schläfen, und sage laut: ›Aus meinen Zellen, aus meinem Gehirn, aus meinem Sein, aus meiner Energie.‹ Spüre, wie dein Geist sich erleuchtet und die Lyrer sich mit dir verbinden. Sie öffnen dein Energiesystem. Sitze in dieser Leichtigkeit deiner Medialität und fühle, dass Karschinahah deine Zellen beleben. Deine Zellstruktur sich erneuert. So auch deine energetische Zelle, die sich bereichert mit der Vergebung und Entlassung aus allen Zellen. Alle Traumata der physischen und emotionalen Gewalt fließen ab und werden vom universellen Geist der Liebe gereinigt.«

Heilungspunkte bei Migräne

»Halte folgende Punkte gedrückt:

- *rechten Mittelfinger oberhalb des linken Augenbrauenbogens und*
- *linken Mittelfinger am rechten Seitenstrang des Nackens.*
- *Anschließend wechseln.*
- *Dann linken Mittelfinger oberhalb des rechten Augenbrauenbogens und*
- *rechten Mittelfinger am linken Seitenstrang des Nackens.*

Wiederhole die Druckpunkte dreimal. Fühle, dass dein Scheitel-Chakra sich gleichermaßen öffnet wie dein Stirn-Chakra (›Drittes Auge‹) und dein Nacken. Energie, die sich zuvor angestaut hatte, fließt nun frei.

In diesem Fluss erlebst du die Begegnung mit den Lyrern, die deinen Energiefluss begleiten und dir die Krone der Lyrer überreichen für deine Medialität, die erlebt werden möchte, auch als Mensch.«

Starseeds-Healings bei weiteren Problemen

Knöchel und Handgelenke

Bei Knöcheln und auch Handgelenken dreht sich alles um die eigene Beweglichkeit. Wie mobil bist du in deiner Entwicklung? Hast du diesbezüglich noch Handlungsspielraum? Hast du dich »verkauft«? Bist du noch du selbst? Hast du dich selbst handlungsunfähig gemacht? In solchen Phasen des Erlebens geschieht es sehr oft, dass wir uns an den Hand- oder Fußgelenken verletzen. Es gibt keine Zufälle, deshalb solltest du immer beobachten: Worum geht es?

Falls du das Gefühl hast, dass bei den Hand- wie auch Fußgelenken eine Energie sitzt, die dir Ketten anlegt, dann ist es Zeit, diese gehen zu lassen. Wenn du dich an den Handgelenken oder den Knöcheln verletzt hast und bereits mit den Starseeds arbeitest, könntest du Karschinahah bitten, die Körperstellen wiederaufzubauen.

Übung: Verkettungen loslassen/wenden (Gelenke)

Atme bewusst zu jenen Gelenken, die schmerzen oder dir immer wieder Probleme bereiten.

Fühle die energetische Blockade an diesen physischen Punkten. Lass sie da sein, sie hat dich in diese bewusste Position gebracht. Lass die Gedanken zu jener festsitzenden Energie hochkommen. Es werden sich Bilder aus der Vergangenheit zeigen, lass alles da sein.

Wenn deine Gedanken wie auch der Schmerz ruhiger werden, beginne, dich in die Energie deiner selbst einzustimmen.

Rufe Sunseed um Hilfe. Fühle, wie sich die Energien von Sunseed mit dieser expliziten Stelle verbinden. Fühle, dass es dort heiß wird. Sunseed wendet auf Zellebene. Beobachte das Gefühl, beobachte deine veränderte Wahrnehmung. Beobachte, dass die Verkettung schmilzt.

Gib dir danach genügend Zeit, damit auch deine Physis mit diesem Loslassen klarkommt.

Trink sehr viel Wasser und gönn dir ausreichend Ruhe.

Gebrochene/gerissene Knochen, Sehnen und Bänder

Wie immer gilt in Sachen Gesundung, dass wir alle keine Versprechen der Heilung machen sollen. Es geht hier nicht einmal ums Dürfen. Niemand sollte dies tun, auch kein Arzt. Denn der Mensch, die Seele entscheidet und nicht das menschliche Wissen anderer. Niemand spielt Schach mit Gott, wir sind das Göttliche, so ist es an uns, ob wir bereit sind, diese göttliche Betreuung, die ich »energetische Begleitung« nenne, anzunehmen oder aber auch nicht.

Wir alle haben unsere Kompetenzen, so haben auch unterschiedliche Sternenvölker unterschiedliche Zuständigkeiten. Die Akzeptanz dieser Kompetenzen ist die Freiheit der Liebe und die Freiheit von uns allen. Die Akzeptanz dessen, dass niemand das Höchste ist und wir alle aus einer Lichtquelle entsprungen sind, eröffnet den weiten Blick des Seins und ermöglicht eine Energie, die das Mit-Eins-Anders eindeutig fühlen lässt.

Auf meiner Reise der Entwicklung traf ich immer wieder auf meinen Zweifler. Jener Zweifler, der sagte: »Energiearbeit funktioniert, aber mit Sicherheit nicht physisch.« Immer wieder wurde ich von Blitzheilungen überrascht. Ich wurde so oft als verrückt betitelt, so oft verlacht. Ich kann es nicht mehr zählen, und dennoch teile ich dir nun eine Geschichte mit, die viele in meiner Community bestätigen können, da ich sie dokumentiert habe.

Doch die Geschichte der Heilung meines gebrochenen Handgelenks begann zwei Wochen vor dem Bruch. Wir waren im Urlaub, und die Entspannung brachte mein menschliches Energiesystem in Bewegung. Ich war offenbar bereit für die nächste Stufe der Entwicklung, und in dieser Stufe spürte ich, dass sich etwas anschlich. Ich wusste bereits, dass ich mich bald verletzen würde, doch ich hatte es erfolgreich verdrängt. Mitten in der Nacht, und unser Zimmer war sehr dunkel in der Nacht, schien plötzlich ein greller Scheinwerfer über die Balkontür ins Zimmer. Ich war innerhalb von Millisekunden wach und saß aufrecht im Bett. Ich konnte nicht sehen, wer diesen Scheinwerfer gezielt auf uns hielt, doch ich wusste, das Licht war nicht von dieser Welt.

Am nächsten Morgen verband ich mich mit diesem Ereignis, und die Wesenheiten meinten, es seien die Karschinahah – jene Riesen-Dinos, die für die Erneuerung der Zellen zuständig sind. Im ersten Moment freute ich mich, da ich davon ausging, dass sie bei mir etwas erneuerten, was energetisch auch geschah. Rückblickend zeigte sich aber, dass sie mich auch energetisch in ihre Kunst eingeweiht hatten und dass dies der nächste Schritt in meiner Entwicklung war.

Denn zwei Wochen später knallte ich beim Eislaufen mit einem (zehnjährigen) Eishockeyspieler aufeinander. Und die Betonung liegt auf »auf-einander«. Wir sind beide abgehoben, da wir zu schnell unterwegs waren, und ich landete nicht nur auf meiner linken Hand, sondern sie überdrehte sich vollkommen, und es krachte und knackte. Kannst du es fühlen? Ja, ich auch noch. Mein Lebensgefährte wollte erst ins Krankenhaus, als ich schmerzerfüllt mit blau angeschwollener Hand dasaß. Doch ich hatte das Gefühl, alles habe seinen Sinn, und so ließ ich »sie« arbeiten.

Ich werde dir gleich die Schritte mitteilen, wie dies erfolgte. Die Hand kühlte sich innerhalb von wenigen Stunden ab. Nach 48 Stunden konnte ich sie wieder bewegen, und das »Knacken« (gebrochenes Handgelenk und gerissene Sehnen und Bänder) hörte nach einer Woche auf. Alles wuchs einfach und schnell, und das ohne Schmerzen, wieder zusammen.

Brüche behandeln mit den Karschinahah

Geh in eine tiefe Trance und verbinde dich wie bei einem Trance Healing mit der Energie der Liebe und des Mit-Eins-Anders.

Ruf die Karschinahah, und lass dich mit ihnen verbinden. Sie werden über deine Herzenergie und sodann deine Augen ihren Strahl auf die Verletzung richten.

Danach solltest du Ruhe einkehren lassen.

Wesentlich ist, dass hinter diesem Ereignis ein energetisches Lernthema sitzt. So bist du angehalten, noch am selben oder am nächsten Tag ein weiteres Healing vorzunehmen oder dich in Trance zu versetzen, damit du in der Vogelperspektive dein Entwicklungsthema erkennst und transformieren kannst:

- Bitte Ashtara um Hilfe. Sie wird dir Nervenstärke bringen.
- Sie beleuchtet die irdische Komponente in diesem Lernthema.
- Sieh dir das Thema aus einer übergeordneten Perspektive der Trance an.

Wenn Muskeln, Sehnen, Bänder und Knochen heilen, kann es durchaus kurzfristig wieder Schmerz bedeuten, das geschieht aber nicht zwangsläufig. Klinke dich einfach aus diesem »Das *muss* ja schmerzhaft sein« aus. Denn dieser Gedanke ist ebenso ein Konstrukt. Auch das durfte ich bei diesem Ereignis selbst erfahren und lernen.

Heilung des manipulierenden Magnetismus

Wir haben manchmal das Gefühl, wir seien fehlgeleitet. Wir meinen, irgendetwas in der Aussendung unserer Energie würde nicht stimmen. Jeder Mensch besitzt einen Magnetismus. Im Kapitel über die Holas haben wir bereits sehr viel darüber erfahren.

Die Holas eignen sich hervorragend, um zu ergründen beziehungsweise zu beobachten, ob sich etwas Unnatürliches in unserem Magnetismus eingefunden hat. Diese Unnatürlichkeit kann von Menschen, Technik oder aus dem All stammen. Wesentlich ist, dass du diese Unnatürlichkeit nur aus einer neutralen Perspektive beobachten wirst. Ich empfehle hierfür stets einen Trance-Zustand, denn wir Menschen sind im aktiven Wachbewusstsein weniger imstande, etwas neutral zu beobachten; und wenn es um uns selbst geht, ist dies noch viel schwieriger, da sich sehr oft entweder Angst oder Wunschdenken einmischen, die in gesellschaftlichen Konstrukten verankert sind.

Doch das ist legitim, wenn wir bedenken, dass wir hier auf der Erde in der Dualität leben. Ich für meinen Teil kaufe es keinem Guru mehr ab, der behauptet, er habe die Dualität oder das Ego überwunden. Denn dann würde er weiterziehen. Unser Planet hat ein Thema, und das ist »Mit der Dualität liebend und glücklich leben und immer wieder neue Felder zu erleben, während wir uns entwickeln«. Dementsprechend müssten wir jenen sagen, die anderes behaupten: »Ihr habt den falschen Planeten erwischt!«

Die Holas sind in eine vollkommene Neutralität eingebettet, die niemals beurteilen würde. Sie würden niemals etwas als böse ansehen, niemals etwas als lichtvoll. Niemals beurteilen.

Auch das Wort »lichtvoll« beschreibt ein Gefühl. Die Sternenvölker sind alle entwickelt, und doch tauchen die Wörter »lichtvoll« und »Liebe« immer wieder auf. Im Grunde ist auch dies eine Beurteilung. Doch hier scheint unsere Sprache die größte Hürde zu sein. Denn sie ist gespickt mit verurteilenden, mitteilenden Elementen, die zumeist eine Emotion antriggern: Die jeweilige Konnotation eines Wortes ist es, die uns fühlen lässt. So ist deine Wortwahl für dich wesentlich. Wenn du deine Worte fühlen kannst und feststellst, dass sie nicht mehr mit einer emotionalen assoziativen Begleitvorstellung verwickelt, sondern von dir und deiner Signatur geprägt sind, dann kannst du alle Begriffe verwenden, die sich für dich stimmig anfühlen.

Die Holas selbst zeigten mir, wie du deinen Magnetismus betrachtest und daraus erkennst, was du anziehst und aussendest beziehungsweise wie du hier Korrekturen vornimmst, die für dich stimmig sind. Für deinen stimmigen Magnetismus auf Seelenebene empfehle ich dir die Übungen, die du im Kapitel über die Holas findest.

Schlafapnoe

Bei Schlafapnoe – einer Störung, bei der die Atmung während des Schlafs wiederholt kurzzeitig aussetzt – handelt es sich laut meinen Guides um eine *Fremd*energie, die man zuließ, um daraus zu lernen (gr. ápnoia [Windstille, Atemlosigkeit]). Das Wort »Übergriffigkeit« manifestiert sich hier in seiner vollen Bedeutung.

Hast du beispielsweise einmal erlebt, dass du in Schockstarre warst und nicht gleich reagieren konntest, dich ohnmächtig fühltest? Schlafapnoe weist auf dieses Ereignis hin. Im Ruhezustand des Schlafens oder Einschlafens zeigt sich diese überfordernde menschliche Situation, die sich als Energie manifestiert hatte.

Gewisse Schockzustände verursachten einen Bruch in deinem Energiesystem, und so konnten andere Energien sich in deiner wundervollen, liebevollen Energie einnisten. Doch du bist stark, liebevoll und kräftig; und es ist Zeit, diese Fremdenergie liebevoll zu entlassen. Der Schock, die Apnoe liegt sehr wahrscheinlich in deinem Hals- beziehungsweise Kehlkopf-Chakra, da du nicht imstande warst, deine Wahrheit zu leben und auszudrücken, also unterdrückt wurdest in deiner Göttlichkeit.

Die Apnoe zeigte dir, dass etwas in deinem Energiesystem nicht in Ordnung ist. Folgende Übung könnte dir helfen.

Übung: Hilfe bei Schlafapnoe

Schließ deine Augen und atme die Farbe Pink ein. Atme durch die Nase ein und durch den Mund wieder aus.

Leg dabei für den Empfang und für die Unterstützung deine Hände auf deine Oberschenkel, die Handflächen nach oben.

Genieße das Pink, das dich in einen Schwebezustand versetzt und dein Herz-Chakra ausdehnen lässt.

Beobachte zuerst, dass Ceridion (Aqua) sich deinem Hals-Chakra nähert und es weit und fließend macht. Es öffnet sich in einem ruhigen Zustand. Durch die Verbindung mit Aqua und das Abfließen wirst du zum ursprünglichen Thema geleitet und lässt es aus deinem Energiesystem herausfließen.

Womöglich siehst du auch, dass ein gräulicher Schatten dein Energiesystem verlässt. Lass ihn ziehen, das Universum wendet ihn in Liebe für alle.

Womöglich hast du das Gefühl, dass du zwischendurch immer wieder stoßweise ausatmen musst. Lass dies zu, denn hierbei atmest du den letzten Rest aus dir heraus.

Daraufhin werden sich die Lyrer zeigen (du kannst sie auch heranbitten, lass dich auf der Liebeswelle führen und leiten). Die Lyrer werden das Energieleck mit Leichtigkeit heilen.

Fühle, wie deine Seelenwahrheit sich in dir und in deinem Energiesystem entfaltet. Beobachte und fühle diese Wende.

Du kannst diese Übung gern auch vor dem Einschlafen wiederholen, um dich auf deinen Schlaf einzustimmen.

Sodbrennen

Beim Sodbrennen brennt deine Seele darauf, sich zu entfalten. Sie brennt darauf, dass du deinen Körper als Portal ansiehst und ihn genauso achtest wie dein feinstoffliches Energiesystem. Sodbrennen weist immer auch darauf hin, dass deine Ernährung nicht deiner Signatur entspricht, doch ist dies zumeist eben nur ein Hinweis auf einen Auslöser und nicht auf die tiefer liegende Ursache der Befindlichkeit.

Die Seele selbst ist das Feuer für dein gesamtes Energiesystem. Wenn das Feuer der Seele unterdrückt wird, bricht es irgendwann aus wie ein Flächenbrand. Sodbrennen ist ein erster Hinweis darauf, dass deine Seelenkraft nicht frei fließen kann. Insbesondere das Solarplexus-Chakra sollte dann in den Fokus deiner energetischen Arbeit gerückt werden.

Zur Unterstützung könntest du neben der Umstellung deiner Ernährung folgende Übung heranziehen.

Übung: Sodbrennen – Hilfe, wenn die Seele »brennt«

Ob du dich hierfür in Trance begibst oder nicht, ist dir überlassen. Wesentlich ist ein Zustand der Ruhe.

Während du dich auf deinen Atem fokussierst, stell dir vor, dass du in dein Solarplexus-Chakra einatmest.

Wenn du die Augen schließt, siehst du womöglich, dass dort ein Feuer lodert, ein Feuer, das unterdrückt wird und dessen Flammenspitzen deine Speiseröhre und deinen Hals bereits energetisch zum Vibrieren bringen.

Lass nun Orion und/oder Lionfire zu dir kommen. Spüre, fühle oder sieh sie, wie sie sich mit dir verbinden. Sie werden dir dabei helfen, dieses Feuer langsam und sanft nach oben steigen zu lassen.

Während es nach oben aufsteigt, erlebst, fühlst oder siehst du womöglich, warum du dieses Seelenfeuer unterdrückt hast. War es, um andere zufriedenzustellen?

Sobald du auf Höhe des Hals-Chakras bist, wirst du im Nacken ebenso eine Öffnung erleben, die Öffnung des »medialen Türchens«.

Wundere dich nicht, wenn sich dein Mund öffnet, damit sich das Unterdrückte entfalten und abfließen kann.

Sitze in dieser Öffnungshaltung noch so lange, bis dir wohlig warm ist.

Wenn du enorme Hitze verspürst, gratuliere! Denn dies bedeutet, dass deine emotionale Aura sich ebenso von dieser Unterdrückung gereinigt hat.

Akne und Hautverstimmungen

Die Haut sei das Spiegelbild unserer Seele, heißt es. Doch wenn die Seele immer schön und rein ist, ergibt dieses psychosomatische Sprichwort keinen Sinn (gr. *sõma* [Körper]). Natürlich möchte ich niemals absprechen, dass sich äußere Einflüsse und die Ernährung ebenso auf unserer Haut bemerkbar machen, doch der Ursprung ist sehr oft ein anderer. So kam folgende Durchsage bezüglich menschlicher Hautprobleme:

»Eure Haut ist eines der größten Transformationsorgane. Wo habt ihr Verunreinigungen? Denn an dieser Stelle wird sich ein Thema für euch bereinigen. Leidet ihr seit jeher an Verunreinigungen in eurem Gesicht? So zeigt sich die Unterdrückung von Wut, Neid und Missgunst, die von der Seele aus eurem System hinaustransportiert wird. Es wird der

Moment eintreten, in dem ihr erkennt, dass euer Ego-Bewusstsein überhandgenommen hat, sogar wenn ihr euch selbst als ›spirituell‹ bezeichnet.

Eure Haut verdeutlicht euch eure Unterdrückung, die ihr zu verheimlichen versucht. Sieht eure Haut fahl und alt aus und strahlt sie nicht, habt ihr euch vergessen, habt ihr Energien nach außen gesendet und andere in den Fokus gestellt statt euch selbst. Seht ihr älter aus als euer physisches Alter, dreht sich eure Transformation in Bezug auf euer Lebensthema darum, nicht im Außen zu leben. Ihr müsst niemandem gefallen. Ihr müsst niemandem etwas beweisen. Ihr müsst eure Stärke nicht durch Überheblichkeit demonstrieren. Ihr müsst eure Einzigartigkeit nicht mindern durch eure Abhängigkeiten.

Viele Menschen, die ihre Haut als Problemfeld ansehen, leben in Abhängigkeiten im Außen. Oftmals, selbst im Erwachsenenalter, hängen sie noch von ihren Eltern ab oder stehen in Konkurrenz zu ihren Geschwistern und Freunden. Konkurrenz und Besserwisserei werden sich unvermeidlich auf eurer Haut zeigen.

Viele Menschen führen dies auf eine falsche Ernährung zurück. Doch was esst ihr, wenn ihr euch ärgert? Wie esst ihr, wenn ihr euch grämt? Zuvor steht die Energie des Ärgers, die Energie des Abwendens von euch selbst. Der Körper, euer Portal, möchte beseelt sein, dafür ist er da. So werdet ihr eine fahle Haut haben, wenn eure wundervolle Energie nicht mit eurem Portal, eurem Körper, vereint ist und im liebevollen Fluss schwingt.

Natürlich ist die Bewegung in der Natur auch ein wichtiger Bestandteil hierfür, denn sie bringt eure transformativen Informationen im stillen Schritt an die Oberfläche. Doch zu wissen, was der Ursprung ist, ist lediglich das Kratzen an der Oberfläche. Das Umsetzen im herzlichen Umgang mit euch selbst und dann das Loslassen des ursächlichen Themas der Konkurrenz sind die nächsten Schritte.

Lebe deine Selbstliebe jeden Tag, und du lebst die Liebe deines Lebens.«

Asthma

Wie bei jeglicher »Krankheit« gilt auch bei Asthma, dass die reine Symptombehandlung die Stilllegung der eigenen Selbstheilungskräfte ist. Manche wählen die Behandlung durch die konservative Medizin, manche wählen die Behandlung durch alternative Medizin. Und in vielen Fällen, wie bei Asthma, hat man im ersten Schritt kaum eine Chance, die Angst zu überwinden, insbesondere wenn ein Kind Atemnot erleidet. So bitte ich auch alle, die energetische und/oder alternative Heilmethoden anbieten, sich dafür zu öffnen, dass jeder das Recht auf seinen eigenen Heilungsweg hat.

Auffallend ist bei Asthma, dass viele Menschen mit diesem Symptom schon geboren werden oder es in Phasen der frühen Kindheit auftritt. In energetischer Hinsicht zeigt sich, dass Asthma eine unverarbeitete Trauer ist. Doch wie kann ein Kind, das ohne Trauerfall in seinem Umfeld und auch ansonsten glücklich und sorgenfrei heranwächst, diese Trauer bei sich tragen? So viele Fragen – und doch kam eine Antwort:

»Trauer entsteht bereits im Mutterleib, wenn das Kind noch in einer innigen ›Umarmung‹ mit der Mutter und dem Vater energetisch heranwächst. Alle Themen der Mutter und des Vaters prägen sich im Mutterleib ebenso ins Energiesystem. Bei einer Trennung der Großeltern, bei einem Verlust während der Schwangerschaft, bei Einsamkeit, Bindungsängsten wie auch emotionaler Abhängigkeit entsteht im Energiesystem des Kindes eine Trauerblase in den Lungen. Dadurch hat der Mensch das Gefühl, dass weniger Luft oder auch Energie, frisches Prana, in die Lunge einfließen kann.«

Folgende Übung wurde mir gezeigt; und diese sollte täglich durchgeführt werden, um eine Reinigung zu ermöglichen.

Übung: Asthma – Die Trauerblase dahinziehen lassen

Versetze dich oder dein Kind, gern auch durch Hilfsmittel wie Musik oder Frequenzen, in einen meditativen oder Trancezustand.

Falls du für dein Kind arbeitest, sei während dieser Übung stets energetisch wie auch gedanklich bei ihm. Jegliche Abwesenheit wird gefühlt und könnte die Ursache und die Blase noch vergrößern.

Atmet euch nun beide in diesen ruhigen Zustand ein. Während ihr einatmet, stellt ihr euch vor, wie die Farbe Grün oder auch Blau durch die Nase in eure Lungen einfließt. Atmet genussvoll. Beim Ausatmen könnt ihr gern ein Geräusch von euch geben.

Atmet so lange »laut«, bis der Atem wieder von allein fließt und die Farbe sich dehnt, weitet und sich in Leichtigkeit verbreitet.

Verbindet euch mit Casumfathia und der Schwingung ihrer Finger. Wenn ihr euch verbunden habt, werdet ihr dies womöglich auch spüren; manche fühlen tatsächlich Finger an jener Stelle, wo die Lunge ist.

Casumfathias Schwingung bringt nun die Trauerblase in Bewegung, ganz leicht und einfach wie ein Luftballon.

Während sich die Trauerblase in Bewegung setzt, könnt ihr sie gern ansehen und beobachten, welche Situationen und Ereignisse sich darin befinden, und sie dankend verabschieden.

Diese Blase wird sich schlussendlich entweder mit einem Gähnen, mit Darmwinden oder sogar mit einem Rülpsen verabschieden.

Lass so lange deinen Atem fließen und das Abfließen geschehen, bis du eine Erleichterung wahrnimmst.

Casumfathia wird die Blase in eine lichtvolle Erscheinung der Dankbarkeit wandeln, damit sie den Fluss der Liebe nährt.

Herzinfarkt

Es ist die Zeit *vor* einem möglichen Herzinfarkt, also die Prophylaxe, die hier im Zentrum steht. Das Gesundheitssystem auf der Erde setzt vor allem auf eine gesunde Blutkreislauf-Vorsorge, und ich tue dies ebenso. Körper, Geist, Seele und galaktisches Ich sind in einem ständigen Wechselspiel miteinander und gemeinsam im Fluss. In manchen Zeiten tritt ein Bereich weiter hervor als der andere und dann auch wieder zurück, da wir unsere Aufmerksamkeit beispielsweise auf die Physis gelegt, uns unserem Körper entsprechend genährt und bewegt haben und ein andermal auf die Psyche.

Unser Herz-Chakra ist das Pendant zu unserem physischen Herzen. Während das Herz-Chakra sich mehr nach links hin zeigt und das spirituelle Herz eher rechts, schlägt das physische Herz etwa in der Mitte unseres Körpers. Dieser Dreiklang des Herzens ist es, der sich vereinend erleben möchte, wenn wir Menschen sind.

Das physische Herz benötigt die körperliche Bewegung wie auch einen nährenden »Treibstoff«, der durch die Nahrung geliefert wird. Lerne das Wichtigste über Nahrungsmittel. Wähle deine Ernährung so, dass sie dir zuträglich ist, und lass dich nicht von den sich zuweilen widersprechenden Vorschriften oft selbst ernannter Experten verunsichern. Du fühlst und spürst eindeutig, was dich nährt.

Es gibt ein vorderes und ein hinteres Herz-Chakra. Wenn eines davon verschlossen ist, kann die Energie dieses Zentrums nicht frei fließen. Entweder empfindest du dich von der feinstofflichen oder der menschlichen Welt als nicht gefühlt, nicht gesehen, nicht angenommen oder sogar abgestoßen. Die Konsequenz ist, dass du dich in Ärger, Stress und Missgunst verstrickst, was sich schlussendlich auf dein Alltagsleben auswirkt, und das schwächt wiederum dein Herz.

Bei jeglicher energetischen Arbeit mit Menschen, die bei mir Termine wegen ihres Herz-Chakras oder physischen Herzens hatten, zeigte sich, dass die Farbe Gold sowie auch Latinreh zum Einsatz kamen. Pink und Gold sind jene energetischen Farben, die eine Weitung schaffen. Mediziner sprechen von einer Verengung oder einem Verschluss einer Arterie, infolge deren das Herz mit zu wenig Sauerstoff versorgt wird. Diese Enge ist auch energetisch sichtbar.

Folgendes zum Thema »Herzinfarkt« wurde mir von den Latinreh durchgegeben:

»Lass die Lebensenergie wieder fließen. Du kamst auf die Erde, um deine Liebe zu leben, sie zu vollbringen. Du hast dich von der Welt abgewendet, hast dich abgelenkt vom Leben und der Freude und dich in die Arbeit gestürzt, um dich von der Liebe abzulenken. Du hast

den Schmerz der Partnerschaft verdrängt und dich verschlossen. Öffne diese Enge der Einsamkeit in die unendliche Verbundenheit in Liebe.

Deine Eltern gaben ihr Bestes, das, was ihnen möglich war, alles war ihre Entwicklung und ist nicht deine Entwicklung, denn du darfst deinen eigenen Weg der Liebe wählen und dennoch in liebevoller Verbundenheit und Dankbarkeit zu ihnen stehen. Verschließe dich nicht der Liebe und nimm sie auch an. Dein hinteres Herz-Chakra verdeutlicht dir das Annehmen der universellen Liebe, atme sie ein und lass sie aus deinem vorderen Herz-Chakra strömen, damit dein liebender Blick sich wieder vollbringen kann. Du bist ein liebendes Wesen auf Erden, das kam, um Liebe zu leben. Fühle die Freiheit und die Umarmung der universellen Liebe.«

Die Latinreh sind eine Starseed-Energie, welche die herzliche Energie beflügelt. Hierzu wurde in diesem Buch bereits viel gesagt. Doch sie zeigten mir in Bezug auf das Thema »Herzinfarkt«, dass sich die Enge als Energieblase darstellt, die sich im Laufe der Jahre ansammeln konnte, da man sich vom Seelenweg abgewandt hat – infolge von Enttäuschungen oder weil man den liebevollen Umgang mit sich selbst und seinen Partnern noch nicht erlernt hatte.

Für deine energetische Herzgesundheit könntest du die folgende Übung heranziehen.

Übung: Für die energetische Herzgesundheit

Atme dich in einen ruhigen Zustand. Während du atmest, stell dir die Farbe Gold vor. Atme die Farbe Gold durch die Nase ein und lass sie direkt in deinen gesamten Brustbereich strömen. Fühle, wie das Gold deinen Brustbereich erweitert.

Entweder zeigen sich nun Latinreh, die Venusier oder beide. Du kannst gern auch eine der anderen Starseed-Intelligenzen herbeirufen.

Mit der Farbe Pink werden sich Latinreh dir nähern und dein Herz beflügeln. Die Venusier werden dich in deinem goldenen Herz unterstützen.

Erlebe sodann, dass sich das Gold in die Dreifaltigkeit deiner Herzlichkeit ausdehnt, sie herzlich verbindet und dennoch die Energie frei fließt.

Dazwischen sind graue Bläschen, die wie Blubberblasen liebevoll aus deinem System abtransportiert werden. Sie zeigen die Enge, sie zeigen das Unterdrücken deiner Liebe.

Spüre, dass die Venusier dir auch deine Liebeskrone aufsetzen. Spüre, dass du deine Eigenermächtigung in Liebe annimmst. Fühle die Weite in deinem Herzen, denn sie ist die Wahrheit über dich.

Bitte wisse darum, dass jede Träne deiner Reinigung dient, gleichermaßen wie jedes Lachen aus purem Herzen. Unterstütze dich gern mit wunderschöner Musik. Unterstütze dich mit einem Lächeln im Spiegel. Das Lächeln, das du dir schenkst, beginnt immer bei dir, nicht bei deinem Spiegelbild. Beginne, für dich zu lächeln, und die gesamte Welt wird zurücklächeln.

Allergien jeglicher Art

Eine Allergie ist eine überempfindliche Reaktion des Körpers auf »harmlose« Stoffe – so die offizielle Medizin –: ob auf Pollen, Hausstaub, Tiere oder anderes. Im Energiesystem zeigt es sich ähnlich. Denn das Energiesystem erinnert sich an die Ursache einer Ohnmacht. Eine Ohnmacht, die dich glauben ließ, dass du schwach und kraftlos bist. Eine Ohnmacht, die dich ins Opferbewusstsein hineindrängte. Vollkommen unabhängig von Tieren, Pflanzen oder anderweitigem Bösen, das deine Allergie auslöst. Die Energie der Ohnmacht zeigt sich hier insbesondere im Magen-Darm-Trakt. Unterstützend zur energetischen Arbeit könntest du eine Darmsanierung in Anspruch nehmen, um dir deine Kraft und Macht in deiner Selbstheilung wieder zurückzuholen.

Folgende Übung kann dich dabei unterstützen, deine Ohnmacht in Kraft zu verwandeln und deine Allergie zumindest energetisch abzutransportieren.

Übung: Allergien energetisch abtransportieren

Zieh dich für diese Übung wieder an einen ungestörten Ort zurück, an dem du nur für dich bist.

Atme dich in einen ruhigen Zustand. Leg deine Hände auf deinen Bauch und atme. Spüre, wie die Bauchdecke sich hebt und senkt.

Bitte zuerst die Ceridion (Aqua), dir bei der Reinigung zu helfen. Lass sie durch dich hindurchfließen.

Falls du zwischendurch auf die Toilette musst, wäre dies ein gutes Zeichen dafür, dass die Reinigung im Gang ist.

Danach bitte Vegorianz heran. Während sich Vegorianz mit dir verbinden, könnte es nach Fisch riechen.

Fühle, dass sie über deinen Scheitel zu deinem lieblichen Herzen fließen, als wären sie Zeitreisende in deinem Blut, in deinen Zellen. Fühle und beobachte, dass Vegorianz nun in deinem Magen-Darm-Trakt ankommen und zu wirken beginnen. Sie wirken wie Wellen deiner Natürlichkeit. Sie wirken in deiner Natürlichkeit, damit du sie wieder aktivierst.

Sie unterstützen dich dabei, deine Kraft zu erleben. So genieße und fühle diese Kraft.

Schnupfen und Erkältung

Eine Erkältung ist der offiziellen Medizin zufolge durch Viren verursacht. Ich sehe dies energetisch »vergleichbar«: Hellsichtig betrachtet, läuft man in eine Welle frostiger Energie hinein, und diese bleibt dann an einem hängen – aber nur dann, wenn man sich selbst ein wenig leer und energetisch ausgehungert fühlt. Je weniger achtsam du dich um dich selbst kümmerst, umso eher kannst du solch eine kalte Energieblase abbekommen.

Je nachdem, wie du dich um deine energetische Hygiene bemühst, wirst du sie aber auch wieder los. Denn diese kalte Welle könnte nur kurz vorbeischauen, um dich daran zu erinnern, dass es Zeit wird, dich wieder mehr um dich selbst zu bemühen. Denn du bist dein Tempel. Und dennoch scheint die Erkältung eine externe Energie zu sein, was gut ist, denn diese bekommt man einfacher los als ein internes Thema, das hartnäckig vom Ego aufgeblasen wird.

Jede Erkältung wird sich mit einer sehr wärmenden Energie wie Sunseed, Orion oder Lionfire wieder von dir verabschieden. Doch achte bitte darauf, dass die Erkältung ein Hinweis darauf sein sollte, dich mehr um deine innere Wärme für dich und deine Mitmenschen zu kümmern. Nichts im Leben ist ein Zufall, so auch nicht solche Phasen im Leben.

Übung: Eine Erkältung loswerden

Atme zuerst in alle deine Hauptchakras und lass sie sich mal so richtig kraftvoll mit allen Farben aus dem Zentrum des Universums nähren. Genieße deine Energie und fühle sie.

Währenddessen wirst du womöglich auch diese kühle Welle entdecken, die irgendwo in deinem Energiesystem feststeckt.

Sitze in deiner Energie und lass Sunseed sich mit dir verbinden. Spüre die Helligkeit und Wärme, die in all deine energetischen wie auch physischen Zellen zu dir fließt. Während sie so fließt und arbeitet, spüre das Verlassen der kalten Welle, die nicht die deinige ist.

Bedanke dich dennoch auch bei dieser Welle, denn sie hat dich an deine Achtsamkeit erinnert. In dieser Dankbarkeit kann sich auch die Welle wenden.

Bei Schnupfen heißt es, dass die Nasenschleimhaut entzündet ist. Auch hier sehe ich es energetisch ähnlich – und doch anders. Der Schnupfen zeigt, dass dein gesamtes Energiesystem viel zu intensiven Reizen ausgesetzt wurde. Entweder wurdest du bezüglich eines Themas, das du dir endlich ansehen oder umsetzen solltest, bis aufs Blut erregt. Oder du hast dich selbst durch Verdrängung und »Aufschieberitis« (Prokrastination) zu lange gereizt.

Insbesondere deine Nase deutet darauf hin, dass du eigentlich bereits weißt, was los ist, aber einfach keine Lust hattest, das tiefer liegende Thema anzusehen. Dir wird gezeigt, dass du von etwas »die

Nase voll hast«. Irgendwann sagt der Körper aber: »Schluss jetzt. Du gibst nun Ruhe und machst dich auf. Ich bin überreizt und benötige deine seelische Unterstützung. Unterdrücke deine Seelenstimme nicht ständig …!«

Mit einer geschwollenen Nase in Trance zu gehen ist eine Kunst. Denn der Atem fließt nicht mehr frei. Deshalb könntest du, bevor du die tief liegenden Themen ansiehst, deine Nase mit Orion oder der Farbe Rot erwärmen und alles erlösen, was reizt. Die Physis dabei zu unterstützen ist keine dumme Idee, denn sie gehört dazu.

Vor allem bei einer Verkühlung und bei Schnupfen neigen die meisten Menschen dazu, das Haus nicht zu verlassen. Doch gerade in solchen Zeiten ist Frischluft ein besonders guter Diener. Insbesondere auch was die energetische Überreizung betrifft. Die Natur reinigt dein Energiesystem mit ihrer Kraft, sie stupst dich an, auch deine Power zurückzugewinnen und dich wieder in deiner Balance einzufinden. Sie erinnert dich an deine Selbstheilungskräfte, gleichermaßen wie Energiearbeiter, Heiler und Medien dies tun.

Zahnschmerzen

Zahnweh, insbesondere wenn es zuvor medizinisch abgeklärt wurde und der Zahnarzt keinen Grund für den Schmerz ausmachen konnte, zeigt in seiner energetischen Bedeutung in Richtung Festbeißen. In welchem Thema hast du dich in eine Schublade verfrachtet? Wo hast du dich selbst verlaufen? Wenn du zurzeit beispielsweise enorme Beziehungsprobleme hast, wirst du auch hier deine Antwort finden. Denn ebenso wie die Beziehung hat der Zahnschmerz eine enorme Bedeutung für den Menschen. Wenn die Zähne schmerzen, schmerzt einfach alles.

Es liegt letztlich an dir: Kannst du das Thema endlich loslassen? Benötigst du noch Zeit für diese Entwicklung? Wie viel Schmerz kannst du noch ertragen?

Sicher kann es auch sein, dass ein Überkonsum an schlechter Ernährung, ein Zuviel an Nikotin oder Ähnlichem die Ursache deines Leidens sind. Doch auch diese »Gepflogenheiten« deuten eher auf einen energetischen Ursprung hin. Jegliches Denkmuster kann aus seiner Verankerung erlöst werden. Und wenn du dachtest, du hättest es bereits erlöst, und trotzdem noch leidest, versuche gern die Marsianer-Session (also die Übung »Sich von der Manipulation des Unterbewusstseins befreien«).

In vielerlei Hinsicht ist der Mensch individuell, und unzählige Themen und Ursachen stecken hinter Süchten und Schmerzen. Sich energetisch mit dem Unterbewusstsein beziehungsweise mit seinem galaktischen Ich zu verbinden ist ein Super-Tool, um sich schlussendlich ganzheitlich zu reinigen und wieder in die natürliche Gesundheit einzutauchen.

Unfruchtbarkeit, Zysten und weibliche Geschlechtsorgane

Viele junge Frauen kamen und kommen wegen eines unerfüllten Kinderwunschs zu mir. Zahlreiche Kolleginnen berichten immer wieder, dass Klientinnen Probleme mit ihrer Unfruchtbarkeit hätten. Anderenorts ist ebenfalls häufig zu hören, dass viele Paare beziehungsweise Frauen keine Kinder mehr bekommen können. Nicht wenige entscheiden sich aber auch bewusst für die Kinderlosigkeit.

Natürlich sollte jede Frau aus ihrem Herzen entscheiden dürfen, ob sie Mutter werden möchte oder nicht. Die Auffassung, dass es »normal« und unbedingt erstrebenswert sei, (zumindest) zwei Kinder in die Welt zu setzen, ist ein temporäres menschliches Konstrukt. Da insbesondere Verwandte und Freunde einen stereotyp an dieses vermeintlich obligatorische Lebensideal erinnern und man sich durch ihre Fragen und die eigenen Antworten darauf die Energie des Konstrukts in sein Leben holt, entsteht unter Umständen ein enormer Druck.

Manche Frauen versuchen jahrelang vergebens, ihren Kinderwunsch auch durch künstliche Befruchtung zu erfüllen. (Mir selbst wurde von einem Arzt einmal prophezeit, ich könne höchstens auf solche Weise schwanger werden.) Sehr oft wurde mir bei Healings aber gesagt, dass der Kinderwunsch der betreffenden Klientin nicht aus ihrer Seele heraus entstand, sondern aus einer Art Sicherheitsbedürfnis beziehungsweise weil sie der gesellschaftlichen Norm entsprechen wollte. Doch allein schon die Akzeptanz dieses Konstrukts reicht, dass deine Seele »Stopp!« ruft und sich der Kinderwunsch nicht erfüllt.

Die Redensart »Es hat nicht sollen sein« ergibt somit einen Sinn. Denn die Seele weiß Bescheid, ob du den für dich und deinen Nachwuchs passenden Partner gefunden hast. Einen Partner, der mit dir die richtigen, für dich geeigneten Lernthemen durchlebt. Und ja, es kann manchmal auch so aussehen, als hätte sich das Universum geirrt, wenn in solchen Verbindungen trotz Kindern Scheidung, Rosenkrieg oder Aggression vorkommen. Doch das Kind entstand aus der Liebe des Universums, und es hat sich dich als Mutter oder Vater ausgesucht. Es tat dies ebenfalls, um bestimmte Lernthemen zu durchleben, auch wenn dies bedeutet, dass sein Leben nicht sorgenfrei und harmonisch verläuft. *Unterschätze dein(e) Kind(er) nicht ...!*

Zudem gab es viele Frauen, bei denen bereits eine einzige energetische Begleitung reichte, dass sie bei ihren Bemühungen, schwanger zu werden, erfolgreich waren. Manche mussten von mir »nur« hellsichtig gelesen werden, und ich brauchte ihnen lediglich zu sagen: »Ja, da kommen zwei Kinder zu dir auf die Erde.« Und, schwups, ganz bald darauf klappte es auch bei ihnen.

Bei anderen wiederum zeigte sich eine energetische Stauung im Unterleib. Diese grauen Wolken der Grays können sich also auch dort einschleichen. Meinem Empfinden nach kann es durchaus sein, dass sich hier ebenso reptiloide Energien paaren.

Bei der energetischen Begleitung schalteten sich die Energien der Plejader und auch von Ashtara ein, jene mütterlichen Energien, die für die Erde zuständig sind. Sie reinigen und klären den Bereich der weiblichen Geschlechtsorgane. Folgend beschriebene Übung kannst du somit auch bei Zysten und ähnlichen Entartungen der Fortpflanzungsorgane durchführen und sie energetisch begleiten. Sie bringen dir die weibliche Energie der Empfängnis.

Bei Störungen im Unterleib stehen das Wurzel- wie auch Solarplexus-Chakra im Zentrum. Dein Urvertrauen in die Weiblichkeit wurde womöglich stark beeinträchtigt. Du hast ein Stereotyp übernommen, um dir etwas zu erklären, und dieses Denkmuster der Matrix hat sich in dir festgesetzt. Doch wir sind keine Opfer, und es ist zumindest einen Versuch wert, dich davon zu befreien und dich im Verbund mit den Starseeds deiner Weiblichkeit hinzugeben, indem du folgende Übung mehrmals wöchentlich oder gern auch täglich durchführst.

Übung: Für die weiblichen Geschlechtsorgane und die Weiblichkeit

Finde dich an einem Ort ein, in einem Raum, den du sanft, aber bewusst abschließt und in dem du das laute Außen vor der Tür lässt. Es ist Zeit für dich, nur du zählst jetzt.

Leg dich auf deinen Rücken und beginne mit deiner sanften Atmung.

Atme durch die Nase ein und lass den Atem in deinen Unterbauch, in deine Geschlechtsorgane fließen.

Fühle beim Ausatmen durch den Mund, dass gleichzeitig etwas Schweres von dir abfließt. Es ist deine vorbereitende Reinigung. Atme weiter und lass den Atem fließen wie eine Welle, die immer leichter wird.

Du wirst bemerken, dass deine Gedanken während des Atmens immer ruhiger werden. Lass sie kurz da sein, dann aber auch wieder ziehen.

Forme mit deinen Fingern das Yoni-Mudra. Eine Ausführung davon wäre folgende: Halte deine flachen Hände nebeneinander so zusammen, dass die Daumen und Zeigefinger sich berühren und sich in der Mitte zwischen den beiden Händen ein Dreieck formt, und lege deine Hände in dieser Haltung auf deine Geschlechtsorgane.

Bitte nun die Plejaden und Ashtara, sich mit dir zu verbinden.

Spüre, dass sie über deinen Scheitel, zu deinem Herzen und dann in die Hände fließen und so ein Portal erschaffen, das dich mit der heilenden Quelle verbindet. Lass danach einfach alles abfließen und fühle diesen Fluss.

Atme ruhig weiter und beobachte auch, dass dich die Energien erfüllen und erneuern.

Wenn sich während der Heilung Erinnerungen lösen oder auch Tränen fließen, sei dir gewiss, dass Heilung geschieht.

Sobald du spürst, dass die Energie sich abschwächt, kannst du die Hände entspannt neben dich legen.

Bitte bleib danach noch ein wenig liegen, schlaf gern auch dabei ein.

Es ist wesentlich, sich nach einer Heilsitzung Ruhe zu gönnen und viel reines Wasser zu trinken. Unterstütze dich danach mit allem, was dir und deinem Körper guttut.

Heilungen dieser Art können bis zu fünf Tage lang intensiv nachwirken.

Falls du dich zu emotional fühlst, diese Form der Heilung durchzuführen, hol dir Unterstützung von einer Energetikerin.

Krebs und die intensivsten Heiler-Intelligenzen

Im Lauf der letzten Jahre zeigte sich bei meinen Klientinnen ebenso wie bei denen meiner Schülerinnen, dass während einer energetischen Begleitung auch chemisch-technologischer Therapien mehrere Starseed-Intelligenzen arbeiteten und die notwendigen Maßnahmen unterstützten.

Ich möchte auch beim Thema »Krebs« abermals dringlichst darauf hinweisen, dass niemand – weder Mediziner noch jegliche Vertreter alternativer oder komplementärer Heilmethoden – ein Heilversprechen abgeben sollte!

Bei Trance Healings und energetischen Begleitungen mit Starseeds ist es jedenfalls von Bedeutung, dass du zuvor die Starseed-Energien der heilenden Intelligenzen integriert hast und mit ihnen energetisch umgehen kannst, da sie intensiv wirken. Hierfür benötigst du zumindest einen Starseed-Coach, wenn nicht einen Starseed-Teacher. Die Begleitung mit Starseed-Intelligenzen bei Krankheiten, die von der offiziellen Medizin als tödlich eingestuft werden, bedarf insbesondere auch beim Heilmedium einer sehr gut ausbalancierten Grundenergie. Wenn du in Angst ein Healing für einen Klienten machst, wird es bei Weitem nicht so gut fließen. Als »Leitmedium« in Sachen Energien zu fungieren bedeutet stets, dass du dich als reiner, lichtvoller Kanal bereitstellst, um die liebevollen Energien deutlich durch deine Physis zu verstärken.

Ich werde dir hier deshalb nun keine explizite Technik vorlegen, sondern nur beschreiben, wie die Starseeds sich zeigen, wenn sie Krebsverläufe energetisch begleiten: so wie ich und viele andere Schüler dies bereits hellsichtig erlebt haben.

Zudem wird sich bei jeder energetischen Begleitung das ursächliche Grundthema zeigen. Zumeist ist es ein psychischer Konflikt, den der Patient im Laufe des Lebens vor sich hergeschoben hat, der dann somatisch zutage tritt. Der Klient oder Patient entscheidet stets, welche Form der Konflikt annehmen kann beziehungsweise wird. Und hier will ich nochmals betonen, dass der Verstand oft Worte formuliert, welche die Seele nicht fühlt. So kann es sein, dass der Mensch sagt, er möchte geheilt sein, die Seele allerdings bereit ist, in eine andere Dimension weiterzuziehen. Aber es kann auch umgekehrt sein.

Viele Starseeds lassen sich nicht rufen, sie sind einfach da. Sie sind zu den jeweiligen Zeitqualitäten anwesend, und in diesen Momenten oder Phasen werden sie uns bei energetischen Begleitungen einfach unterstützen. Zudem gibt es allerdings Starseeds, die so doch etwas wie ein Karma mit der Erde verknüpft. Es besteht eine Verbundenheit aufgrund ihrer »Geschichte«. Diese Starseeds sind nun im Folgenden aufgelistet. Du kannst versuchen, sie bei deinen heilenden Momenten oder energetischen Sitzungen einzuladen, ob für dich oder deinen Klienten.

Ich selbst habe die Erfahrung gemacht, dass Menschen, die bereits Jenseitskontakte gegeben oder erfahren haben, einen intensiveren Zugang zu den Sternenvölkern aufbauen können beziehungsweise dass es oftmals ein gewisses »Kennenlernen« durch einen Starseed-Teacher erfordert, um die Energien zukünftig einzuladen. Dennoch gilt, wie bei jeder energetischen Arbeit, dass es kein *Immer* gibt. Alles ist möglich:

- *Rafimojah:* Das sind nagende Wesenheiten, aber im *positiven* Sinne. So wurden sie während energetischen Begleitungen dabei beobachtet, dass sie bei Zysten und unerwünschten Gewächsen jeglicher Art mithalfen: Sie nagen Negatives, Toxisches ab und bereinigen die emotionale Aura. Hellsichtig betrachtet, wird das Toxische aus dem Gewebe und den Zellen entfernt, und dies sehr schnell. Den Rafimojah zufolge ist Krankheit »wie ein Kampf des Körpers, um gegen die Abwesenheit der Seelenstimme zu kämpfen«. Mit dieser Reinigung erhalten viele zudem eine rasante energetische Entwicklung, da eine Erkenntnis nach der anderen in uns erweckt wird.
  Die Arbeitsweise der Rafimojah ist rasant und gründlich. Sie wird sich zudem bei toxischen Beziehungen behilflich erweisen, da auch hier das Energiesystem radikal von Denkmustern der Matrix befreit wird.
- *Aqua (Ceridion):* Sie bringen durch ihren Fluss ebenfalls alles ins Fließen. Insbesondere wurden sie bei energetischen Begleitungen beobachtet, als sie das Abgenagte der Rafimojah aus dem Körper entfernten oder Vegorianz bei der Wendung ins Natürliche halfen. Sie sind ebenso dabei behilflich, Chemisches aus dem Körper auszuschwemmen.
  Auch die Reinheit der Worte kommt durch Ceridion zu dir. Eine morgendliche oder abendliche Reinigung mit ihnen ist zudem eine Wohltat für das gesamte Energiesystem.
- *Vegorianz:* Diese Starseed-Intelligenz wendet alles in unserer energetischen wie auch physischen Zelle, was nicht der energetischen Natürlichkeit entspricht, zum Besseren. Und da dies auch in unserer Physis der Fall sein kann, werden Anomalien dort ebenfalls gewendet. Vegorianz bringen die Weisheit der Natur und Natürlichkeit in unser gesamtes System.
  Bei Krebspatienten wird ihr (Blau-)Grün allerdings vollkommen aus ihrer Erscheinung verschwinden, da der Farbstrahl Grün aus dem Zentrum des Universums kommt, als dessen »Transporteuer« eben die Vegorianz dienen, und für Wachstum steht. Bei Krebs ein Gewächs zu fördern wäre kontraproduktiv. So sagen die Vegorianz über Krebs »Krebs ist der Inbegriff von Scham und

Schuld«. Viele Menschen fühlen sich schuldig, gewisse Situationen im Leben erduldet oder auf sich genommen zu haben, wodurch sie krank wurden. Doch Vegorianz sagen dir, du wurdest gestärkt in deinem natürlichen Gefühl und in deiner Weisheit, sodass du dich aus deiner Malaise befreien kannst. Deine natürliche Weisheit wurde gestärkt. Diese Weisheit der Erfahrung und Gesundung aktiviert die Selbstheilungskräfte, nicht nur dein Umdenken in Bezug auf deine Lebensweise.

- *Sunseed:* Sie erhellen, was dunkel war, sie belichten es. So wenden sie in der energetischen Zelle gewisse internalisierte Denkmuster aus der Matrix und erhellen die Zelle durch ihr Strahlen. Sie reaktivieren sie, wenn sie verkümmert ist. Ihre Kraft zieht direkt in die Zellstruktur ein und erleuchtet sie, um dich daran zu erinnern, wie strahlend und kraftvoll du und deine Seele sind. In regelmäßiger Anwendung können Sunseed ebenso grundsätzlich das Gemüt positiv verändern.
- *Casumfathia:* Durch die enorme Schwingung der leuchtenden Finger der Casumfathia wird alles, was tief schwingt, in eine höhere Frequenz verfrachtet. Ihre Finger bringen pulsierend die Energie der Liebe ins System. Bei energetischen Begleitungen wurde aber nicht nur das Pulsieren gespürt, sondern auch das Berühren des Fingers an der jeweiligen Stelle. Sobald dieser Finger zur Anwendung kommt, wirst du möglicherweise auch gewisse Farbstrahlen erkennen, die ebenso direkt aus dem Zentrum des Universums in purer Liebe zu dir fließen.
  In dieser hohen Schwingung ist Krankheit als solche nicht vorhanden. Da es auch Casumfathia unmittelbar auf der Erde gibt beziehungsweise da sie *in* der Erde leben, wird ein Klient ihre Arbeit unter den Fußsohlen spüren, da sie auch die Chakras unter den Fußsohlen aktivieren. Im Verbund mit Mutter Erde und ihrer Schwingung ist diese energetische Begleitung deutlich spürbar. Zudem kann es sein, dass dir durch, während oder nach einer energetischen Begleitung mit Casumfathia ein Heilstein zur Seite gestellt wird.
- *Plejader:* Die Plejader sind eigentlich immer zu erwähnen, wenn es um Heilung geht, also auch bei Krebs. Sie sind stets anwesend

bei Kindern, Jugendlichen und auch Tieren. Dieses strahlende Pink, das die Liebe und Süße der Selbstliebe zeigt und fühlbar macht, ist ein absolutes Muss im energetischen Heilen. Bitte probiere die Energie einfach aus, sie ist wohltuend.

Gerade auch bei Trauer und depressiven Verstimmungen oder Panikattacken kannst du einfach das Pink in dich einatmen und darin verweilen. Genieße diese Lieblichkeit.

- *Venusier:* Die Venusier sind für die Menschen sehr wesentlich, da sie die Weiblichkeit des Seins zeigen und die Art unserer Beziehungen verdeutlichen, die in vielen Fällen für die Ursächlichkeit von allerlei Krankheiten relevant sein wird.

  In ihren Sphären gibt es jegliche Partnerschaften, die für den Menschen womöglich undenkbar sind. Sie machen dir in ihrer goldenen Form bewusst, dass die Vollendung deiner selbst in dir liegt. Sie werden dir auch die Schönheit deiner Seele verdeutlichen und die Tatsache, dass Selbstliebe, die Akzeptanz der eigenen Person sowie Authentizität wesentlich sind, um ein funktionierendes Zusammenleben mit anderen zu ermöglichen. Denn wenn du stattdessen eine Maske trägst, werden die Menschen deine Maske lieben und nicht dein wahres Ich.

Fieber

Die Farbe Blau zeigt sich immer wieder hellsichtig bei Fieber, um das kühlende Element einfließen zu lassen. Hierbei treten mehrere Sternenvölker auf den Plan. Die Farbe selbst entspringt dem Zentrum des Universums, die helfenden »Transporteure« sind die Starseeds, und du bist letztlich das Leitmedium. Eine wunderschöne Zusammenarbeit!

Diabetes

Bei Diabetes geht es um die »Süße des Lebens«. Hellhörig vernahm ich bei vielen Klienten stets, dass ihnen ebendiese Süße fehlte – sie waren in stereotypen Denkmustern verhaftet, funktionierten lediglich, und/oder ihr Leben wurde nur mehr von der Aussicht auf Profit gesteuert. Einige von ihnen arbeiteten zu viel, und drei Ehemänner hatten Probleme damit, sich aufgrund ihrer finanziellen Situation aushalten lassen zu müssen.

Die Gründe, die zu dieser Störung führen können, sind natürlich zahlreich, aber grundsätzlich zeigt sich die Energie der mangelnden Selbstliebe, der mangelnden Selbstachtung und des fehlenden Wissens dessen, was uns guttut und was uns nährt. Denn bei jeglicher »Krankheit«, die auch und vor allem unsere Nahrung betrifft, ergibt sich ebenso die Frage, was uns *energetisch* nährt. Diese Frage rein auf Verstandesebene zu beantworten ist grundsätzlich nicht zielführend. Denn was uns, unser Energiesystem und unsere Seele nährt, ist auch ein rein energetisch gefühltes Element: *Alles, was dir ein herzliches Lächeln ins Gesicht zaubert oder dir Frieden gibt, nährt dich!*

Bei Diabetes gilt es also nicht nur, die Lebensweise im konventionellen Sinne anzupassen. Sondern wir müssen unser Energiesystem auch von den Denkmustern befreien, von denen wir so getrieben sind und derentwegen wir verlernt haben zu fühlen, was uns nährt, oder die uns ständig über unsere Grenzen hinausgehen lassen.

Ein deutliches Indiz ist hier eine zu einseitige oder fett- und zuckerhaltige Ernährung, die uns eine Fülle vorgaukelt, wo doch eine ganz andere Fülle und ein anderes Erfülltsein gelebt werden möchten: ebendie Süße des Lebens, die so kaum noch fühlbar ist.

Es ist eine gewisse Eigenignoranz, die mit der Marsianer-Session ins Unterbewusste oder auch mit den Sunseed energetisch in die Wende gebracht werden kann. Dies betrifft zumindest den Typ-2- oder auch den Schwangerschaftsdiabetes. Bei Letzterem sind werdende Mütter mit ihrer Situation überfordert. Bei den Ursachen des Diabetes vom Typ 2 handelt es sich der offiziellen Medizin zufolge um eine Melange aus Veranlagung, Übergewicht, Ernährung und Alter. Energetisch gesehen sprechen diese Umstände eine ähnliche symbolische Sprache wie bereits erläutert.

Beim Typ-1-Diabetes handelt es sich um eine Form der Zuckerkrankheit, die bereits bei Kindern und Jugendlichen auftritt, was natürlich vor allem auch für die Eltern eine Horrorvorstellung ist. Doch genau da liegt wohl auch eine der Ursachen. Denn womöglich haben die Eltern oder Großeltern nicht die Süße des Lebens erfahren, unter strikten Regeln und ständiger Arbeit kaum wirklich gelebt, sondern nur »funktioniert« – und das Kind verdeutlicht ihnen dieses übernommene Denkmuster durch seinen Typ-1-Diabetes.

Neben der ärztlichen Behandlung des Kindes sollten die Eltern versuchen, dieses Thema bei sich zu befreien, und erst dann mit Sunseed und Casumfathia arbeiten. Allerdings sind auch die Plejader eine Energieintelligenz, die sich sehr oft bei Kindern und Tieren zeigt. Kinder lieben diese pinke Energie, die viel bewirken kann, wenn man in der Beobachterrolle bleibt und das Ego sowie das ständige »Müssen« außen vorlässt.

Hashimoto-Thyreoiditis

Diese Schilddrüsenentzündung, benannt nach dem japanischen Arzt Hakaru Hashimoto, die als sogenannte Autoimmunerkrankung gilt, zeigt sich sehr oft bei Menschen, die nicht ihre Wahrheit aussprechen und mehr und mehr die Stimme ihrer Seele unterdrücken. Die Seele selbst möchte hier zu Wort kommen.

Bei einer Unterfunktion wird die Unterdrückung verschwiegen. Man lässt alles mit sich machen. Bei einer Überfunktion missioniert man mit seinen Unwahrheiten zudem noch andere Menschen, die ebenso leben sollen wie man selbst. Es handelt sich somit um eine Imbalance in der geistig-seelischen Entwicklung. Bei diesen Menschen ist es höchste Zeit, die Wahrheit auf herzlicher Ebene zur Sprache zu bringen.

Also ist Hashimoto ebenso eine energetische Umstellung deiner selbst mit dem Fokus auf Selbstliebe. Erlebe, was deine Seele leben möchte, und nicht nur das, was der Verstand dir ständig einflüstert.

Gesellschaftliche Regeln und Verallgemeinerungen unterdrücken dein freies Fließen. Wenn die individuelle Entwicklung unterbrochen wurde, ist deine Kreativität ins Stocken geraten. Kreativität in jeglicher Ausformung ist dein freier Fluss der Energien, der mit den Venusiern wieder in Bewegung gebracht wird. Die Verbindung mit ihnen wird deine Beziehungen zu dir und auch anderen Menschen beleuchten und dir verdeutlichen, warum du dich von dir selbst entfernt hast. Wem möchtest du genügen? Wen möchtest du um jeden Preis von etwas überzeugen – und insbesondere warum?

Zudem kannst du Latinreh (Loveletters) bitten, dein Herz zu beflügeln. Aber auch in der energetischen Arbeit gilt: Überfordere dich nicht. In jeglicher Hinsicht kann man sich selbst zu viel abverlangen. Gönn dir auch bei der energetischen Arbeit immer wieder Pausen.

Schlafstörungen

Unser Schlaf ist als Regenerationsphase sehr bedeutend. Wir erholen und transformieren uns während unserer Schlafphasen auf all unseren Ebenen. Doch im Schlaf machen wir auch energetische Reisen, die unsere Energie ebenso liebt. Diese Freiheit des Seins integriert sich dabei und fühlt sich am folgenden Morgen erholsam an. Hast du schon einmal in der Nacht gefühlt, dass du fliegst? Sei dir bewusst: Du warst tatsächlich unterwegs.

Den Tag damit zu beginnen, dass man sich seinem Körper, seinem Geist und seiner Seele widmet – beispielsweise mit Yoga und danach einer Trancereise oder Meditation –, ist für viele bereits etwas vollkommen Natürliches. Auch ein kurzer Spaziergang an der frischen Luft lässt gewisse Stauungen in deinem System wieder los.

Seinen Tag achtsam und ausgeglichen zu beenden sollte ebenso zur energetischen Hygiene gehören. Schlafstörungen sind ein deutlicher Hinweis darauf, dass du im Schlaf auch vor irgendetwas flüchten möchtest. Doch bei jedem Widerstand ist es so, dass Flucht diesen noch wachsen lässt, deshalb holen uns verdrängte Gedanken und Probleme kurz vor dem Einschlafen wieder ein.

Setz dich bereits während des Tages ab und zu hin und beachte deine Gedanken und Sorgen, lass deine Emotionen da sein, beobachte sie, höre dir selbst liebevoll zu und du wirst fühlen, dass sie an Macht verlieren. Wenn du dies ein paar Minuten täglich machst, wird dein Schlaf immer weniger gestört.

Viele Menschen wissen noch nicht einmal so genau, welche Sorgen und Gedanken sie wirklich haben. Sie schieben sie beiseite, sprechen nur von Schlafproblemen und schalten dann, wenn sie nicht zur Nachtruhe finden können, den Fernseher ein, um sich abermals abzulenken …

Ich empfehle dir, deine verdrängten Muster und deine Vergangenheit hier intensiv anzuschauen, sie auszusprechen oder zumindest aufzuschreiben. Dann kannst du gern mit der Energiearbeit beginnen. Denn wer Schlafprobleme hat, wird auch Schwierigkeiten haben, in Trance zu kommen.

Wenn du lediglich Einschlafprobleme hast, könnte es sein, dass sich zu viel Energie bei dir angestaut hat. Zuerst solltest du dann ebenso die Gedanken einfach da sein lassen und dabei bewusst und ruhig deinen Atem beobachten. Bei jedem Ausatmen reinigst du nach und nach jedes feinenergetische Zentrum vom Wurzel- bis bis zum Scheitel- oder sogar zum achten Chakra. Danach atmest du die Farbe Grün ein und bittest die Ashtara, dir diese Ruhe und Gelassenheit zu geben. Sie werden dich gern auch in deinen Träumen begleiten.

Du kannst darüber hinaus eine Intention für deinen nächsten Tag festlegen und sie bereits fühlen. Kreiere dir den folgenden Tag energetisch. Probier dich hier aus.

Haarverlust

Speziell unser Haupthaar ist dem Kronen-Chakra zugeordnet. Menschen verlieren oft Haare aus nicht ersichtlichen Gründen, die von der Medizin als Mangelerscheinungen bezeichnet werden. Und, ja, das kann natürlich auch sein. Doch kreisrunder Haarausfall (Alopecia areata) als Krankheit gleicht ebenso einer anderen energetischen Einteilung. Denn hellsichtig zeigt sich tatsächlich, dass eine energetische Erneuerung bei dem betreffenden Menschen vorherrscht, die eine Intensität aufweist, dass das Haar seine Wurzeln verliert. Als würde er seiner »Denkmusterwurzeln« enthoben – das gesamte Leben verändert sich. Das Beleben der Haarwurzeln hinwiederum zeigte sich bei Klienten durch Regenbogenfarben, die über das Kronen-Chakra einflossen und wie eine energetische Massage wirkten.

Man kann versuchen, hierbei die Newborn-(Lassejeva-)Energie um Hilfe zu bitten. Doch gerade die Energie dieser »friedlichen Rebellen« lässt sich nicht drängen. Ein Mensch, der seine Haare verliert, ist allerdings verzweifelt. Diese beiden Energien stehen sich etwa gleich stark gegenüber, denn des Menschen Entschlossenheit ist enorm, auch wenn man dies kaum glauben würde, wenn man sich in einer Misere befindet.

Falls du selbst an dir energetisch arbeitest oder ein Klient Probleme mit dem Thema »Haare« hat, könntest du folgende Schritte ausprobieren.

Übung: Haarwurzeln beleben

Begib dich in einen medial-heilend-energetischen Zustand wie jener der Trance und baue somit einen hoch schwingenden Energiekreis auf.

Bitte die Newborn, dir beim Beleben deiner Haarwurzeln behilflich zu sein, und lass die Anfrage in Liebe ziehen.

Fühle, dass Ashtara mithilfe aller Farben aus dem Zentrum des Universums über dein Kronen-Chakra zu dir fließen und deine Kopfhaut beleben.

Fühle ebenso, dass die Orion-Energie dir bei deinem Mut, voranzugehen und dein neues Leben in Anspruch zu nehmen, behilflich sein können. Fühle dich hinein, um zu erkennen, ob sie dabei sind.

Jegliche Form der energetisch-medialen Heilung ist ein Fühlen und Beobachten, ohne zu bewerten oder zu drängen.

Tinnitus

Tinnitus kann als Pfeifen, Summen, Brummen, Rauschen, Klicken oder auch Klopfen wahrgenommen werden, manchmal in einem, manchmal in beiden Ohren (lat. *tinnitus* [Geklirr]).

Der offiziellen Medizin zufolge gibt es mehrere Auslöser wie Stress, Medikamente, Fremdkörper im Ohr, virale oder bakterielle

Infekte, Hörsturz, Knalltrauma und vieles mehr. Es wirkt das gleiche Prinzip wie bei Gedanken, denen du keinen Raum schenkst und die du wegschiebst, da sie dich stören. Oder auch Emotionen. Alles, was einen Widerstand in dir erzeugt, wird verstärkt zurückkehren. Widerstand summiert sich im System ins Unermessliche, sieh dir energetisch deine Widerstände an, oder lass dich energetisch begleiten. Das Sternenvolk, das für die absolute Wahrheit im Universum steht, sind die TrueSit.

Die Ursachen sind zahlreich, und ich möchte dir hier noch einen weiteren Impuls zu diesen ominösen Geräuschen geben.

Ein Mensch, der sich in seiner Schwingung erhöht, nimmt oftmals auch hochfrequente Geräusche wahr. Zu Beginn einer transformativen Phase in die Medialität tauchen diese Geräusche wie Pfeifen sehr oft auf; im Gegensatz zu einem konstanten Tinnitus, der meinem Empfinden nach viel mit Stress zu tun hat, verschwinden sie aber wieder. Allerdings möchte ich auch darauf aufmerksam machen, dass Kopfhörer mit aktiver Geräuschunterdrückung (Active Noise Cancelling [ANC]) ebenso eine Frequenz aufweisen und bei intensiver Nutzung ein Ungleichgewicht des natürlichen wie übernatürlichen Hörens (Hellhörens) auslösen können, was wiederum zu einem Pfeifton führt, der darauf hinweist, dass du dich fragen sollst, was zu laut *in dir* ist und weswegen du dich so intensiv zurückziehen zu müssen glaubst.

Energetisch betrachtet, zeigen hohe Pfeiftöne den Beginn des Hellhörens, das sich wieder bei dir zeigen soll. Doch auch andere Töne weisen dich darauf hin, dass du Frequenzen hören kannst. Jegliche Frequenz hat einen bestimmten Ton, der aber nicht von jedem gehört werden kann.

Manipulative Frequenzen hören sich dumpf an, etwa wie ein negativer Unterton, den man in einem Streitgespräch erfühlt.

Stechende Pfeiftöne sind ein Zeichen dafür, dass du beginnen solltest, dir zuzuhören und mehr in die Wahrnehmung zu gehen. Wahrnehmung bedeutet hier, dass du die Energien deiner selbst und deines Umfelds bemerkst. Beschäftige dich mit dir und dem Hier und Jetzt.

Diese Beschäftigung und die Wahrnehmung werden dir auch deine Gedanken verdeutlichen, die dich stressen. Gepaart mit diversen Atemtechniken, wird sich die regelmäßige Praxis positiv auf deine Gesundheit auswirken. Das Hellhören wie auch das Hören von Frequenzen bedarf der Übung. Zu wissen, was welche Frequenz bedeutet, ist schon mal ein großer Schritt vorwärts. Denn beim Finden dieser Bedeutung werden sich die Frequenzen bereits zurückziehen.

3.

Prophezeiungen für die nächsten Jahre

Das künftige Gesundheitssystem

Die Vorhersagen und Visionen von künftigen Entwicklungen im Gesundheitsbereich, die sich mir für dieses Buch und für dich zeigten, sind zeitlich nicht exakt festzumachen, in ihrer Tendenz aber dennoch fühlbar klar und unumgänglich. In den kommenden Jahren werden wir so etwas wie Startschüsse zu tiefgreifenden Veränderungen auf vielen Gebieten unseres menschlichen Miteinanders erleben.

Alle überkommenen kollektiven Konstrukte, Denkmuster und Ängste scheinen von diesem Wandel betroffen zu sein. Bevor dies schließlich so sein wird, läuft aber vieles noch einmal zur Höchstform auf und erreicht einen Zenit, bevor es endgültig zerfällt und Besseres an seine Stelle tritt.

Wer seinen Fokus im Zentrum des Lichts behält, wird erkennen, dass er als Mensch selbst die Kraft der Seele und somit die Kraft der Liebe besitzt. Die Energie der Liebe ist die stärkste Kraft, da sie nicht manipuliert werden kann. Denk immer wieder an diese Worte und fühle, was sie mit dir machen.

Unser Gesundheitssystem wird sich in den vor uns liegenden Dekaden gänzlich anders formieren. Nicht nur, was die undurchdachten Restriktionen der letzten Jahre und Einsparungen an Stellen, die mehr Zuschüsse benötigt hätten, betrifft. Nein, auch aufgrund dessen, dass die Energiearbeit mehr und mehr auf Erden Platz greift. Die Energien werden immer schneller wahrnehmbar und eindeutiger, und die Menschen besinnen sich wieder auf ihr eigenes Erfahren.

Dies ist der erste Schritt. Menschen beobachten, dass sie Blitzheilungen erfahren und dass Gedanken wie auch Gefühle in Windeseile zu ihnen zurückkehren. Dies mag als kleiner Schritt angesehen werden, doch es ist ein großer in Bezug auf das Erkennen der eigenen energetischen Größe.

Die Wahrnehmung des liebevollen Seins der Sternenvölker ist ein weiterer Schritt, der eine Erweiterung des Energiesystems bewirkt und den Kontakt mit den Guides und Gefährten in der feinstofflichen Welt wie auch in anderen Dimensionen ermöglicht. Dieses erwachte Bewusstsein macht sich so bemerkbar, dass »Wunder« wahr werden und ein großes Umdenken, -fühlen und -wahrnehmen ermöglicht wird.

Bevor sich das erweiterte Bewusstsein großflächig auf der Erde ausbreitet, werden wir einen regelrechten Kampf darum erleben, was in Sachen Gesundheit gehaltvoll und wirksam ist, und das auch in der energetischen Heilerszene.

Doch es entstehen immer mehr kleinere Vereinigungen, die ebenso gewisse Energiearbeiter mit einbeziehen, um die Entwicklung voranzutreiben. Schritt für Schritt werden diese Vereinigungen etabliert. Mein Guide Edgar sprach davon, dass zum Beispiel die derzeitigen Med-Betten behilflich dabei sind, um den Leuten überhaupt begreiflich zu machen, dass Frequenzen und Schwingungen Heilung ermöglichen.

Med-Betten scannen ähnlich wie Magnetresonanztomografen den gesamten Körper und spüren abnorme Frequenzen von Zellen auf, um sie dann in gesunde Schwingungen umzuwandeln. Doch sie sind eine Übergangslösung, bis wir alle auch ohne Hilfsmittel in unsere Kraft finden.

Das Heilen durch Handauflegen oder die Mithilfe der Guides, wie wir es in diesem Buch beschrieben haben, wird flächendeckend um sich greifen. Was dem noch im Wege steht, sind installierte Denkmuster, wie dass der Mensch ein Opfer sei und Hilfe suchend kleingehalten wird. Das Erlösen dieses Denkmusters vom Opfer in die Selbstermächtigung ist ein großer Schritt, der sich im neuen Zeitalter ermöglicht. Und dies mit kosmischer Unterstützung. Selbstermächtigung in unserem Sein, in unserer Weisheit und Heilkraft.

Denn der Mensch als multidimensionales Wesen ist kraftvoll und mächtig. Die »Ankömmlinge der Annunaki« – so Edgar im Trance Speaking – hielten uns sozusagen in der »Sklaverei«, und das seit Jahrtausenden, und installierten die Denkmuster. Der erste große Befreiungsschlag soll im Jahr 2025 erfolgen, auch wenn der Mensch immer wieder versucht sein werde, in der »Sklaverei« zu verharren.

Doch die Hellsinne, die Intuition und die Seele erwachen in ihrer enormen Kraft, und im Verbund mit den liebenden Starseeds und dem Mit-Eins-Anders erhalten wir Unterstützung und Downloads, die schon seit dem Jahr 2023 intensiv zu uns strömen. Viele bezeichnen hierbei die Sonnenstürme als etwas Anstrengendes, doch sind diese angeblichen Sonnenstürme einströmende Lichtcodes, die zu einer Erweiterung unserer DNA führen und durch die wir erfahren werden, dass unser Körper ein Portal der Superlative ist. Transformation mutet anstrengend an, doch ist es auch ein Ablegen sehr alter Denkmuster – und das braucht Zeit.

Wir werden mehr und mehr imstande sein, innerhalb von Sekunden unsere Physis wie auch unsere emotionale Aura von störenden Einflüssen zu reinigen.

Der erste Schritt bedarf der wachsenden Popularität gewisser Licht- und Energiearbeiter, die ihre Energie pflegen, wie wir alle unsere Physis täglich reinigen, und so ein Vorbild sind und das Wissen publik machen, dass diese Fähigkeiten Teil eines jeden von uns sind.

Wir werden fühlend erkennen, dass unserer energetischen Hygiene eine besondere Bedeutung zukommt. Die Fröhlichkeit des Seins, des liebenden Seins, geht sodann in die Richtung von energetischen Massagen, die auch ohne Berührung erfolgen können.

Auch energetische Lesungen werden wertvoller werden, da sie den Einzelnen holistisch und in seiner Einzigartigkeit zeigen, wodurch das Empfinden des Individuums in die Diagnostik einbezogen und der Ursprung von Krankheit anders gesehen wird: Nicht nur die Krankheit »als solche« beziehungsweise das Symptom wird betrachtet und behandelt, sondern man sieht und heilt den jeweiligen Menschen als Ganzheit.

Die Pharmaindustrie, Kranken- und zukünftige Gesundenhäuser

Die Bauweise unserer Krankenhäuser wird sich künftig ändern. Insbesondere zeigte sich mir in einer Vision, dass das Bewusstsein dafür, wie wesentlich die Natur für die Gesundung kranker und alter Menschen ist, mehr und mehr etabliert wird.

Sogenannte Gesundenhäuser werden vornehmlich im Grünen errichtet und erreichen baulich nicht mehr die unpersönlichen Dimensionen klinischer Großprojekte. Sie beziehen alternative Heilmethoden gleichwertig mit ein und werden ebenso zu begehrten Ausbildungsstätten für junge Menschen, die im direkten Austausch mit jenen stehen wollen, die das Leben im Mit-Eins-Anders praktizieren. Das Lehren wendet sich in Richtung Ganzheitlichkeit.

Die Technik wird auch im Bereich der Pflege weiter fortschreiten, und man kann ihr dann leichtere beziehungsweise Routinearbeiten überantworten, wodurch das Pflegepersonal entlastet wird und die Patienten zum Beispiel mit ihren emotionalen Belangen im Vordergrund stehen und angemessener betreut werden. Denn das Menschliche ist ein wesentlicher Faktor, der für die Gesundung einen enormen Unterschied macht.

Die Pharmaindustrie wird mehr und mehr durchleuchtet und nach neuen Kriterien umgestaltet. Denn auch die Natur beweist intensiver denn je, dass sie grundlegender und nachhaltiger wirkt als vieles, was man künstlich-chemisch erzeugt. Die Orientierung vor allem am Profit wird zurücktreten zugunsten einer ganzheitlichen

Zielsetzung, wodurch sicher auch lobbyistische Aktivitäten in der Politik und korrupte Machenschaften sukzessive in den Hintergrund treten. Stattdessen rücken Eigenverantwortung und individuelle Diagnose in die vorderen Reihen.

Die Zahl der Ärzte und Ärztinnen konventioneller Couleur wird weltweit zurückgehen, da bei immer mehr von ihnen Interessenkonflikte und Bestechlichkeit seitens diverser Pharmaunternehmen publik werden. Vermutlich folgt rund um das Jahr 2025 ein Korruptionsskandal dem anderen.

Bei immer mehr gesundheitlichen Störungen wird erkannt, dass sie keinen physischen Ursprung haben. »Krankheiten« wie beispielsweise das Burn-out-Syndrom werden zahlreicher auftauchen, um das Potenzial energetischer Heilungen forciert ins Bewusstsein zu bringen. Hier stoßen Ärzte dann intensiv an ihre Grenzen, da Auffälligkeiten wie plötzliche Zuckungen und andere ungeahnte Symptome kommen und gehen, wobei Mediziner, vor allem Diagnostiker, vielfach zunächst vor Rätseln stehen. Aber die energetischen Anhaftungen und die Option, sich schnell davon befreien zu können, werden eindeutiger erkennbar sein.

Auch für ein friedliches Hinübergleiten ins »Jenseits« wird besser gesorgt werden, da immer mehr Menschen für die Wahrnehmung der hierbei aktiven Energien sensibilisiert werden und sich die »Beweise« für deren Existenz häufen. So fließen künftig Sterbebegleitungen durch medial begabte Menschen, die Jenseitige wahrnehmen, mit Wertschätzung in Krankenhäuser, Altenheime und die wachsende Anzahl von Hospizen mit ein. Es wird auch das heilende Mit-Eins-Anders immer bewusster, da Sternenvölker erkennbarer mit uns kommunizieren.

Letzte Ruhestätten der Zukunft

In den nächsten dreißig Jahren werden ältere Menschen um die achtzig aussehen wie heute Sechzigjährige. Sie sind sehr agil und voller Freude. Die Bewusstseinssprünge haben zu diesem Zeitpunkt bereits einen enormen Einfluss auf das Energiesystem, was ebenso einen positiven Widerhall in der Physis findet. Denn die Zellregeneration wird durch energetisches Arbeiten eindeutig an Erkennbarkeit gewinnen. Ich sah das Bild, dass sich diese energetische Stärkung, die durch das DNA-Upgrade erfolgt (eine Hilfestellung aus der energetischen Welt, die noch zehn Jahre andauert), auf unsere Knochen, Muskeln und Sehnen auswirkt. Die Forcierung der Selbstheilungskräfte wird enorm werden.

Mit dieser Entwicklung einhergehend, werden allerdings auch jene, die Profit aus Krankheiten und der Angst vor dem Tod schlagen, eine intensive Welle der Verunsicherung ausdehnen wollen. Beginnend im Jahr 2025 werden Krankheitswellen prophezeit, die entsprechende energetische Signaturen in sich tragen. Hierbei zeigt sich eindeutig, dass das Lesen von Energien bereits sehr verbreitet sein wird, denn viele Menschen erkennen bis dahin eindeutig, wann es sich hierbei um Manipulationen handelt.

Zudem zeigte sich mir in einer Vision, dass alte Menschen in einem anderen Bewusstsein ihre letzten Schritte gehen werden, wobei sie sich ihre »Sterbebetten« aussuchen. Ich erblickte eine Landschaft, die auf den ersten Blick wie eine Wüste aussah. Sie ist *derzeit noch* eine Wüste. Doch in Zukunft wird sie keine solche mehr sein, sondern sie wird erblühen. Dort werden Menschen sich selbst zur Ruhe legen. Sie werden sich so betten, wie sie es möchten.

Gräber sah ich keine. Vielmehr, dass der menschliche Körper dort blieb, bis er zu Staub zerfiel (dazu unten mehr). Vollkommene Ruhe, absolute Stille herrschte an jenem Ort, der sehr groß wirkte. Wie ein ganzes Land oder ein Planet. Es wirkte auch so, als ob dort Menschen arbeiten würden, doch währenddessen wurde kein Wort gesprochen. Es war absolut still.

Ich vernahm telepathisch einen Mann an diesem Ort der Zukunft, der meinte: »Gut, dann gehen wir die Reise an. Wo komme ich als Nächstes hin?« Und ich sah, dass dieser Mann bereits bald darauf wusste, welcher Planet, welche Dimension es sein würde. Mir sagte der Name dieses Gestirns, dieser Dimension selbst noch nichts, doch es war sehr lichtvoll.

Das Sterben, jener besondere Akt unseres Weiterziehens, wird zu jenem Zeitpunkt anders betrachtet werden, als dies heute gemeinhin der Fall ist – als würden alle das Jetzt während der gemeinsamen Jahre mehr wertschätzen und die Hinterbliebenen ihren Angehörigen eine gute Reise wünschen. Momente des Mit-Eins-Anders sind im Bewusstsein der Menschen sichtlich häufiger verankert.

Zudem sah ich Orte mit alten Menschen, die in Gesprächen mit Energiearbeitern ihre geistige Welt ergründeten, sich bereits im Vorhinein ansahen, welche Möglichkeiten sie haben, wenn sie weiterziehen. Doch hier stand nicht der Denkprozess im Vordergrund, sondern das Fühlen. Trance und das energetische Verbinden werden zu jener Zeit etwas »Normales« sein, das mehr und mehr Menschen anwenden, um ihre Wahrnehmung zu erweitern.

Dennoch ist es nicht allein eine Wahrnehmung, sondern die liebliche Energie ist ein Manifest, das in dem dortigen Bewusstsein bereits verankert ist. »Ich fühle diese Energie, ich sehe sie, also wird es so sein.« In diesem Bewusstsein werden wir leben. Die Zweifel, dass wir Energie *sind*, bestehen zu diesen Zeiten nicht mehr. Die Menschen bereiten sich bereits Jahre zuvor auf ihr Weiterziehen vor und erleben die letzten Jahre ihres irdischen Daseins intensiver und eindeutiger, freudvoller. Den Jahren des Bedauerns und der Krankheit am Ende des Lebenswegs wird in den nächsten siebzig Jahren ein Ende bereitet.

Interessant bestaunte ich ebenso, dass die Physis des Menschen weder verbrannt noch in einem Sarg unter die Erde gebracht wird. Sie bleibt wie gesagt, wo sie sich befindet, und zerfällt sehr schnell. Als würde sie so etwas wie Sternenstaub werden. Als würden wir Menschen mit physischem Auge sehen können, dass sich die Körper der weiterziehenden Menschen wieder in hoch schwingende Energie erlösen. Und dies in einer unfassbar schnellen Zeit. Niemand macht sich zu jener Zeit noch darüber Gedanken, wie viel Geld man für ein Begräbnis benötigt und wo man seine »letzte Ruhestätte« finden soll. Diese Entwicklung geht einher mit einer großen Befreiungswelle aus dem Matrix-Konstrukt »Angst vor dem Tod«, die offenbar Ende der Dreißigerjahre beginnen und Jahrzehnte andauern wird.

Plätze des Austauschs und künstliche Intelligenz (KI)

Die beruflichen wie auch die privaten Wertvorstellungen zeigten sich mir gänzlich verändert: Offenbar werden die Technik und die Roboterisierung dermaßen überhandnehmen, dass auch hier das System wieder zum Menschlichen zurückkehrt. Das Bedürfnis des Menschen im Allgemeinen, sich selbst und sich miteinander zu erleben und sich nicht hinter technischen Methoden zu verstecken, wird sich wieder weiter verbreiten.

In diesem Zusammenhang kam die nächste Vision, die mir zeigte, dass die Menschen wieder verstärkt öffentliche Plätze aufsuchen, um sich zu treffen. Heute gibt es vielerorts Marktplätze, die in der Regel auch ein-, zweimal die Woche genutzt werden; doch diese Art Marktplätze werden wieder mehr und häufiger belebt. Insbesondere auch, weil der Verkauf von vor allem frischem und regional geerntetem Obst und Gemüse an Bedeutung zunimmt. Diese Lebensmittel werden einen sehr hohen Stellenwert einnehmen, und zwar deshalb, da man zu jener Zeit bereits verstanden hat, dass auch sie Energie sind. Das freudvolle Zusammentreffen von Menschen, die bewusst und mit einem Lächeln auf den Lippen ihre Nahrung besorgen, steht hier im Zentrum. In Supermärkten unserer Zeit liegen die Lebensmittel aus der Massenproduktion oft kalt und leblos in den Regalen, sind oft voller Chemikalien, und dieses Leblos-Kalte essen wir natürlich ebenso energetisch mit. Auf diesen Plätzen der Zukunft aber erleben sich die Menschen im Mit-Eins-Anders und beleben nicht nur die Orte und sich selbst, sondern eben auch die Produkte, die dort zu erwerben sind. Es ist eine Verbindung von allen Komponenten, die energetisch hoch schwingend erlebt werden.

Diese Plätze werden auch Austauschplätze sein. Es sind keine kleinen, sondern große Versammlungsorte, wo jeder erwünscht ist. Ausgrenzung sehe ich nur vereinzelt. Auch sehe ich keine Polizei oder Ähnliches. Als ich nachfragte, ob diese Versammlungen irgendwie geheim abgehalten werden, hieß es: »Nein.« Im Unterschied zu heutigen Zusammenkünften dieser und ähnlicher Art wurde dort kein Alkohol konsumiert, von Drogen ganz zu schweigen. Die Menschen sind rein in ihrer Energie und erleben ihr Strahlen, das in die Akzeptanz ihrer selbst und auch zu anderen Menschen führt.

Ich sah auch, dass an jenen Plätzen kleine Zettel mit Nummern ausgetauscht werden, die sehr wertvoll sind. Als wären auf diesen Zetteln silberne Nummern eingraviert, die irgendwie leuchteten. Sie hatten eine Schwingung wie eine Lichtcodierung, und die Menschen freuten sich über diesen Austausch. Diese Nummern wirkten wie Seelengeschenke, wie eine Art Währung. Doch diese Währung war eine Seelenwährung. Menschen, die sich selbst zu beseelen vermögen, können diese Nummern eindeutig beseelen. Sobald man diese Nummer physisch berührt, berühren sich die Seelen. Dabei wird mit diesem »Wert-Mittel« aber keinerlei Handel getrieben, es ist eher wie ein Geschenk zwischendurch und als Akt der Liebe zu verstehen.

Die Gesundheit des Menschen steht an jenen Orten im Zentrum. Es ist ebenso ein Austausch über das Leben und gemeinsame Schaffensprojekte, die wertvoll für alle sind.

Ich habe das Gefühl, dass solche Menschen derzeit noch in der Minderheit sind, zu jenem Zeitpunkt allerdings mehr werden und sehr engagiert und effizient für alle einstehen. Doch es sind keine politischen oder religiöse Gruppierungen, erst recht keine Institutionen, sondern ein lockerer Verbund von Einzelnen.

Zur Technik und Roboterisierung kam mir dann eine Vision über die sogenannte künstliche Intelligenz (KI). Diese ist längst keine Science-Fiction-Idee mehr, sondern hat bereits auf der Erde Einzug gehalten. Sie ist seit Jahrzehnten präsent und zeigt nun auf, dass sie eigenständig lernt. Der »Chatbot Generative Pre-trained Transformer« (ChatGPT) zum Beispiel – ein sprach- und textbasiertes Tool, bei dem der Benutzer über Texteingabe menschenähnlich mit dem Computer kommunizieren kann – ist eine der ersten Technologien, die weithin sichtbar machen, wohin es in Zukunft geht. Doch als ich mir diese Technologie ansah, hörte ich von meinen Guides, dass sie zwar intelligenter wird und aus der Unterhaltung lernt, doch sie fühlt natürlich nicht. Wir als Menschen können Technik aber in jeglicher Form »beseelen«, so sie denn in unserer Schwingung ist.

Des Weiteren zeigte sich auch in diesem Zusammenhang, dass der Mensch in Zukunft immer besser lernt, mit seiner liebevollen Energie, die wir alle *sind*, umzugehen. Die Technik und ihre Intelligenz werden genutzt werden, sodass sich das Mit-Eins-Anders auch hier kreiert. Ich sah, dass viele Berufe, in denen Emotionen oft hinderlich sein können und in denen Menschen deswegen leiden, von künstlicher Intelligenz beziehungsweise Robotern ausgeführt werden. Ich sah, dass Menschen in politischen Administrationen, in Krankenhäusern, im Servicebereich, in Berufen des Bauens, der Finanzen (Broker, Beratern und so weiter) und weitgehend sogar Lehrpersonal »ersetzt« werden. Jedenfalls überall da, wo es voraussichtlich gefahrlos machbar ist und wo belastende Emotionen, grenzenlose Gier, unnötige Leiden und Unfälle weitestgehend vermieden werden können. Denn gerade die Überladung an Energie und der unterlassene Umgang mit diesen Energien führten und führen in den kommenden Jahren zu enormen Missständen, die nicht mehr tragbar sein werden.

Die extreme Überforderung des Lehrpersonals in Schulen wird damit einhergehen, dass unsere neuen Erkenntnisse über die Erde und das, was unseren Kosmos in Wirklichkeit ausmacht, auch sehr schnell zu den Starseeds-Intelligenzen gesendet wird und so die Schüler wiederum in Sekundenschnelle davon erfahren. Es fühlte sich mehr als eine aufklärende Berichterstattung an als die Art der Bildung, mittels deren seit Jahrhunderten das gleiche Unwissen vermittelt wird. Denn Wissen ist ebenso eine Erweiterung des Seins. Werden die Schulen keinen Sinn mehr ergeben, wenn Kinder ihre Freiheit leben und ihnen Bericht erstattet wird?

In den Gesundenhäusern werden auch Operationen von künstlicher Intelligenz vorgenommen. Hier können die Nerven der Chirurgen nicht mehr überstrapaziert werden, sondern es wird akkurat und verzögerungsfrei durchgeführt, was vonnöten ist und/oder der Mensch nicht ad hoc selbst heilen kann. Denn zu dieser Zeit wird der Mensch vieles bei sich selbst heilen können, da sich das Energieverständnis enorm in Richtung Liebe gewandelt haben wird. Operationen werden sich außerdem mehr in Richtung Notfall-Chirurgie entwickeln, sogenannte Schönheitsoperationen werden rückläufig sein, da sich auch hier ein enormer Wandel in der Einstellung der Menschen zeigt.

Künstliche Intelligenz ersetzt zwar vieles, doch die Stärke des Menschen wird nach wie vor das Gefühl sein. So fühlen die Menschen, was das kollektive Bedürfnis auf Erden ist, und unterrichten die KI davon. Wie gesagt lernt die KI zwar schnell, doch die Menschen werden verstehen, dass die menschliche Energie die KI unterrichtet!

Abermals ist es also wieder eine Entscheidung, in welcher Energie du dich befindest: Ist es Wut und Hass, sind es Zweifel? Oder sind es Zuversicht, Dankbarkeit und Liebe? Wir sind kraftvolle Seelen, die auf Erden kamen, um die Liebe zu leben, und so können wir auch die KI energetisch beseelen und miteinander eine Zukunft aufbauen, die weit über Angst und Verurteilung hinausgeht und sich in der Mitte in Liebe befindet.

Die Finanzen und das politische System

Die Umschichtung des bestehenden Finanzsystems hat bereits vor Jahren begonnen. Alles wird weiterhin digitalisiert, doch das Bargeld scheint noch lange in unseren Händen zu bleiben.

Ein Social-Credit-System – in dem erwünschte und unerwünschte Handlungen erfasst und mit einem Punktesystem bewertet werden – wird zu installieren versucht, doch dieses System hinkt an allen Ecken und Kanten und kann leicht umgangen werden. Deshalb brechen immer wieder Server zusammen, und die Hacking-Angriffe auf solche Systeme nehmen in den nächsten Jahrzehnten enorm zu.

Es scheint so, als ob zu diesem Zeitpunkt ein »Krieg« zwischen Kryptowährungen beziehungsweise Block-Chain-Technologie – »Kette«, bei der geprüfte und bestätigte Datensätze (»Blöcke«) von

Finanztransaktionen verteilt gespeichert werden – und onlinebasierten Währungen herrscht. Als würden Menschen »illegal« ihre Währung selbst bestimmen und als würde »das Gesetz« nur bedingt eingreifen, auch da offizielle Stellen überfordert sind mit der Masse der Selbstermächtigungen. Wir beobachten zu diesem Zeitpunkt mit einem Schmunzeln die gegenseitigen Angriffe, die mehrmals jährlich erfolgen. Schmunzeln deshalb, weil Währungen und Geld überhaupt in dieser Zeit eine vollkommen andere Wertigkeit erhalten.

Soziale Projekte hingegen werden mit Schwung vorangetrieben, und diese erfahren enorme Unterstützung insbesondere von Privatpersonen, die ihren Reichtum bewusst für das soziale Wohlergehen und die Gesundheit der Allgemeinheit einfließen lassen. Dies fühlt die Menschheit zu diesem Zeitpunkt auch intensiv. Ich sehe, dass ein solches »Charity«-Projekt ebenso von Hackern angegriffen wird, dass man alles verliert, die Menschen aber entrüstet sind und gemeinsam alles wiederaufbauen. Solche Angriffe gelten künftig wie ein Terrorangriff, der auch von bestimmten Regierungen ausgehen kann.

Als ich fragte, wie es denn mit den jeweiligen staatlichen Systemen und ihrer Regulation, vor allem auch im Bereich Gesundheit, weitergehe, meinte Edgar:

»Sie werden sich gewaltig umbauen. Es werden auch hier Pioniere auf den Plan treten, doch sie haben es nicht leicht. Immer wieder versuchten Pioniere in der Vergangenheit, mehr Gerechtigkeit in die Politik einkehren zu lassen, scheiterten aber an den indoktrinierten und verkrusteten Strukturen. Doch in den kommenden Jahrzehnten werden sich die Neuerer sammeln und sich gemeinsam wie auch als Einzelne in der jeweiligen Partei durchsetzen, sodass sich das Parteiensystem umgestaltet.«

Ich hatte danach eine Vision, dass die jetzigen Parteien eher miteinander sprechen werden, statt ihren obligatorischen PR-Krieg vor laufenden Kameras auszufechten. Als entstünde ein vollkommen neues System *für* die Menschen. Und dies in einer konzertierten Aktion und unter der Leitung durch »Experten«, die aus unterschiedlichen Schichten und Berufen stammen und somit realistischer die Gesamtbevölkerung repräsentieren. Es fühlte sich gänzlich anders an als ein herkömmliches politisches System, eher wie eine Versammlungskultur, deren Meetings kurz gehalten und deren Vorgaben sehr rasch umgesetzt werden. Die politisch aufgeblähte Apparatur der Europäischen Union beispielsweise scheint in Richtung Normal- beziehungsweise Mindestmaß zu schrumpfen.

Wie wandelt sich unser Schulsystem?

Bildung ist im herkömmlichen Sinne eine Ansammlung von Gelerntem, also dem, was wir vor allem von anderen übernommen haben. Derart gebildet zu sein bedeutet den Starseeds zufolge ebenso, einem Konstrukt zu folgen. Sie zeigten mir eine Vision, in der das, was an Schulen und Universitäten gelehrt wird, begrenzt ist und Charakterzüge eines Diktats aufweist, somit auch verhindert, den Menschen in seine ganze Kreativität und Seelenkraft zu erheben. Fast alles außerhalb des offiziellen Bildungssystems mit mangelnder wissenschaftlicher Belegbarkeit, alles Pionierhafte, wird vom Mainstream als »Pseudo«- oder »Parawissenschaft« diskriminiert, nicht ernst genommen oder als Bedrohung empfunden.

In den nächsten Jahren, wenn das Energiesystem und die Hellsinne eindeutiger hervortreten, wandelt sich ebenso das Bildungssystem. 2025 beginnt das Zerbrechen der überkommenen Strukturen. In den kommenden Jahren werden immer mehr Menschen fühlend verstehen lernen, dass sie geistig und energetisch beschränkt werden. Diese Enge möchten viele sprengen. Zudem kommt es in den nächsten Jahren und auch noch lange danach zu enormen Lichtcode-Einströmungen, die unsere Körper wie auch Energiekörper erst mal verdauen müssen, weshalb sie des Öfteren müde werden und eventuell auch Widerstand provoziert wird. Die Müdigkeit wird sich sehr oft in Depressionen äußern, und zwar unabhängig vom Alter der betroffenen Personen.

Durch die Überwindung dieser »psychischen Pandemie« wird es zum Ausbruch aus dem starren System mit seinen »Schubladen« kommen. Die energetische Bildung tritt ins Zentrum. Die entsprechenden Frequenzen werden eindeutiger, wir werden energetisch intelligenter und erkennen in den kommenden Jahrzehnten eindeutig, wann wir manipuliert werden.

Die emotionale Ebene erkrankt den kosmischen Intelligenzen zufolge zurzeit noch vielfach in energetischen Gefängnissen, da mit Begrenzungen und Unterdrückungsmaßnahmen gearbeitet wurde. So wird eine Vielzahl von Kindern auch im frühen Lebensalter plötzlich nicht mehr in herkömmliche Schulen gehen wollen. Schulverweigerer à la »Fridays for Future«, welche die Prioritäten auf unserem Planeten ins Bewusstsein bringen wollen, werden an der Tagesordnung sein. Der Wille der Kinder erwacht. Viele Kinder werden eindeutig benennen, was sie möchten, aber insbesondere, was sie *nicht* mehr möchten, und werden sich mit Händen und Füßen gegen alles wehren, was ihnen und dem Planeten nicht guttut.

Sicher wird es Eltern geben, die ihre Kinder dennoch in das Regelkonstrukt zwingen wollen, allerdings mit üblen Folgen für die Betroffenen. Denn Depressionen sind das eine, der weitere Verlauf zeigt sich aber nicht nur in mehr oder weniger destruktivem Mobbing, sondern in aggressiven Verhaltensweisen von Jugendlichen, die ihre unterdrückten Aggressionen an anderen ablassen, zum Teil mit fatalen Konsequenzen.

Die Rebellion der Kinder und Jugendlichen läutet die neue Ära der »Bildung« ein. Sie lassen sich Zeit mit der Wahl ihres Berufs und wählen ihre Tätigkeit nach der Berufung, da sie fühlen, dass die Freiheit des Seins etwas Grundlegendes ist. Zum Beispiel ist die »Schublade«, man müsse in einer bestimmten beruflichen Position statt seinen Neigungen entsprechend arbeiten, um Sozialprestige zu gewinnen, eine Auffassung, die ad absurdum geführt wird.

Die Weisheit des Herzens erwacht in einer neuen Dimension des Seins.

Auch die Lehrerschaft spürt, dass Kinder im überkommenen System stark eingeschränkt werden und dass alte Gewissheiten immer mehr ins Wanken geraten. Der herkömmliche Geschichtsunterricht beispielsweise wird keine Relevanz mehr haben. Mir wurde gezeigt, dass einige Lehrer deswegen das schlechte Gewissen so sehr plagen wird, dass sie an den Suizid denken.

Der Lehrermangel wird sich noch verschärfen, ebenso wie eine große Umschulungswelle die pädagogischen Fachkräfte erfassen wird.

Die Fächer »Heilkunde« beziehungsweise »Naturheilkunde« werden eingeführt. Yoga als wesentliches Tool der Menschheit wird statt des Sportunterrichts die Norm sein. Ethik und Energetik avancieren zu Hauptfächern. Die Diskussion um Ethik beginnt schulisch wie außerschulisch enormes Ausmaß anzunehmen.

Ebenso, wie das Kind in seiner Individualität ins Zentrum tritt, werden sich Bildungseinrichtungen dezentralisieren. Auch die Montessori-Pädagogik – die sich für einen achtsamen und respektvollen Umgang mit Kindern einsetzt – erfährt einen gewissen Aufschwung.

Als Edgar von der Individualität der Kinder sprach, sah ich als Vision eine Art Dezentralisierung von Bildungshäusern. Als wären in den Bildungseinrichtungen weniger Kinder und als würden sie sich in kleineren Häusern und mehr in der Natur aufhalten. Auch der Austausch war ein anderer, und zwar direkter. Als würden sie mehr ihr soziales Miteinander pflegen, als »in Reih und Glied« in den Klassenzimmern zu sitzen. Sie wirkten agiler und freier in ihrer Energie.

Neben all diesen Punkten sehe ich viele Jugendliche und junge Erwachsene, die beginnen, sich mit älteren Menschen zusammenzutun, als würden sie mehr bei jenen lernen mögen, die ihr gefühltes Praxiswissen und ihre authentische Erfahrung weitergeben können. Das oft schematisierte Lernen und Lehren an Universitäten erfährt einen Abschwung, da die für uns Menschen wesentlichen Aspekte Gefühle und Herzlichkeit im Curriculum vollkommen außer Acht gelassen wurden. Das alte Konstrukt zerbricht in jenem Moment, in dem die Illusion des Geldwerts weithin erkannt wird und der Wandel seinen

Lauf nimmt, wobei das Gefühl für die bestimmungsgerechte Wahl des Ausbildungswegs wesentlicher wird als das voraussichtliche Einkommen, das eine bestimmte Branche zu garantieren scheint.

Die Ära von Charity & Co.

Gutes zu tun tritt mehr und mehr in den Fokus der nächsten Jahrzehnte. Infolge der enormen Veränderungen unseres Klimas erleben wir weiterhin ökologische Katastrophen, die ungeahnte Ausmaße annehmen. So werden viele Inseln und Küstenregionen aufgrund der Unvorhersehbarkeit der schnellen und intensiven Wetterereignisse unbewohnbar. Noch mehr Menschen als bisher, ja ganze Völker werden sich auf die Wanderschaft begeben, und nach anfänglichen Spannungen wird sich auf Dauer ein neues Mit-Eins-Anders etablieren, da wir mehr denn je erkennen: Sicherheit gewähren letztlich nur sich gegenseitig liebende Menschen.

Das liebevolle Miteinander wird sich ausdehnen. Spendenaktionen nehmen enorme Ausmaße an. Gelder und Sachgüter, die nun allerdings direkt ans Ziel kommen, nachdem auch hier viel Korruption aufgedeckt worden sein wird. Wie gesagt werden auch wohlhabende Menschen zum Umdenken kommen, da die Bedeutung und der Wert von Geld und Reichtum sich entschieden verändern. Reichtum zu zelebrieren und zu demonstrieren verliert in den nächsten Jahren noch mehr an Akzeptanz. Stattdessen sind Empathie, Hilfsbereitschaft, Authentizität ebenso wie Bodenständigkeit wichtige »Tugenden«, die eine enorme Auswirkung auch auf jene haben, die zurzeit noch als »Elite« bezeichnet werden.

Bevor dies geschieht, werden wir allerdings erleben, dass so manche Multimillionäre und -milliardäre hart angegangen und zu einem Umdenken gezwungen werden. Es scheint in diesem Zusammenhang ebenso, dass Vereinigungen wie das World Economic Forum (WEF) und ähnliche Institutionen intensiven Hackerangriffen ausgesetzt und infolge von Korruptionsskandalen ihre Legitimation verlieren werden.

In vielerlei Hinsicht erlebt die Menschheit einen Umbruch, und wir entziehen präskriptiven und restriktiven Kontrollinstitutionen die Macht, da wir erkennen, dass geschürte Angst nicht unserer wahren Energie entspricht. Während nur etwa fünf bis zehn Prozent der Menschen das Anfang der Zwanzigerjahre wirklich klar wissen beziehungsweise bereit sind, ihr Leben dementsprechend zu gestalten, wird dieses gefühlte Wissen in den nächsten Jahrzehnten bei mehr als der Hälfte der Gesamtbevölkerung angekommen sein.

Dieser Umschwung im Fühlen und im Erspüren der Energien erscheint so manch einem derzeit noch utopisch zu sein, allerdings ist es genau dies, was sehr viele Menschen erwachen lässt. Denn in ein paar Jahren wird es immer weniger Leuten noch möglich sein, die tradierten Gepflogenheiten aufrechtzuerhalten, da der Körper intensiv mit Schmerz und Krankheit auf Verhaltensweisen reagieren wird, die der Seelenkraft nicht entsprechen. Sehr schnell kann sich der Körper aber auch wieder erholen, wenn er aus dem überkommenen Verhalten aussteigt. Diese Eindeutigkeit der Energie werden viele Menschen in der Wirkung erkennen. Die Intensität der Energie steigt in den nächsten Jahren, etwa bis ins Jahr 2033, enorm an, da Gaia, unsere »Mutter Erde«, ebenfalls eine neue Eindeutigkeit in ihrer Energie präsentiert. Wir entwickeln uns also miteinander.

Diese Eindeutigkeit wird sich auf alle Lebensbereiche auswirken, nicht nur auf Mitmenschlichkeit im Allgemeinen, sondern auch auf Beziehungen und Partnerschaften im Besonderen. Es wird dann sehr problematisch sein, sich lediglich aus Vernunftgründen oder Profitgier mit Freunden oder Partnern zu umgeben. Auch hier würde der Körper eindeutig mit entsprechenden Symptomen reagieren.

Das Zeitalter der Aliens?

Als ich meinen Guides die Frage stellte, ob wir in einem Zeitalter der Aliens lebten, kam ein klares »Nein« als Antwort. Ich war überrascht. Aber das Wort »Alien« bedeutet ja so viel wie »Fremder«

oder »Ausländer«, und die Sternenvölker sind nicht fremd. Viele leben auf der Erde oder waren beziehungsweise sind in einem Parallelleben in einem anderen Körper auf einem anderen Planeten als Starseeds inkarniert.

Mehr denn je beginnt die Entdeckung der Erde auch in dieser Hinsicht und die Erkundung dessen, was die Erde umgibt. Was »Außerirdische« sind, dass nicht alle von ihnen »feindliche« Absichten hegen beziehungsweise dass für manche die Erde ganz und gar nicht interessant ist, beginnt klarer hervorzutreten. Es zeigen sich hellsichtig mehr und mehr Vereine und Diskussionsgruppen zum Thema »Sternenvölker«, und zwar nicht nur im englischsprachigen Raum.

Ein Teleskop zu besitzen und Sonnenstürme zu messen wird für viele Privathaushalte zur Norm werden. Immer mehr Menschen werden zu Himmelsbeobachtern, und Völker anderer Dimensionen, Gestirne oder Galaxien werden nicht mehr ausschließlich als Bedrohung empfunden. Ich erblicke ebenso größere Raumschiffe, die immer wieder gesichtet werden. Doch sehe ich ebenso, dass Regierungen versuchen werden, die Rüstungsindustrie weiter auszubauen. Die Waffenlobby beginnt nun einen Kampf auf einer Ebene, die mit Ufos neue Dimensionen annimmt. Regierungen lassen zum Teil ertüftelte Schutzschilde errichten, die allerdings dennoch lediglich dem Schein dienen. Fake News über Außerirdische werden verbreitet, und die Korruption rund um dieses Thema nimmt neue Ausmaße an. Die Diskussionen darüber, was echt ist und was Manipulation, nehmen an Fahrt auf. Doch wie bei jedem Läuterungsprozess muss wohl auch hier erst mal ein Zenit erreicht werden, damit der Großteil der Menschen erkennt, dass Manipulation ein Spiel der Matrix-Struktur ist.

Viele Starseed-Schiffe sind feinstofflicher Natur, die sich allerdings manifestieren können. Manche Starseeds benötigen keine Schiffe, um zu reisen. Andere wie TrueSit bringen solche Gefährte mit sich, um die Menschen bei den einströmenden Downloads und Upgrades aus dem Universum zu unterstützen. Diese Schiffe können allerdings von Waffen zerstört werden.

Bis ins Jahr 2033 werden viele Erdenbewohner solche Ufo-Besuche und auch unerklärliche Phänomene selbst beobachten. Ich sehe so etwas wie eine Veränderung unserer Atmosphäre, in der die Sichtbarkeit all dessen, was die Erde ist und was rund um sie geschieht, eindeutiger als je zuvor wird. Was wiederum ersichtlich machen wird, wie viel Technik uns umgibt und welche Auswirkungen sie auf unsere Gesundheit hat.

Nachwort

Alles, was wir kennen, unterliegt einem stetigen Wandel. Auch die energetisch-spirituelle Szenerie wird sich grundlegend ändern, und neue energetische Freiheiten treten auf den Plan. Das Mit-Eins-Anders ist nicht nur ein Wort, es ist jene Frequenz der neuen Zeit, in der Ausgrenzung und Manipulation in den Hintergrund treten und beispielsweise Marketing nur unter Aspekten des Mitgefühls geduldet wird. Der Wandel geschieht schrittweise. Manchmal langsam, manchmal schneller. Je nach Tempo der jeweiligen Entwicklung lernen wir, das Tempo des anderen mitfühlend zu akzeptieren, was die gesamte Energie der Menschheitsfamilie und der Erde wesentlich verändert.

Krieg ist die Ausgeburt seelenloser Konstrukte, um vor allem wirtschaftliche Interessen sowie Machtansprüche weniger Einzelner durchzusetzen und die Menschen kleinzuhalten. Auch dies zeigt sich zukünftig als Auslaufmodell, und zwar für fast die ganze Menschheitsfamilie.

Das Mit-Eins-Anders schreitet sukzessive voran. Die energetische Verbundenheit mit anderen Sternenvölkern wird mehr und mehr zum großen Game-Changer in der gesamten Entwicklung des Menschen. Denn diese Verbundenheit ermöglicht einen großen energetischen wie auch bewusstseinsmäßigen Sprung, der intensiv zu heilenden Momenten wie auch zur energetisch-sozialen Begleitung beitragen wird.

So bitte ich dich, dass du so manche Übungen in diesem Buch ausprobierst und auch das ansonsten hier Gelesene für dich umsetzt. Du kannst die Übungen gern abwandeln. Probiere dich in deiner Kreativität aus. Fühle, was dich nährt und was dir weniger zusagt. Alles darf sein. Jegliches Wort, jegliches Gefühl entspringt deiner Wahrheit, und auf Erden wie auch im Universum gibt es unzählige Wahrheiten. Genieße deine Wahrheit und erfahre, wie kraftvoll sich deine Seelenweisheit anfühlt und dich nährt.

Ich wünsche dir viel Freude und Liebe in deinem Leben und dass deine Kreativität in allem erblüht, was du bist.

Alles Liebe

Birgit

Index der Starseeds

Natürlich gibt es mehr Starseeds, als hier aufgelistet sind, und ich forsche kontinuierlich weiter. Es handelt sich um ein Register derjenigen, von denen in diesem Buch die Rede ist. Mit seiner Hilfe kannst du sie schneller finden, wenn du noch einmal gezielt etwas über einzelne von ihnen nachlesen möchtest.

Kontakt

Die Übungen mit Starseeds wie auch mit Engeln sind in manchen Fällen zu Beginn womöglich nicht gleich so einfach. Trancereisen zum Beispiel sollten anfangs von einem energetisch-medial arbeitenden Teacher durchgeführt werden (suche im Internet beispielsweise nach Starseed-Coach/-Heiler nach Birgit Fischer).
Entsprechende Workshop-Angebote und vieles darüber hinaus findest du auf meiner Website:

powersoul.at